U0017923

實戰智慧館　529

股票作手回憶錄

《炒股的智慧》陳江挺精心譯註，
華爾街巨擘傑西‧李佛摩實戰傳奇
Reminiscences of a Stock Operator

埃德溫‧勒菲弗（Edwin Lefèvre）　著
陳江挺　譯／註

股票市場更要鑑往知來

周文偉（華倫）（財經作家）

投資人對於股神華倫・巴菲特（Warren Buffett）和傳奇基金經理人彼得・林區（Peter Lynch）應該都不陌生，也應該略知一二這兩位投資大師的投資理念和卓越的投資績效，同時很多人或許也都看過這兩位大師的相關著作，然而巴菲特說：「讀再多投資書籍也不見得就能笑傲股市，但連李佛摩的書都沒讀過，獲利基本上等於空談。」彼得・林區也說：「他是二十世紀華爾街震驚人心的神話。」

他們異口同聲，指出了「股票作手」傑西・李佛摩（Jesse Lauriston Livermore）這號人物，《股票作手回憶錄》正是描寫他的故事最膾炙人口的經典著作，至今已有百年歷史。最特別的是，你正在讀的這個版本是由華人界最著名的炒股專家陳江挺先生翻譯。

陳江挺先生著有《炒股的智慧》一書，同樣被奉為華人投資理財必讀經典。他歷時十年才完成《股票作手回憶錄》這本巨著的翻譯，書中並有超過 200 則的精闢註解，可以說原汁原味地重現了一

九二〇年代的華爾街。

多年前，我曾看過這本書的其他譯本，讓我認識傑西·李佛摩的炒股投機人生。他的一生大起大落，數度賺進大筆財富，卻又數度破產，負債累累，但每一次都能從破產中崛起。長期投機的生涯導致他晚年患有嚴重憂鬱症，最後他舉槍自盡，結束一生。然而由於故事發生在百年前，當時的時空背景和交易方式與現在有許多不同，我並不能完全感受到李佛摩身處的市場環境以及內心深處的想法，但藉由陳江挺先生的重新詮釋，彷彿讓我回到那個年代驚心動魄的華爾街市場，身臨其境地感受到投機市場的凶險。

過去股市發生過的事情，今天可能還會再發生；而今天股市中發生的事情，未來也可能會繼續重演。所謂鑑往知來，在股票市場尤其重要。股市也好像是個戰場，戰士想要成功，就要先避免失敗，因此不論股市新手或老手，都應該好好閱讀這本書，再加上具有二十年以上專職炒股經驗的譯者註解和提示，所謂「站在巨人的肩膀上可以看得更遠」，就是這個意思。

祝福大家都有個美好的投資歷程。

百年智慧的提醒

雷浩斯（財經作家、專職投資人）

　　《股票作手回憶錄》是所有人必讀的投資經典，一定程度上你也可以說是投機經典，因為在當時的時代資訊嚴重不對稱，投資人只能看股票的報價操作，做出投機的交易。

　　在那個蠻荒時代，一代傳奇傑西・李佛摩誕生了，他赤手空拳賺進數百萬以上的美元，成為百年以來最傳奇的作手。

　　這本經典著作中有兩個最令人津津樂道的故事，第一個是老火雞的故事，有人建議這位老火雞先生先賣股票，等回檔再接。老火雞口頭上謝謝他，但實際上卻按兵不動。因為老火雞深深知道在多頭趨勢中，抱緊手上部位的重要性。這點也讓李佛摩理解巨大趨勢的重要性。

　　第二個是他依照趨勢大量放空股市，當時市場近乎崩潰。傳聞連當時美國金融界最了不起的銀行家摩根都派人發訊息，希望他停止放空。李佛摩回憶道：「那一天，我成了國王。」

　　傑西・李佛摩的操作獲利絕對不單單是所謂的運氣好。說真

的，在股市這種充滿風險的地方，唯一會出現的只有運氣差，絕對不可能有運氣好這件事。

他的成就並非運氣，而是自律，另一個成就的因素就是復盤。他會在每年年底時獨處，開始復盤當年的每一筆交易，深刻反省成功和失敗的交易。之後走出大門，用力地花錢來感受金錢的力量。

上述都是偉大的交易員會做的行動，而後市的交易無不模仿他。

這本流傳多年的書已經有多種譯本，本書特色在於譯者陳江挺先生加註許多註解，並且加上自己多年的炒股心得，給予讀者總結與建議。

我最早和這本書結緣的時間是二〇〇五年，當時拿到的版本已經在搬家的過程中遺失，但是書中的見解仍然給了我深刻的印象。

本書的時空背景雖然早已改變，但是精髓不變。華爾街沒有新鮮事，股票市場也沒有新鮮事，只不過是換了個名詞重新上演。而我們可以從書中學習到更多李佛摩的智慧，讓這本書持續在你的書架上，提醒你股市的風險，幫助你得到更多的報酬。

站在巨人的肩膀之上

陳江挺

　　《股票作手回憶錄》一書在一百年前問世。從第一天開始，它就被譽為炒股必讀，到今天，它已成為歷經時間檢驗的首席百年經典。

　　這是一本投機專業書，不是這個專業的讀者可能覺得這本書很無聊！書中沒有纏綿的愛情故事，也沒有生離死別的悲壯。它敘述的是主人翁幾十年專業生涯的教訓和反思，想看懂這本書，需要有相當的股市經驗；沒試過在股市一天虧掉一年的薪水，大約不會在看書時產生那種驚悸、那種手腳發涼的感覺。今天賺 5 萬，明天虧 3 萬，你會覺得是一連串枯燥無味的數字，但當你是股市的一員，就能體會這些數字背後的殘酷，那是一場生死搏鬥！這是一本股票的戰爭書，主人翁是戰場上的戰士，每個抉擇都賭上自己的身家，承擔著自己和妻兒明天是吃飯還是喝粥的責任。全書都在訴說這位戰士面對抉擇時心中的恐懼、希望與期待。你若也是戰士的一員，就會明白這個心理過程的煎熬，你將對這位老兵心懷敬佩。

　　股市常大起大落！你帶 100 萬元入市，可能某個星期就不見了

50 萬元！這類經驗讓你體會什麼是風險，其後會進行反思，如何不讓同樣事件再次發生。讓你失去 50 萬元的可能是市場的謠言，可能是不可預見的戰爭，可能是被欺騙，也可能是自己的操作失誤；每一種都刻骨銘心，每一個教訓都代價昂貴。這些故事在書中不斷出現。你需要一遍又一遍地讀，把它鐫刻在心裡，讓自己熟悉那個過程，這將培養出個人正確的專業直覺。到了某一天，你會產生第六感，似乎可以預測什麼即將發生，並感覺到下一步股市的走勢。這個過程可以用幾十年的時間自己繳學費學習，也可以一遍遍地熟讀前輩的經歷來領悟。如果說炒股最重要的技巧是心態，讀這本書就是用最少的學費和時間培養出正確心態的捷徑。這本書是巨人的肩膀，你有機會站在巨人的肩膀之上。

這是一部炒股天才的成長史。你昨天碰到的炒股問題他都碰過，你明天將碰到的炒股問題他也碰過；他把原因、結果都細細說給你聽，告訴你怎麼應對。股票市場沒有新鮮事，今天發生的一切以前都發生過，也將在未來重複發生。股市是說大錢的地方，講大錢的地方就一定充滿了欺詐、陷阱和陰謀，主人翁將他自己幾十年的經歷毫無保留地告訴你，你需要記住的就是這類經歷會在自己身上重複發生。

每個時代的變遷都有它的代表人物。一百年後，大家談起電腦可能會是比爾・蓋茲（Bill Gates），說起手機會想到史帝夫・賈伯斯（Steve Jobs）。一百年前發生了一項劃時代的歷史事件：股票平民化，代表人物就是本書主人翁：傑西・李佛摩。股票曾經只是一小撮富裕資本家的投機玩具，範圍局限在華爾街附近的幾個街區。

隨著電報和電話的發明，突然間任何人都可以在千里之外看到股票交易，可以下單買賣。股票交易變成大眾的遊戲，股市隨後成為大眾最主要的資產信託場所。李佛摩正好生活在這遊戲變更的歷史關卡。他出生貧苦，十四歲就外出謀生，在正確的時間進入正確的行業；他成功的經歷讓所有股市參與者產生「我也能」的鬥志。由於他的經歷可以模仿，而模仿他的經歷本身就是一個勵志過程，一百年來，千千萬萬的年輕人藉這本書試圖重複他的生涯，包括譯者自己。

對於喜歡風險的人，炒股投機是極具挑戰性的遊戲，一旦進入這行，往往就離不開，成功或失敗常常被擺到第二位！擺在第一位的是面對挑戰時所感受到的人生意義，否則生命實在太單調無趣！一如所有行業，最後成功的都是少數。能在投機這個產業成功的同樣不多，我的建議一如既往：不要怕，也不要悔！

讓我摘抄幾句書中不朽的名句來體驗前輩的風采：

● 華爾街沒有新鮮事！華爾街不可能有新鮮事。今天股市發生的一切，過去都曾發生過，並將在未來重複發生。

● 在股價上漲或下跌之前，股價會有些習慣性的變化模式，這些模式不斷重複，變成了先例。

● 買股不是去找股票的最低點，賣股是也不是去找股票的最高點，買賣股票重要的是找對買賣的時間點。

● 如果入市之前就確信自己是對的，我總能賺到錢。讓我虧錢的是我不夠有毅力按自己的計畫執行。換句話說，我總是缺乏耐心等待先例條件都滿足之後才進場。

● 我開始明白賭博和投機的本質區別：賭博在為小波動下注，投機是等待股市不可抗拒的漲和跌。

● 我賺到大錢的訣竅從來不是我的思考，而是我的坐功。買對後安坐不動。在股市，一個人能買對之後還安坐不動一定非比尋常。

● 破產是最好的老師，它教導你在股市不做什麼。一旦你學會不做什麼不虧錢，你就開始學習做什麼賺錢。

這本書講的是一百年前的故事，當年的金融市場還不存在今天的監理條例。根據現今的法律，書中描述的一些手法和行為是不容許的，但其中所披露的交易心理和交易規則卻不隨時間推移而改變，了解這些心理和規則是投資人在股市成功所必需的。股票交易是一種藝術，無法用數學來複製；任何交易方法一旦公諸於眾、成為模仿的範例，方法的有效性就打了折扣。投機市場永恆的是心理和規則，不是方法。

我在三十年前第一次接觸這本書，那時剛入股市。雖然已在美國生活了十年，日常生活也多用英文，還在美國大學拿了兩個學位，包括英文要求比較高的金融碩士 MBA，但我看不懂這本書，因為那時的英文能力和股市經驗都不夠。這本書講華爾街的故事，華爾街有自己的歷史和語言習慣，我還不夠熟悉。覺得自己比較能明白這本書是十年之後，那時我已專職炒股多年，英文也好很多，讀這本書不再有痛苦的感覺，並且開始享受書中的段落。真正在閱讀時會產生共鳴、感覺到驚心動魄，又是一個十年。也就是說，在

美國生活了三十年、專職炒股二十年後，才發覺自己有能力用心來感悟這本書，有足夠的英文理解和股市經驗來欣賞這本書。

身為戰士的一員，這本書每讀一遍，都覺得自己對股市戰爭的理解更深了一層；那令人震撼的成敗，那刻骨銘心的教訓，那振聾發聵的警言，令人百讀不厭。這是一部每位投資人的必讀之物。時間環境都會變化，但人性不會改變，這本書將是永恆的經典。

這次有機會將內心那種驚心動魄的共鳴傳遞給股市的戰友，和大家共享奮鬥的痛苦和歡樂，我深懷感激。讓我首先感謝本書編輯陳懿文女士，她亦是《炒股的智慧》的編輯，謝謝她的專業和盡職。遠流從我早年讀金庸就心嚮往之，能有再次合作機會深感榮幸。我深深感謝讀者們，這些年您們給的鼓勵，讓我感到生命的美好。謝謝！

股票作手回憶錄

《炒股的智慧》陳江挺精心譯註，
華爾街巨擘傑西‧李佛摩實戰傳奇

REMINISCENCES OF
A STOCK OPERATOR

第 1 章

初生之犢不畏虎

華爾街沒有新鮮事！華爾街不可能有新鮮事，因為投機就像山岳一樣古老。今天股市發生的一切，過去都曾發生過，並將在未來重複發生。

我國中畢業就開始工作了，在一家證券行抄黑板。我記數的天賦很好，在學校時僅用一年就學完三年的算術課程，而且心算特別好。在證券行的交易廳內通常有位股友坐在電報機旁，將傳來的股價高聲報出來，我就將數字抄上黑板給其他股友看。無論報數的速度多快，我都記得住，記數對我來說是小事一樁。[1]

辦公室的同事不少，很自然，我和其中一些交了朋友。每天上午十點到下午三點是股票交易時間，如果交易活躍，我會很忙，沒

---

1 這是一八九一年的證券行場景，當時沒有網路，最先進的傳播工具是電報。那時候，紐約證券交易所（New York Stock Exchange）會將每次股票交易的「量」和「價」以電報形式向外傳送，股友報的就是這些數字。這些數字會打在細長的紙帶上，因為連續不斷，而紙帶通常很長，於是捲成一盤盤，這長長的紙帶就是「股價帶」（tape）。當年本書主人翁只有十四歲，窮人家的孩子生活艱難，中外皆然。

空聊天。我也不喜歡在上班時間聊天。

從讀盤預測未來股價

雖然工作繁忙，但我對工作充滿的好奇。一開始，我還不知道抄上黑板的數字是股票的交易價，代表每股多少錢，我只知道抄數字。當然，我猜這些數字一定代表某些東西。這些數字總是在變！它為什麼變？我不知道，也不在乎，那時沒想那麼多，只留意數字一直在變。平日每天五小時加上週六的兩小時，數字不停在變。[2]

這是我對股價的變動特性產生興趣的起始。我對數字的記憶力很強，可以記得某檔股票在股價大漲或大跌前一天股價的特殊變動，我的好記性幫了很大的忙。

我留意到，在股價上漲或下跌之前，股價會有些習慣性的變化模式，這些模式不斷重複，變成了先例，具有指導意義。雖然我才十四歲，但這種模式在我的腦海中重複了幾百次，我很自然地開始將今天的股價變動和昨天的模式做比較，我開始嘗試預測股價的下一步漲跌。我預測股價漲跌的唯一工具是它過去的變動模式，我將這些模式記在心裡，尋找重複，就像鐘錶一樣，你知道我的意思。

舉例來說，你可以感覺到買盤稍微強過了賣盤，或買賣雙方正在搏鬥。股價帶打印的數字說得明明白白！將股價帶當成望遠鏡，用它來預視未來，試十次你有機會對七次。[3]

我早早學到的另一課是：華爾街沒有新鮮事！華爾街不可能有新鮮事，因為投機就像山岳一樣古老。今天股市發生的一切，過去都曾發生過，並將在未來重複發生。我將這結論牢牢記在心裡。我

記著每次股價漲跌的前兆和後續，這種記憶讓我日後受益無窮。[4]

我對預測未來股價漲跌的興趣愈來愈濃厚，所有交易活躍的股票，我都試圖預測它的下一步方向。我買了一個小本子記錄自己的觀察。我沒有像一般人那樣用小本子記錄股票的模擬交易；在模擬交易中，你可以面不改色地賺虧個幾百萬，實際上不會變窮也不會變富，無關痛癢，不用承擔任何後果。我的小本子用來記錄自己預測的成功與失敗，記錄下一步股價可能的變動。我特別留意自己的觀察是否正確。換句話說，我時時刻刻在檢驗自己的預測是對還是不對。[5]

假設我研究了某檔股票一整天所有的小波動，發現波動模式和以往即將上漲或下跌 8 至 10 點[6]時的模式相近，我會記錄這檔股票的價格。如果今天是星期一，我會按照其過去的變動模式推測星期二及星期三的股價變動情況，再逐日驗證自己的推測是否正確。

從此，我開始了對讀盤的興趣。股價波動只有上漲或下跌兩個方向，每個漲跌當然都有其原因，但股價帶從不說原因，它只打印

2　在華爾街，作手的早期訓練就是「讀盤」（tape reading），也就是透過讀那一盤盤的股價帶，產生股價將漲或跌的盤感，這是炒股的基本功。

3　股價的變動是有模式的，雖然不會百分之百重複，但只要相似程度超過 50%，你就有了勝算。

4　只有會重複的東西才有學習的可能！明白股市會重複並藉以預測下一步，這是正確的思考方向。

5　心理素質是股市投機成功非常重要的特質之一。不用真錢進股市，就無法訓練自己的心理素質，所以模擬交易沒什麼價值。

6　華爾街習慣將股價的「元」用「點」（point）表示，例如股價漲了 2 元便稱漲了 2 點。文中的 8 至 10 點，意即 8 至 10 元。

價錢不解釋。我就此培養了「不問」的習慣。我十四歲時不問股價為什麼漲跌，今天四十歲了還是不問！股價今天為何漲跌的原因，或許兩三天後、或許幾個星期或幾個月後會披露出來，但事後知道原因沒用，你需要現在就決定怎麼行動！原因可以等，行動不可以等，你必須立刻行動，否則就要承擔損失。現實很殘酷！你或許記得幾天前空管公司（Hollow Tube）在股市狂漲的情況下跌了3點，這是事實。到了隔週一消息出來，空管公司的董事會決定不分紅利了，這是原因。公司董事們知道自己準備做什麼，就算不賣股票，也不會去買股票，股價逆勢下跌也就沒什麼好奇怪了。[7]

開啟真金實戰的旅程

這個小本子我保留了六個月。每天下班我都不直接回家，我在小本子上記錄我的預測，研究股價的變動，尋找股價重複的模式。當時連我自己都不知道，我正在學習「讀盤」。[8]

有一天，我在吃午餐，辦公室一位比我年長的小弟悄悄問我是否有錢。

「你怎麼這麼問？」我說。

「噢，是這樣的，我得到了些伯靈頓（Burlington）的內線消息，如果有合作者，我想賭一把。」他說。

「賭一把是什麼意思？」我好奇地問。在我的印象裡，玩股市內線消息的都是些腰纏萬貫的老傢伙，拿不出幾百甚至幾千塊錢，想玩這個遊戲門都沒有。股市大亨坐私人馬車，請的車夫都戴絲綢帽子。

「賭一把的意思就是賭一把。」他說,「你手上有多少錢?」

「你需要多少錢?」

「如果有 5 塊錢做保證金,我可以交易 5 股股票。」

「你準備怎麼賭?」

「我打算到賭館[9]用所有的保證金賭伯靈頓股價上漲,賭館讓我買多少,我就買多少。」他說,「伯靈頓股價一定會上漲!這就像從地上撿錢一樣簡單,我們很快就可以讓本金翻倍。」

「等等。」我跟他說,隨即拿出我的小本子。

我對將錢翻倍還不感興趣,但他斷言伯靈頓股價會漲的說法讓我很好奇!如果會漲,我的紀錄應該顯示出來。一看,還真是這種情況!根據我的紀錄,伯靈頓股票的運動模式預示下一步的方向是上漲。我這輩子還沒買賣過股票,也從沒賭過錢,但我看到了實驗自己的預測是否正確的好機會。我對預測股價漲跌實在著迷。我心中明白,如果自己的紙上預測無法在實戰中驗證,這些研究便沒有任何價值。我傾盡所有和他合夥,到附近的賭館買了一些伯靈頓股票。兩天後,我們賣股平倉[10],我賺了 3.12 美元。

7　本書主人翁此時是典型的技術型作手,他只看圖,不看其他。

8　每個股票投資初學者都應該經歷這個過程,這是基本功。

9　股票賭館的英文為 bucket shop,其在表面上的設定和今天的賭場類似,但只賭股票和期貨,當然有些也賭跑馬。不過到賭館買股票並不是真的買股票,而是和莊家對賭,賭法和今天的賭場相似,不需要有帳號,拿現金就可以下注,而且即刻算輸贏。這種賭館就算在當年也是灰色地帶,走在法律邊緣,美國各州的法律都不同,有些會管有些則不管。書中描寫的年代為十九世紀末,基本上全美到二十世紀初即已完全禁止。

10　將手邊的股票賣出或買回賣空的股票稱為「平倉」,即手邊已沒有股票倉位。

有了第一次，我從此踏上了獨戰賭館的征程。我通常在午餐時間到賭館下注，有時買空，有時賣空，兩者對我沒區別。我執行的是一套數字體系，不偏愛任何股票，也不聽他人建議，只按數字變動操作，遵循股價帶給出的數字模式下注未來。回頭想想，我的玩法其實是一位獨狼賭客在賭館下注的最佳方法：以股價帶給的指引下注，賭股價的波動。[11]

很快地，我從賭館賺到的錢就遠多於當辦公室小弟的薪水。我辭掉工作。雖然周圍的人極力反對，但看到我的交易紀錄後都靜默了。我還是個小孩，辦公室小弟的薪水低得可憐，而我的交易紀錄相當漂亮。

我十五歲賺到人生的第一個 1,000 美元。這些錢全部贏自賭館。當我將這些錢放在媽媽面前，她大吃一驚，要我把錢存起來，不要亂花。她從未聽說一個十五歲孩子能獨自賺到這麼多錢。她一開始不相信這些錢來路正當，隨即擔心我可能學壞。我當時沒想那麼多，只是相信自己能夠不斷賺到錢。用自己的頭腦推測，再透過市場證明自己正確，從中可以得到極大的樂趣！如果我能用 10 股的股票來證明正確，100 股股票就意謂著我正確的報酬增加了十倍。錢對我而言只是本金，它可以放大我正確時的回報。那麼，錢有沒有增加我的勇氣？答案是沒有。假設兩種情況，一是有 10 美元拿來全部下注，二是有 200 萬美元但只拿 100 萬下注，另外的 100 萬存起來，我會認為前者比後者勇敢多了。

總之，我十五歲就開始炒股維生，而且日子過得挺好。我從小賭館起家，在這些小賭館，如果你一次交易 20 股，就會被懷疑是化了裝的約翰·蓋茲 [12] 或偽裝的 J. P. 摩根 [13]。這些賭館通常來者

不拒，他們用不著拒絕什麼人，就算客戶賭對股票的走勢，他們也有辦法讓客戶虧錢。只要照行規正當經營，這些小賭館獲利可觀，股票的正常波動就可以搞定一般小賭客。通常賭股票每股交 75 美分的保證金，只要股價下跌 75 美分自動平倉，客戶就和他的保證金再見了。[14] 若有人詐欺，將被列入黑名單，不允許再進入賭館。

我獨自操作，沒有合夥人。這類工作本身相當個人化，一切都靠獨立思考。股價要麼照我的預測走，要麼不照我的預測走，沒人可以改變它的軌跡。我找不到將自己的交易決定和別人交流的理由。我當然有朋友，但交易從來都是自己操作，獨來獨往。[15]

成為最不受歡迎的賭客

很快地，我因為老是贏錢成為不受賭館歡迎的人。他們不肯再接受我的下注，還給我取了個綽號叫「豪賭少年」（boy plunger）。我只好一再換賭館，找不熟的下注。我被迫使用假名，或從 15 到

11　此處是指用過去的股價變動模式預測未來，這和今天看圖投資股票的股民用的是同一種思路，也就是完全靠技術分析買賣股票。

12　約翰・蓋茲（John W Gate, 1855-1911），十九世紀的美國工業家。

13　J. P. 摩根（J.P. Morgan, 1837-1913），十九世紀的美國銀行家，是知名企業「摩根大通集團」（JPMorgan Chase & Co.）的創始人。

14　例如股價為 100 美元，你每股繳出 75 美分的保證金買股票會漲。如果股票跌到99.25 美元，75 美分的保證金立刻就沒了，並且取消倉位，即使下一秒的股價回到100 美元也與你無關。

15　獨立思考的能力向來是投資這行生存的根本。後面章節就有故事，聽別人主意可能有負面效果。

20 股小小開始以裝新手；如果有人起疑，我就故意先輸一些，隨後再扳回來。當然，不用多久他們就會發現我是相當昂貴的客戶，不客氣地要我滾蛋，別影響老闆的獲利。

有一次，一家交易了幾個月的大賭館對我關上大門！我不爽，決定讓他們多虧點錢。這家賭館在全市有不少分館，有些在旅館大廳，有些在市郊。我走進一間位於一家旅館大廳的分館，和經理套交情後開始交易。找到一檔活躍的股票後，我那特殊的交易手法立即引起總館的注意，並詢問誰在做交易。經理向我轉告了總館的問題，我便請這位經理告訴總館我的名字是愛德華‧羅賓遜（Edward Robinson），來自劍橋。經理很高興地回饋了這些訊息。但總館還要知道我的長相，我回答：「告訴他們，我又矮又胖，有一頭黑髮，還滿嘴大鬍子。」但經理如實描繪了我。隨著他在電話上的沉默，我看到他的臉色刷地緋紅了，隨即掛上電話要我離開。

「他們對您說了什麼？」我非常禮貌地問。

「他們說：『你這瞎了眼的傻瓜，告訴過你我們不做賴瑞‧李文斯頓[16]的生意，你竟然讓他削了我們 700 美元。』」這位經理不肯再多說。

我試了一間又一間分館，但是他們都互相通氣，知道了我這個人，都不肯再接受我下注。有時我只是去交易大廳看股價都會被挑剔，我隔一段時間再去嘗試下注也沒用。

我僅有的選擇是大都會證券（Cosmopolitan Stock Brokerage Company），它是附近最大、資本最雄厚的賭館。

大都會證券評級 A1，生意興隆，在新英格蘭地區的每個城鎮都有分行。他們讓我交易了幾個月，有賺有賠，但最後和其他賭館

一樣對我挑剔。他們沒有直接拒絕我進門，那太難看，賭客贏了幾塊錢就不讓進門不是好的廣告宣傳。但他們對我採取了除不讓進門外最無恥的措施。他們首先將我的保證金要求增加到每股 3 美元，還要求我支付點差[17]，一開始是 50 美分，後來是 1 美元，最後加到 1.5 美元。這些交易條款嚴酷到近乎不合理。舉例來說，假如美國鋼鐵公司（U.S. Steel）的賣價是 90 美元，你買 10 股的話，通常單子寫成「90⅛買入 10 股美國鋼鐵公司」[18]。如果你的保證金是 1 美元，表示當股價跌到 89¼ 美元時，你就自動出局。在賭館，客戶一般不會被強求提供更多的保證金。賭館也不會喋喋不休地提醒客戶何時賣股票。

大都會證券對我的點差要求如同擊人小腹。假設美國鋼鐵公司的賣價還是 90，若是我買股票，點差 1 美元，那麼我的買入價不是 90⅛，我的買單會寫成「91⅛買入美國鋼鐵公司」。這意謂著我買股後股價漲了 1¼，平單還要虧錢。3 美元保證金的要求則將我的交易規模減少了三分之二[19]。就這樣的不平等條款，大都會證券仍是唯一肯接受我下注的賭館，我要麼接受條件，要麼停止交易。

我在大都會證券的交易有賺有虧，算總帳還有盈餘。大都會證

---

16 賴瑞・李文斯頓（Larry Livingston）是傑西・李佛摩在本書中的匿名。

17 點差是指買價和賣價的差額。

18 當年的股價通常是以「⅛」的差價報價，不像今天用「分位」。例如「買價 90⅛，賣價 90」，或「買賣 90¼，賣價 90⅛」。⅛ 等於 12.5 分，這個差價是莊家的收入。低價股則採 ⅟₁₆ 差價。

19 保證金通常是每股 1 美元，但主人翁被要求繳付 3 美元，所以交易量減少了三分之二。

券強加於我的不平等條款應該足以打敗所有交易者，但他們仍然不滿足，還出黑手坑我！他們沒有得逞，因為我的第六感救了我。

大都會證券的坑殺把戲

如前所述，大都會證券是我僅剩的選擇，它是新英格蘭地區最有錢的賭館，對客戶的交易規模通常沒有限制。我相信，我的交易量是證券行所有個體客戶中最大的。大都會證券有漂亮的辦公室，有我見過最大、最完全的股價顯示板，橫跨了整個房間，顯示所有想像得到的產品。無論是紐約還是波士頓證券交易所交易的股票，或棉花、小麥、金屬等期貨都有顯示，總之，所有在紐約、芝加哥、波士頓和英國利物浦交易的產品，其價格都在顯示之列。

賭館的交易程序是這樣的：你把錢交給接單員[20]，告訴他們你想買賣什麼；他看看股價帶或顯示板，在交易單上寫下最新股價，包括時間。交易單讀起來就是在某日某時，用什麼價錢買或賣了多少某檔股票，從你這裡收了多少錢。樣式和正規證券行的報告單一樣。平單時將單子交回接單員，告訴他你想做什麼。接單員會在交易單上記錄該股票最新的交易價格和時間，簽個名就搞定了。如果該檔股票的交易不活躍，就會等下一個出現在股價帶上的交易價。對比買賣差價，你可以拿單子去結算現金。當然，如果股價走反，交易價擊穿你依保證金設立的停損價，交易自動平單，交易單變成廢紙。

在比較簡陋的小賭館，客戶可以從 5 股開始小小入市。成交單是一張小紙條，賭館用不同的顏色標示買單和賣單。有時市場的走

勢會一面倒，例如在狂熱的牛市，客戶的單子會集中買漲而且大家買的都對。結果將是賭館虧大錢。這種情況下，賭館會收取一定的手續費，例如你以 20 美元買股，你的單子會寫成「20¼ 買入」，只要股價跌 ¾，你的 1 美元保證金就沒了。

大都會證券是新英格蘭地區最有檔次的賭館，有數以千計的客戶，我相信我是唯一令他們感到害怕的。不管是橫掃一切點差還是比平常多三倍的保證金，都不足以減少我的交易量。我一直用賭館允許的最高額進行交易，有時擁有的股票達 5,000 股之多。

事情發生那天，我賣空了 3,500 股蔗糖（Sugar）公司，我手上拿著七張粉紅色的賣空單，每張 500 股。大都會使用的買賣單比別家稍大，單子上留有空白位置，用來登記追加的保證金。當然，賭館從來不會要客戶增加保證金，因為保證金愈少，能承擔的股票波動就愈小，客戶被削出場的機會就愈大，一旦被削出場，保證金就歸賭館所有，這是賭館的利潤。有些小賭館碰到客戶要求增加保證金額時會另外開單子，作為新的一筆交易單，以便收取額外的佣金。如此一來，1 美元的保證金只剩下 ¾ 的餘額能夠抵抗波動，他們將賣出佣金算成一個新交易。

記得這天，我下了超出 1 萬美元的保證金。

我二十歲就賺到人生第一個 1 萬美元。我母親認為，除了約翰·D·洛克菲勒 [21]，沒人會帶著這麼多錢到處亂走。她不斷提醒

20　給接單員的錢就是保證金，當年的交易行規是，每股需繳交 1 美元的保證金。
21　約翰·D·洛克菲勒（John Davison Rockefeller, 1839-1937），美國標準石油公司（Standard Oil）創辦人，是歷史上第一位億萬富翁。

我見好就收，拿這些錢去做正行生意。我一直努力向她解釋我不是在賭博，我是靠判讀賺錢，但收效甚微。在母親眼裡，這 1 萬美元是可以買東西的錢，但在我眼裡，這 1 萬美元是用來交易股票的保證金。

我賣空 3,500 股蔗糖公司的價錢是 105¼ 美元，房間還有另一位名叫亨利‧威廉斯（Henry Williams）的客戶賣空了 2,500 股。我喜歡坐在電報機旁大聲報出最新股價，由小弟抄上黑板。股價的運動就如同我的預測：先跌幾塊錢，休息一下再跌幾塊錢；大勢相當疲軟，看起來一切順利。突然間，我覺得蔗糖公司的下跌變得很遲疑，這令我十分不舒服，直覺應該要平單離場了。當時的交易價是 103 美元，是當日的最低價。但這並沒有增加我的信心，反而讓我更加七上八下。我覺得有些東西不對勁，但說不出到底什麼地方不對勁。這種感覺縈繞不解，我決定平倉出場。

我從不閉著眼睛蠻幹，我不喜歡蠻幹。我從小就篤信做事情要有理由！這次買股平倉的理由似乎不存在，但不買回這些股票令我全身不自在。我請來一位認識的股友，名叫做大衛‧威蒙（Dave Wyman），我對他說：「大衛，幫個忙，請到我的位置幫我報價，但在報出蔗糖公司下一個成交價前稍微等一下，可以嗎？」

大衛回答說好，我起身讓出位置由他報股價。我從口袋裡拿出七張交易單，走到交易櫃檯，接近接單員。我心裡很遲疑，不確定自己為何要平單退出市場，於是靜靜地站在那裡，斜靠著櫃檯，手掩交易單不讓接單員看到。很快地，我聽到電報機的滴滴聲響，看見接單員湯姆‧伯恩罕（Tom Burnham）快速轉過頭聽著。我感覺有種邪惡的事情正在醞釀，決定不等了。此時大衛‧威蒙開始說

「蔗──」，我閃電般地將七張單子啪地放在櫃檯上，就在大衛完成報價之前喊出「平掉蔗糖」！按照規矩，賭館必須用最後報價平單，大衛喊出的價錢是 103 美元。

根據我的小本子，蔗糖公司的現價應該已經跌破 103 美元。事情有點不對勁，我的直覺是有人在挖陷阱坑人！此時電報機滴滴答答的像發狂一樣，我留意到湯姆・伯恩罕居然還沒在我的單子打上平單的印戳，他正聽著電報機的嘀答聲，似乎在等什麼。於是我對他大叫：「嘿，湯姆，你在等什麼鬼？馬上把價錢寫到單子上，103，蓋戳！」

房間裡的每個人都聽到我的叫聲，都轉過頭來想知道發生了什麼；雖然大都會證券從未耍賴過，但誰也不敢打包票。賭館的擠兌可以像銀行擠兌一樣慘不忍睹，只要有一位客戶起了疑心，就會傳染給其他人。湯姆不情願地在我的單子碼上「103 平單」的字戳，將七張單子遞回給我，臉色難看到極點。

從湯姆的窗口到結帳窗口不到八英尺，我還沒來得及走到結帳窗口，就聽到大衛・威蒙激動的聲音：「天哪，蔗糖，108！」不過太遲了。我對著湯姆大笑說：「這次沒成功，對吧，老兄？」

毫無疑問這是個陷阱！亨利・威廉斯和我一共賣空了 6,000 股蔗糖公司，大都會證券收了我們大筆保證金，加上其他小客戶的散單，賣空總數大約有 8,000 到 1 萬股。假設蔗糖公司的賣空盤保證金有 2 萬美元，這已經足夠讓賭館雇人在紐約證交所做動作來坑掉大家的保證金。過去賭館只要發現很多客戶賭某檔股票漲，他們就會雇用一些證券經紀人把這檔股票的價錢洗下來，直到賭漲的客戶和他們的保證金說再見為止。這麼做的代價可能是幾百塊錢，但利

潤有幾千。[22]

大都會證券幹的就是這種事！他們試圖坑我和亨利・威廉斯及其他賣空蔗糖公司散戶的保證金。他們在紐約的經紀人將股價霎時抬到 108 美元，當然股價隨即就跌了下來。亨利・威廉姆斯和其他散戶都被清了盤。在那個時期，每當股價出現無法解釋的驟跌，接著又立刻回升，報紙稱之為「賭館操縱」。

最可笑的是，試圖坑我的事情過了不到十天，有位紐約的作手坑了他們 7 萬多美元。這位紐約作手相當有能量，他是紐約證券交易所的會員，曾在一八九六年的「布萊恩恐慌」（Bryan panic）中贏得「大熊」的名號。他的操作總是踩交易所條規的紅線，而這些紅線阻止他肆意地坑騙交易所同仁。有一天他想到，如果他從賭館拿走一些黑心錢，應該不會遭到交易所或警察當局的抱怨。於是他雇用了三十五個人假扮成顧客，專門到大都會證券的總公司和較大分行晃蕩，在某一天的特定時刻，他們會同時以最大手筆買入某檔股票，並講好什麼時候退場。他自己就一邊放出股票的利多消息，一邊進入交易所拉抬股價，交易所的其他作手也一起跟風，就像玩圍獵遊戲一樣。小心翼翼地選股，把股價拱上 3 到 4 美元一點都不困難，他在賭館的傭兵就依照事先安排好的操作執行。

一位朋友告訴我，這位大熊淨賺了 7 萬美元，他的同謀也各自賺到自己的一份。他將同樣的把戲在全國玩了幾遍，教訓了那些在紐約、波士頓、費城、芝加哥、辛辛那提和聖路易斯的賭館。他最喜歡操縱的股票之一是西聯匯款（Western Union），因為操縱這種不太活躍的小股票漲跌幾塊錢很容易。他的傭兵以某個價錢買進股票，炒高賺 2 美元後反手賣空，再賺上 3 美元。順道一提，前些天

我看到報上說這個人死了，死的時候貧窮潦倒且沒沒無聞。如果他死於一八九六年，全紐約報紙的頭版都會刊登這則消息。可惜，他今天只在第五版占了兩行字。

本章重點&給投資人的提醒

　　第一章說的是主人翁如何開始他征戰股市的旅程，他的開始完全是個意外。很自然的，他從讀盤慢慢形成自己的操作體系，按照今天的劃分，是完全的技術派。今天新手投資人通常是由學習價值分析開始，透過像是股票本益比（Price-to-Earning Ratio）、國家利息政策等來預測股價的漲跌。就我個人來看，或許模仿主人翁的開始更能得益，也就是透過讀盤建立對股價的盤感，用股價往日的變動模式推測下一步，操作時注意停損，同時將價值分析作為參考，慢慢建立自己的系統。

---

22 投資人在今天的股市中也會發現類似狀況，即每次股價大漲之前都會來個洗盤，讓那些看圖操盤的投資人先行停損。儘管時代背景不同，金錢遊戲仍大同小異，並不會隨時代的變化而改變。

第 2 章

股票買賣不只是賺價差

如果入市之前就確信自己是對的，我總能賺到錢。讓我虧錢的是我不夠毅力按照自己的計畫執行。換句話說，我總是缺乏耐心等待先例條件都滿足之後才進場。

股票投機不僅僅是嘗試賺取股價短期波動的小小幾塊錢價差那麼簡單。

發現大都會證券在 3 美元保證金加 1.5 美元點差條款下都無法擊敗我就出黑手坑人，還不時暗示不歡迎我這位客戶，我決定到紐約去。在那裡，我可以在紐約證券交易所的會員券商交易廳裡正規交易。我不想在波士頓的分行交易，因要等電報傳股價，會有遲滯。我要向原始來源靠攏。當時我二十一歲，隨身帶上了我全部的身家——2,500 美元。

觸不到底的股票投機遊戲

曾說過我二十歲就有 1 萬美元，我在賣空蔗糖公司繳付的保證金就超過 1 萬美元。但我也有輸的時候。我的交易策略相當成熟，

贏多輸少。如果都按照計畫進行，大約十次交易會贏七次。我想強調：如果入市之前就確信自己是對的，我總能賺到錢。讓我虧錢的是我不夠有毅力按照自己的計畫執行。換句話說，我總是缺乏耐心等待先例條件都滿足之後才進場。我當時還不明白，無論做什麼都需要選擇時機，而不明白這一點正是華爾街眾多聰明人虧錢的原因。這世界有一種徹徹底底的傻瓜，無論何時做什麼都出錯；還有一種傻瓜叫華爾街傻瓜，他們認為必須不停地交易。沒有人可以找到每天都買賣股票的足夠理由，也沒人可能擁有足夠的知識讓自己的每個交易都明智。[23]

我自己就是個證明。每當我依經驗讀盤交易，我就賺錢；每次衝動瞎幹，我就虧錢。從不例外。在交易廳裡，巨大的報價板面對著我的臉，股價在上面跳動，客戶們激動地交易，看著交易單變成現金或變廢紙。毫無疑問，我會被激動的情緒影響判斷。在賭館，你的保證金稀薄，不可能做長線，你很容易被清出場。不管外部條件如何，情緒上執著於不停交易，是華爾街眾多作手虧錢的原因，很多專業人士也不例外；他們覺得自己應該像做其他工作一樣每天拿回一份薪水。我那時只是個孩子，還不具備足夠的經驗。十五年後我可以咬緊牙關兩個星期，等待看好的股票漲了 30 點才跟入，因為那時買入才安全。那時我破產了，試圖東山再起，不能蠻幹，必須等待完美時機。那是一九一五年，說來話長，我會在後面慢慢告訴你。現在，我承認雖然多年來我不斷地練習如何擊敗賭館，但最後還是被他們拿回了大多數的盈利。[24]

賭館是在我的眼皮之下堂皇地將錢拿走的！這種賺了錢卻又被拿回去的故事，在我的交易生涯發生過多次。一位股票作手需要不

斷地和自己內心的一大群強敵搏鬥。總之，我帶著 2,500 美元來到了紐約。這裡很難找到可信賴的賭館，證券交易所和警察共同合作把賭館關得差不多了。而且，我尋找的是不限制下注規模的地方。雖然我現在的本金還不多，但我相信很快就會多起來。現在最主要的就是找到一個能提供公平交易的地方。我首先找到一家在波士頓設有分行的證券行，它是紐約證券交易所會員，我認識裡面的一些員工。這家證券行關門很久了，當時我不喜歡其中的一位合夥人，因此沒多久就離開了。隨後我找到一家叫富勒騰（A. R. Fullerton & Co.）的證券行，他們一定聽說過我的一些早年經歷，因為不久後就稱呼我「交易小子」（Boy Trader）。我長了一張娃娃臉，不少人看我年輕就想占我便宜，逼得我不得不經常反擊。有時想想，或許賭館的那些傢伙看到我一副小孩模樣，認為我賺到錢不外乎是運氣好，而這可能是我經常擊敗他們的唯一原因。

很遺憾，不到六個月我就破產了！我的交易相當活躍，甚至有常勝將軍的封號。我猜付了不少交易佣金是原因之一。我的帳戶亦曾膨脹過不少，但最後還是虧掉了。雖然我謹慎交易，但最後一定會輸。讓我告訴你原因：因為我在賭館的輝煌成功！

我的交易方式只能在賭館的環境下保證賺錢；在那裡我只對股

---

23 時機、時機、時機，做什麼事情都要講求時機，投資操作更是如此。一九九〇年代在上海買地產，閉著眼睛都賺錢，但同時在東京買地產就虧到看不見底。股票投資有自己的特點，如文中所說：滿足先例條件！

24 由於股市有「賭」的特性，業餘投資人常將股市當成賭錢的場所。他們不顧外在條件，以找刺激的心態買賣股票。所有投資人必須牢牢記住，想成為股市贏家就必須控制自己的情緒，只有在時機對的時候才進場。不要把股市當成滿足賭癮的場所。

價的波動下注。我的讀盤能力是成功的唯一保證。我買股的時侯，股價板就在面前，我下單之前就知道自己的買價是多少，賣股的時候也一樣，且總是能立刻脫手。我可以像閃電般快速買進賣出賺差價。比如說，我確定股價會上漲至少 1 美元，只要不貪心，我可以繳 1 美元保證金下注，眨眼將本金翻倍；或者賺個 50 美分就離場。每天交易一兩百股，月底算帳就有一筆不錯的收入。

如果能一直這樣當然很好，問題是，就算賭館輸得起也沒人肯一直輸，沒有賭館歡迎總是贏錢的賭客。

遺憾的是，我在賭館的完美系統，一搬到富勒騰就不靈驗了。在這裡，我倒是真正地在買賣股票。比如蔗糖公司在股價帶上的交易價是 105 美元，我確定它會繼續跌 3 點，但事實上在股價帶打印 105 時，蔗糖公司在交易廳的實際交易價可能只是 104 或 103；到了我賣空 1,000 股的賣單送達富勒騰交易員的時候，股價可能更低。成交報告回來之前，我根本無從知道成交價。這個操作在賭館裡或許可以確定賺 3,000 美元，換到證券行操作可能一分錢都賺不到。當然，這是個極端的例子，但事實是，在富勒騰辦公室看到的報價有延滯，我在賭館的成功交易系統搬到正規證券行根本不成；很遺憾當時我並未明白這一點，還一直沿用賭館的交易方式。[25]

而且，如果我的賣單大，我的賣單會進一步壓低股價。但在賭館，我根本不需要在意自己的交易規模對成交價的影響。

我在紐約虧錢的原因是遊戲已經完全不同。我虧錢不是因為在合法地買賣股票，而是我對新遊戲一無所知。大家都說我是優秀的讀盤手，但就算我是讀盤專家也救不了自己。如果我自己進交易廳直接交易，情況也許會改進，我會試圖改變自己的交易方法來適合

新環境。不過,如果我今天進交易廳交易,由於我的交易量太大,會影響股價,我在賭館的方法還是不成。

總之,我還不完全了解股票投機遊戲。我只懂一部分,但這是相當重要的部分,它讓我受益無窮。說到這裡要發點感慨,如果以我現在的知識深度卻還在股市虧錢,青澀的散戶想從股市賺到錢並把它留下的機會真是不大![26]

500 美元決戰聖路易斯

很快我就明白自己的操作方法有問題,但無法確定問題出在什麼地方。我的操作系統有時運作完美、無懈可擊,有時意外頻出、慘不忍睹。那時我二十二歲,還沒有自戀到不願自我反省。事實是那個年紀的年輕人對什麼事都懵懵懂懂。

辦公室員工對我很好。在證券行交易都有保證金要求,這使得我無法隨心所欲地重手買賣。老富勒騰先生和其他員工對我好到近乎百依百順,結果六個月後,我不但虧掉了從波士頓帶來的錢,以及交易期間曾有的利潤,還倒欠證券行幾百美元。

---

25 主人翁的勝算就是透過讀盤來判斷股價短期的漲跌,條件是能夠按照看到的價錢交易。如果條件滿足,將能賺到錢。但在正式的證券行交易,由於交易遲滯,他下單後的實際交易價不同於看到的價錢,因此他的勝算就被這個「延時」給抹殺了。沒了勝算,再加上交易費用,失敗不可避免。

26 要想在任何行業成為行家,道路都十分艱辛且漫長;股市更是如此!投資人入市常常想著要快點發財,這是錯誤的思路,正確的想法應該是:怎麼讓自己成為股市的行家。

我還是個孩子，以前從未出過遠門，現在一文不名；但我知道自己的身體和精神狀態都沒問題，是我的交易方法有問題。我還想強調：我從不生股市的氣，也從不和股價趨勢對著幹；對股市耍脾氣愚不可及。[27]

我急切地想要繼續交易，一分鐘都等不及。我找到了老富勒騰先生，問他：「先生，可以借我 500 美元嗎？」

「幹什麼用？」他問道。

「我需要錢。」

「拿錢做什麼？」他又問。

「當然是拿來做保證金。」我回答。

「500 美元？」他皺起眉頭。「你知道行規要求股價的百分之十作為保證金，這意謂著買 100 股可能就要 1,000 美元保證金。或許給你個信用額度更方便？……」

「不，」我說，「我不要信用額度，我已經欠你們一些錢。我只想借 500 美元到外面去交易，賺一筆錢後再回來。」

「你想怎麼做？」老富勒騰問。

「我想到賭館交易。」我告訴他。

「就在我這裡交易。」他說。

「不，我在這裡交易還沒有致勝的把握，但我有把握從賭館賺到錢；我很了解賭館的規則。我現在對於在這裡交易失敗的原因已經有所醒悟[28]。」我說。

我拿到了 500 美元，隨即離開辦公室。我這個被賭館稱為「恐怖小子」的投機客在這間證券行虧到精光。我不可能回波士頓，因為那裡的賭館不讓我進門。紐約也不可能；那個時候，紐約已經沒

有公開營業的賭館了。有人告訴我，在一八九〇年代，紐約百老街（Broad Street）和新街（New Street）一帶都是賭館，現在我需要它們卻都不見了。稍微躊躇後，我決定到聖路易斯（St. Louis），聽說那裡有兩間賭館生意興隆。賭館一定賺到很多錢，在幾十個城市都有分行。有人說東部沒有一家賭館能達到那樣的生意規模。這些賭館公開做生意，大人物也可以毫無顧忌地自由交易。有個傢伙告訴我，其中一家賭館的老闆是商會的副主席，但我相信這個商會不會是聖路易斯的商會。總之，我帶著 500 美元，踏上前往聖路易斯的旅程。我需要賺一筆東山再起的資本。

到了聖路易斯，我住進旅館，洗了臉便出門尋找賭館。兩家賭館，一家叫做杜蘭公司（J. G. Dolan Company），另一家叫泰勒公司（H. S. Teller & Co.），我有把握擊敗他們，打算小心穩妥地進行。我最怕的就是有人認出我，因為我「交易小子」的綽號在賭館間赫赫有名。賭館都互通消息。

我離杜蘭比到泰勒近一點，因此先去杜蘭，內心希望能在這裡操作幾天後才被發現。我走進去，這是一家相當有規模的賭館，股價板下盯著看股價的客戶至少有幾百人。我心中竊喜，夾在這麼多人之中不容易被發現。我開始留意股價板，細心觀察，找到一檔可操作的股票。

我東張西望，正好與交易窗口內的接單員四目交接，我走上前

---

27 失敗了生環境的氣，是很多人的通病。想要成功，就應該改變自己去適合環境，若試圖改變環境來適合自己，通常不會如意。

28 知道自己的優勢何在並加以利用，是成功的根本。

問：「請問這裡可以交易棉花和小麥期貨嗎？」

「可以，孩子。」

「也可以買些股票嗎？」

「你有錢的話當然可以。」

「我有錢，有的是！」我表現得像個很有錢的富二代。

「我相信你有錢。」接單員帶著微笑說。

「100 美元可以買多少股票？」我故作著急地問。

「100 股，若你真的有 100 美元。」

「不止 100，200 都有！」我告訴他。

「我的天哪！」他小小聲。

「好，我買 200 股股票。」我大聲道。

「200 股什麼股票？」他這下認真了。「這是在做生意。」

我回頭看看股價板，像是在遲疑該買什麼股票。「200 股奧馬哈（Omaha）。」

「好的！」他拿過我的錢，數了數後開始寫交易單。

「你叫什麼名字？」他問。

「郝雷斯‧肯特（Horace Kent）[29]。」我回答說。

他將交易單給我。我坐回到客戶群中等待機會。這天，我快速買進賣出交易了幾次。第二天我故技重施。兩天裡我賺了 2,800 美元，內心期望他們會讓我交易一個星期。以這樣的賺錢速度，一個星期的結果都很可觀。然後我可以到第二家賭館依樣畫葫蘆，運氣好的話，很快地就可以存上一筆回紐約了。

第三天早上，我佯裝害羞地到交易窗口說想買 500 股布魯克林捷運（BRT），接單員開口了：「肯特先生，我老闆要見你。」

我心中明白，遊戲大概結束了，但嘴上問道：「他為什麼要見我？」

「我不知道。」

「你老闆在哪裡？」

「在他的私人辦公室，這個方向。」他指著一扇門。

我走了進去，老闆杜蘭正坐在桌邊，他轉過身來說：「請坐，李文斯頓先生。」

他手指著一張椅子。我最後的希望消失了。我不知道他怎麼知道我的名字，或許是從我的旅館登記處得到的。

「請問是您想見我嗎？」我問他。

「孩子，我和你沒有任何恩怨；一點恩怨都沒有，對吧？」

「沒有，當然沒有。」我回答。

他從轉椅上站起來，他的身材十分高大。對我說：「過來，李文斯頓，請跟我來。」他走到門前，將門打開，手指交易大廳裡的擁擠人群。

「看看這些人！」他對我說。

「看什麼？」

「孩子，看看那些人，三百位左右。三百個傻瓜！他們供養著我和我的家人。明白嗎？三百個傻瓜！你來了，只用兩天時間，就奪走了我要用兩個禮拜才能從三百個傻瓜身上削來的錢。這不成！孩子，這種情況不能繼續下去。我沒有怨恨你。你已經賺到的都屬

29　此處用了假名。

於你，還想多賺就過分了。」

「為什麼？我……」

「夠了！你前天進來我就不自在，我不喜歡你的樣子。我覺得你在裝模作樣。我把那個混蛋叫進來，」他手指著那位接我單子的接單員。「問他你在幹什麼？告訴他說我不喜歡你的樣子，你在扮豬吃老虎。那混小子說：『我不會看走眼的，他的名字是郝雷斯·肯特，一位喜歡扮大人的未成年富二代。他沒問題。』我居然就聽信他的話，眼睜睜地損失了 2,800 美元。孩子，我不為輸錢怨恨，但保險櫃已經對你關上了。」

「聽我說……」我想爭辯。

「你聽我說，李文斯頓，」他繼續說，「你的故事如雷貫耳。我靠削這些傻瓜賺點生活費，你不屬於這裡！我力求行事公正，你賺到的都可以帶走，但讓你再賺下去就意謂著我是傻瓜。我現在知道你是誰了，走吧，孩子！」

我帶著 2,800 美元離開了杜蘭賭館。泰勒的賭館在同一個街區。我已經了解泰勒是一位非常富有的商人，還擁有很多撞球館。我決定去他的賭館試試。我遲疑著到底應該小小開始，慢慢增加到 1,000 股，還是一開始就放手大幹？理論上我有可能交易不了一個整天，因為這些賭館一旦虧錢就變得非常警惕。我打算買 1,000 股布魯克林捷運，我堅信能從這檔股票每股賺個 4 到 5 美元。但如果賭館有任何懷疑，或買這檔股票的人太多，他們也可能不讓我交易這檔股票。所以，我想最好的方式或許是從小開始。

泰勒的交易廳比杜蘭小，但設備更精緻，顯然客戶的層級也更高。這是我喜歡的環境，我決定買 1,000 股的布魯克林捷運。我走

近下單窗口問接單員：「我想買一些布魯克林捷運，買單的股數限制是多少？」

「這裡沒有限制，只要你有錢，買多少都可以。」

「我買 1,500 股。」我說，隨即從口袋裡拿出錢，等著接單員寫單。

這時，我看到一位紅髮先生將接單員擠開，轉身對我說：「李文斯頓，你回去杜蘭，我們這裡不做你的生意。」

「等等，我剛才買了一些布魯克林捷運的股票，讓我先拿到交易單。」

「你在這裡沒有交易單。」他說。此時，其他接單員都聚集在他旁邊看著我。「別再來了，我們不做你的生意，明白嗎？」

生氣和爭吵沒有任何意義。我回到旅館，付了帳單，搭乘第一班火車回紐約。這實在有夠艱難！我試圖贏點小錢，泰勒居然連一次交易都不讓我做。

打擊賭館的騙子

回到紐約，我馬上還給富勒騰先生 500 美元，並開始用從聖路易斯賺來的錢交易。交易有輸有贏，算總帳是小勝。畢竟我沒有什麼不好的交易習慣，我只需要明白炒股這一投機遊戲比原先想像的更複雜。我如同字謎遊戲的愛好者，在星期日的副刊上做填字遊戲，不得到答案絕不滿足！我期望得到如何炒股贏錢的答案，我在賭館時曾覺得自己知道了答案，但我錯了。[30]

回到紐約過了幾個月，有一天，一位老傢伙進了富勒騰的辦公

室，他是富勒騰的老朋友，有人說他們曾一起養過賽馬。很明顯，他現在的狀況不是很好。他的名字是麥德偉（McDevitt）。我被介紹給他時，他正在講述一群西部過來的賽馬騙子如何在聖路易斯興風作浪，首腦就是開撞球館的泰勒。

「哪位泰勒？」我問。

「全名是 H. S. 泰勒（H. S. Teller）。」

「我知道那傢伙。」我回答。

「他不是個好東西。」麥德偉說。

「爛透了！」我答道，「我還有些帳沒和他算。」

「怎麼回事？」

我將自己在聖路易斯的經歷告訴他。「讓這些騙子難過的唯一方法，就是打擊他們的錢包，我現在沒辦法去聖路易斯動他，但總有一天會給他好看。」

「真的？」老先生說，「聽說他打算到紐約做些生意，但不得其門而入，所以就到紐約臨近的霍博肯（Hoboken）找了個場所。據說玩得很大，沒有限額，資本充足。」

「做什麼生意？」我以為他開了一家撞球館。

「股票賭館。」麥德偉回答。

「您確定已經開張了？」

「應該是，我聽幾位朋友說過這件事。」

「道聽塗說不算數，」我說，「您可否確認一下這個消息的真假，並了解他們對於下注的限制？」

「好吧，孩子，我明天親自跑一趟。了解詳情後再告訴你。」

他果真去了。看樣子泰勒的生意規模已經不小，對交易也沒有

限制。那天是星期五，股市整整一週都在上漲。別忘了，那是二十年前，當時每到星期六，銀行報表都會顯示存款準備金少了一大截，都被挪去買賣股票了。當然，股市大戶看到這樣的情景，就會動腦筋想著怎麼削削那些散戶。在星期五交易的最後半小時，通常會看到股市出現反常下跌，目的是讓散戶停損離場。小股民喜歡交易的股票特別如此。這些股票當然也是泰勒的客戶買入最多的股票，賭館很樂於有人賣空這些股票[31]。對於這些只下 1 美元保證金的客戶，股價往上或往下變動 1 美元，他們就出局了，削削他們是件很容易也很過癮的事。

星期六上午，我到霍博肯，去了泰勒的賭館。賭館有很大的交易廳，掛有高檔的股價顯示版，員工配備齊全，還有一位身穿灰色制服的保安警察。當時大約有二十五位客戶。

我和經理聊了一下，他問我能幫我什麼，我說暫時沒什麼需要幫忙。我閒聊說要賭就賭大的，像賭馬一樣賭輸贏，幾分鐘賺個幾千美元才過癮。買賣股票只是小打小鬧，要等好多天才知道結果，不夠刺激。他隨即開始喋喋不休地說股市有多安全，以及他的客戶都發了大財。他試圖讓我相信，在這裡買賣股票就像在交易所實際交易股票一樣。只要敢交易，且不怕下大注，就能賺到大把鈔票。他一定以為我準備去賭馬，希望將我賭馬的資金截留一部分在他的

30　此處的意思是，主人翁在賭館透過研究讀盤而獲得了短線交易的勝算，可是遭賭館禁單；但他讀盤交易的勝算在正式的證券行又因為交易遲滯而失效，因此令他陷入困惑。

31　只要客戶有買有賣，不同客戶的買賣盤互相抵消，會降低賭館的風險。

賭館。他提醒我，星期六的股市十二點就收盤了，我應該抓住時機，然後還有一整個下午可以去做其他事情，要是我選對了股票，我能帶更多的錢去賽馬場。

我假裝不相信他說的話，他就鍥而不捨地鼓動我。我看著掛鐘，十一點十五分時我對經理說：「好吧，那我進場試試。」隨即給了他幾種不同股票的賣空名單。我給了他 2,000 美元現金，他樂不可支地收下錢，並說他相信我會大賺一筆，希望我日後常來。

一切如我所料，股市作手們很快開始打壓股價，試圖逼出停損單，股價逐步下跌。我在收市前五分鐘股價反彈之前平了賣空單，賣空的作手通常喜歡在這個時間平單過週末。

我整整賺了 5,100 美元。我找經理兌換現金，把交易單給他，對他說：「很高興我今天會撞進這個地方。」

「呃，我付不了全額，我沒料到今天的行情，手頭沒這麼多現金。你星期一早上過來，我將錢準備好。」他對我說。

我回答：「沒問題，但請把賭館現在所有的現金給我！」

「你讓我先把散戶的單子付清。我先還給你保證金，付完散戶後剩下的錢都給你！」我耐心地等他把錢付給其他贏家。我心裡一點都不擔心，這裡的生意不錯，泰勒不會耍賴斷了自己的路。而且如果他真的賴帳，我會讓他關門大吉。

我拿到了自己的 2,000 美元以及另外的大約 800 美元，這是辦公室裡所有剩下的錢。我告訴經理，星期一上午我會回來拿餘款。他發誓，屆時一定會將錢準備好。

星期一不到中午十二點，我到了霍博肯，看到經理正在和一個人說話。我在聖路易斯見過那個人，在泰勒辦公室經理要我回杜蘭

那天，這人就站在旁邊。我即刻明白，經理已經電報聖路易斯的總公司，於是總公司派人來查。騙子對誰都不相信。

「我來拿錢了。」我對經理說。

「就是這位嗎？」那位來自聖路易斯的傢伙問。

「是的。」經理回答，同時從口袋裡拿出一疊黃色單據。

「等一下。」聖路易斯的那個人對經理說，隨即轉向我。「李文斯頓，我們不是告訴過你，我們不做你的生意？」

「先把我的錢給我。」我對經理說，然後他給了我兩張千元大鈔、四張五百大鈔和三張百元大鈔。

「你剛才說什麼？」我回問那位從聖路易斯來的人。

「我們告訴過你，不要到我們的地方交易。」

「沒錯，」我說，「這就是我來交易的原因。」

「那麼，別再來了，滾遠遠的！」他惡狠狠地對我說。身穿灰色制服的保安警察趨前走來，靜靜地站在旁邊。聖路易斯來的那個人揮舞著拳頭，對經理大喊：「你這個笨蛋，居然讓他跑進我們這裡交易！他是李文斯頓，你不能再讓他進來。」

「聽著，」我對聖路易斯的那傢伙說，「這裡不是聖路易斯，你別想在這裡玩你老闆和他的北愛爾蘭流氓朋友習慣的坑人遊戲。」

「離開這裡！你不可以在這裡交易！」他大吼。

「如果我不能在這裡交易，那所有人都交易不了。」我回答他。「你別想在這個地方玩這種把戲。」

聖路易斯的那傢伙口氣軟了下來。「老兄，幫幫忙，我們無法每天承受這樣的損失。老頭子要是知道是誰幹了這件事，肯定會暴

跳如雷。有點同情心好嗎，李文斯頓！」

「我可以下注小些。」我答應他。

「請別再搗亂，看在老天的份上，別再來了！讓我們有個好的開始，我們新來的，好嗎？」

「下次來也不玩你們這些自命不凡的遊戲。」說完我就離開了，只見他快快地和經理談著什麼。我已經讓他們為自己在聖路易斯的可惡行為付了點金錢代價，把事情搞大或讓他們沒生意做對我沒意義。我回到富勒騰的辦公室，將發生的事告訴麥德偉，問他是否願意去泰勒的地盤先以 20 或 30 股做些小交易，我一看到機會就會打電話給他，那時候下大注。

我給了麥德偉 1,000 美元，於是他跑到霍博肯，照我所說的做。我猜他自己平時也常去。有一天，我看到下跌機會，轉告麥德偉，他就全力賣空了一把，這一注的結果是付完麥德偉的佣金和手續費後，我淨賺了 2,800 美元。我懷疑麥德偉還私自下了點單。又過了不到一個月，泰勒關掉了霍博肯的分行，一方面是警察開始找麻煩，另一方面是他們的運作虧了錢。我在那裡只做了兩次交易。當時我們碰到一個瘋狂的牛市，每個客戶都在買股、在加碼，在賺錢，股價連 1 美元的下跌波動都沒有。全國有無數的賭館關門結束營業。

遊戲規則變了。相較於在正規證券行，在老式賭館交易有一些決定性的優勢，其中之一就是自動平單 [32]，一旦股價跌到某個數字，賭館就自動將單子平了，這是最好的停損，你的虧損不會超過你的保證金，也不會碰到離譜的交易滑價 [33]。在紐約，賭館對客戶的限制比西部嚴格，紐約有某些活躍股票的利潤不得超過 2 美元的

限制，蔗糖公司和田納西煤鐵（Tennessee Coal and Iron）就是其中一員。股價可能在十分鐘之內變動超過 10 美元，但客戶的利潤最多只有 2 美元，否則賭館認為客戶的優勢太大，但虧 1 美元的風險卻有賺 10 美元的機會實在太便宜。還有些時候，所有大小賭館拒絕接受某些股票的下注。一九〇〇年的總統投票日之前，大家都認為威廉・麥金萊[34] 會贏得大選，沒有一家賭館肯接客人的買單，認為麥金萊會贏得大選的賠率是三比一。在星期一買股票，意謂著每股會有 3 到 6 美元或者更多的利潤。你也可以賭威廉・詹寧斯・布萊恩[35] 勝選，買股票同樣也能賺錢。那天，全國的賭館都拒絕交易。

　　如果不是賭館拒絕接受我的下注，我不可能停止到賭館交易，也不會學到股票買賣的真正精髓。股票投機不僅僅是嘗試賺取股價短期波動的小小幾塊錢價差那麼簡單。

---

32 股市操作的基本就是停損，而賭館的自動平單就是最好的停損方式，這也是在賭館買股票的優勢之一。

33 交易滑價是指交易的價錢和下單時看到的價錢不一樣，差異數就是滑價數。

34 威廉・麥金萊（William McKinley, 1843-1901），美國第二十五任總統，任內期間執行提高關稅與穩定貨幣政策，促使工業發展，在一九〇〇年的總統大選中獲得連任，當年投票率超過 73%。

35 威廉・詹寧斯・布萊恩（William Jennings Bryan, 1860-1925），美國政治家，曾在一八九六、一九〇〇和一九〇八年代表民主黨競選總統大位，但都失敗。

本章重點&給投資人的提醒

　　這一章講述的是主人翁初進正式證券行的經歷。他將在賭館發展出的操作程序複製到證券行，結果發現不成功。在正式證券行交易會有交易遲滯狀況，因此根本無法確定下單買賣後的成交價錢，他在賭館的那套手法也就無法運作，這讓他明白要學的東西還很多。市場總是在不斷變化，股友們需要在學習過程中提醒自己如何通過改變自己以適應環境。

第 3 章

不到前進時就不要動

在股市虧錢讓我學到一個教訓：除非確定不需後退，不要輕易前進；不到前進的時候，就不要動。

投機是個艱難且需要韌性的工作，你要麼全力以赴，要麼很快出局。

正確的交易思路：預測並跟上大趨勢。

一個人要花很長時間，才能從所犯的錯誤中總結出教訓。我們常說，任何事情都有一體兩面，但買賣股票只注重一面，既不是牛市這面，也不是熊市那面；買賣股票注重的是「正確」這一面。這個道理花了我很長時間才真正體會，並鐫刻在心裡，遠多於探索股票買賣的技術細節。[36]

我常聽說有人以模擬交易賺錢來自娛自樂，吹噓自己有多麼能幹。有時候，這些虛擬的賭徒會在帳面上賺進數百萬美元。帳面上

---

36 股市操作有個忌諱，就是思考時想著「錢」，一旦「錢」成為思考的一部分，操作時就容易下注太重，導致難以停損。正確的思考是追求「正確的時機做正確的事情」。

豪賭是最容易不過的事情。就像有個古老故事，說的是一個將於第二天參加生死決鬥的人。

他的助手問他：「你是位好射手嗎？」

「嗯，我可以在二十步之外打掉酒瓶上的軟木塞。」決鬥者說，看起來還在謙虛。

「棒極了，」助手面無表情地說，「但如果酒瓶上有一把上膛的手槍對準你的心臟，你還能瞄準軟木塞嗎？」[37]

我必須用真金白銀來證明自己的判斷。在股市虧錢讓我學到一個教訓：除非確定不需後退，不要輕易前進；不到前進的時候，就不要動。這意思不是說犯了錯可以不停損，犯了錯必須認錯停損，不能猶豫不決。我這一生不斷地犯錯，虧錢的經歷讓我學到很多經驗，累積了一長列「不可」。我破產多次，但總留有東山再起的本錢，否則現在我不會在這裡。我安排到自己有可能敗，但不會倒。我知道自己有能力不重複犯過的錯誤。我相信自己。[38]

一個人必須相信自己以及自己的判斷力，才可能在股票投機這一行生存，這就是我從不聽取小道消息的原因。如果我按照史密斯的消息買股，那我就得按照他的消息賣股，我完全依賴他。但假如史密斯正在度假而賣股的時機來了，那該怎麼辦？記住，沒人能在股市中靠別人的消息致富。我的經驗是，別人的消息不可能比自己的判斷更能從股市賺到錢。我花了整整五年時間，才學會如何理智地參與投機遊戲，在判斷正確的時候賺到大錢。[39]

我沒有你所想像的那樣擁有無數驚心動魄的經歷。我的意思是，學習投機的過程並沒有太多戲劇性。我破產過很多次，這樣的經歷從不愉快，但我虧錢的方式，和其他輸家在華爾街虧錢的方式

並無不同。投機是個艱難且需要韌性的工作，你要麼全力以赴，要麼很快出局。

我現在的任務其實很簡單，這個任務自從在富勒騰跌倒後就很清楚，那就是從賭館之外的另一角度審視投機這個行業。我還不知道從賭館交易學到的投機知識其實相當局限。在賭館，我以為自己掌控了投機遊戲，其實我只不過在賭館這個特殊環境占了些便宜。我戰勝的只是賭館，不是投機的整體。當然，在賭館交易培養出的讀盤能力和記憶能力都極有價值，恰巧我在這兩點也都頗具天賦，我將自己早年在賭館的成功歸功於它們。我的思維方式和知識深度都還很膚淺，我的思路尚未受到良好訓練，市場知識也十分匱乏。股市用敲打的方式不斷訓練著我，大棒子從不留情。[40]

人人賺錢的大牛市時代

我對自己到紐約的第一天還記憶猶新。我說過，因為賭館拒絕接收我的交易單，因此不得不找一家有聲譽的正式證券行交易。我

---

37 股市操作的困難之一就是情緒的控制，如果沒有情緒負擔，正確操作就容易多了。所以學股很重要的是學會如何控制情緒，手段之一就是每次不要下注太大，期待快點發財。

38 無論是進出場的時機管控，還是敗而不倒的資金管理，都屬於買賣股票的重要技能。這裡強調進場需要滿足先例，而且進場的深度要留有餘地。

39 此處強調獨立思考的重要。在股票投資這個領域，依賴別人的思路操作將是絕路。

40 賭館學到的讀盤技巧主要用在短期交易，賺取波動的小價差。雖然這是很重要的技能，能幫助對股市運作的理解，但對整個股票投機遊戲而言，這只是所需知識的一部分。

第一份工作的一位同事在哈定兄弟（Harding Brothers）公司上班，這也是紐約證券交易所的會員。我那天早上抵達紐約，不到下午一點就已經開立好帳戶，準備做交易。

很自然地，我用在賭館的下注方式進行交易，目標是抓住小波動，賺小差價的錢。很遺憾，當時沒有人教我正確的投機思考方式和指導我正確的交易方法。不過就算有人教導，我也一定會試試老方法，親自驗證一番。在投機這個領域，證明正確的唯一方法是賺錢，證明錯誤的唯一方法是虧錢。[41]

當時紐約商業興盛，股市交易活躍；大環境很好，人人心情愉快。我立刻有在家的感覺。一面古老而熟悉的股價板在我眼前，上面說著我不到十五歲就熟悉的語言。一個小男孩做著和我第一份工作同樣的事情[42]。客戶也和以前一樣，有些在看盤，有些報股價，有些談股市。交易機制表面上和我所熟悉的完全一樣，就連環境氣氛也與我下注伯靈頓賺到第一個3.12美元時一樣。同樣的股價板，同樣的交易人，同樣的交易方法。我想當然認為什麼都是老樣子。雖然我才二十二歲，但我認為自己徹底了解這個遊戲。我沒有理由懷疑這點。

我盯著股價板，看好一檔股票，即刻以84美元的價錢買進100股，半小時後以85美元賣掉。接著我又看到另一檔運動正常的股票，於是依樣畫葫蘆，很快地又賺了75美分。我開局順利，對吧？

請看紀錄：我在正規證券行的第一天，交易兩小時，總共交易了1,100股的股票，不斷地買進賣出。第一天結束時算總帳，我虧了整整1,100美元。換句話說，我的第一天嘗試就虧掉了本金的一

半。別忘了，我有部分交易是賺錢的，但算總帳虧了 1,100 美元。

這個結果並沒有讓我憂慮，我不覺得自己的交易有問題。如果這些交易是在以前的大都會證券，我應該還有點盈餘。損失的 1,100 美元給了我一個警告：運作機制不一樣了。但我認為，只要參與者身體狀態沒問題，就不需要大驚小怪。我才二十二歲，無知並不是結構性的缺陷。

幾天後我對自己說：「我不能用老方法在這裡交易了！看到的股價和成交的股價不一樣，讀盤失靈了！」不過我沒有繼續追根究柢，還是用老方法交易；有時賺點錢，有時虧點錢，最終被清盤了。後來我向老富勒騰先生借了 500 美元，到聖路易斯重複我熟悉的賭館遊戲，賺了一票再回到紐約。

我更謹慎地交易，有段時間的成績也稍好一些。一旦手頭寬鬆，我開始讓生活過得舒適些。我交了朋友，享受了一段好時光。當時我還不到二十三歲，獨自在紐約生活，口袋的錢又來得容易，心裡覺得自己已經適應了新交易機制，相信錢會不斷來。

我開始對在交易大廳發生的滑價現象預做準備，交易時更加小心翼翼。我的交易根據還是讀盤。換句話說，我還不知道如何整體地判讀投機交易。只要我的思考方式還局限在讀盤，那就不可能發現自己的交易方式到底有什麼問題。[43]

---

41 投機這個領域必須親自下手才能有正確體驗，無論賺錢、虧錢都能累積經驗。

42 也就是站在電報機旁將股價抄上黑板。

43 此處顯示主人翁發現自己讀盤的經驗開始不好應用，交易滑價使得讀盤交易變得困難。

我們碰到了一九〇一年的大牛市。用小孩的標準，我賺了很多錢。那是個大時代！美國正經歷史無前例的繁榮，工業兼併和金融資本組合層出不窮。民眾瘋狂湧入股市。我聽說在上一個大牛市，華爾街為每天的交易量達到 25 萬股而喜不自勝，這個交易量依股票面額 [44] 轉換成交易金額，只有 2,500 萬美元。一九〇一年，交易量曾達到 300 萬股，每個人都賺到錢。鋼鐵大亨們成群結隊地來到紐約，就像喝醉的船員不把錢當一回事。真正能讓這些大亨過癮的遊戲場所就是股票市場。華爾街迎來一群揮金如土的大玩家，像是因「我賭 100 萬」而聞名的約翰・蓋茲，以及他的朋友約翰・德雷克（John Drake）、羅亞・史密斯（Loyal Smith）等；雷德・李茲・莫爾集團（Reed-Leeds-Moore）賣掉鋼鐵公司的部分持股來到華爾街，公開買進羅克島集團（Rock Island system）的大部分股票；施瓦博（Schwab）、弗里克（Frick）、菲浦思（Phipps）以及匹茲堡集團（Pittsburgh coterie）都加入遊戲。還有一批在其他時期可能被稱為大賭客，但在這群大鯊魚面前變得沒沒無聞。當時買賣股票沒有任何限制。基恩（Keene）控制著美國鋼鐵公司股價的升跌；一位股票經紀人可以在幾分鐘內出手 10 萬股股票。那是個奇妙的時代，有人實實在在賺了錢。當時賣股票還不用繳稅，讓人覺得好日子會長盛不衰。[45]

成交價上慘遭滑鐵盧

一段時間後，我開始聽到有人提醒花無百日紅，股市老手嘲諷股民都瘋了，自己當然除外。而且除了他們自己之外，看起來每個

人都賺到了錢。我心中有數，任何好事都有極限，漲到頂的時候，買盤有枯竭的時刻，我開始看空股市。然而每一次賣空我都虧錢，還好及時停損，否則虧得更慘。我期待市場轉頭，因此操作得非常謹慎，但我做多賺到的錢很多虧到賣空操作上。我從小養成的交易習慣是出手必重，不過在這波大牛市中，我並未如你想像的賺到那麼多錢。

　　我從未賣空過一檔名為北太平洋鐵路（Northern Pacific）的股票。我的讀盤能力派上了用場，我認為股市中大多數的股票都到頂了，但是北太平洋鐵路的股票表現似乎還會上漲。我們現在知道，北太平洋鐵路的普通股和優先股在被庫恩—羅布—哈里曼（Kuhn-Loeb-Harriman）財團穩定地收購。當時我持有 1,000 股的北太平洋普通股，同辦公室的股友都勸我快點賣掉。當股票漲到 110 美元時，我賣股了，每股賺了 30 美元。這讓我在證券行的帳戶餘額到達 5 萬美元，破了自己的身家紀錄。我幾個月前在同一家證券行還虧到一無所有，這個成績相當不錯。

　　當時的情況是這樣的：哈里曼財團通知摩根—希爾財團（Morgan and Hill），他們有意在伯靈頓鐵路和北太平洋鐵路的合併案中扮演角色。摩根財團隨即指示基恩買 5 萬股北太平洋鐵路的股票，以確保自己的控制權。我聽說基恩指示經紀人羅伯特・貝肯

44　當時的股票面額通常是 100 美元。

45　股市有時就是這樣，多頭到所有人都能賺到錢。就像下雨天出門沒帶傘，想不被淋溼都很難。但一般投資人會覺得是自己的本事大而不是運氣好，直到下個熊市把賺到的錢全虧回去。

（Robert Bacon）下了 15 萬股的單。不管怎樣，基恩還找了經紀人艾迪‧羅頓（Eddie Norton）向北太平洋的股東們另外買進 10 萬股。我猜，隨即又下了一個買入 5 萬股的指令。這下子，他們壟斷了北太平洋鐵路的控股權。一九〇一年五月八日收市後，所有人都知道金融巨頭開戰了。在這個國家，從未上演過如此強大金融集團的對抗劇。哈里曼對決摩根，兩者勢均力敵。

五月九日早上，我懷揣 5 萬美元巨款無所事事，手中沒有任何股票。一如我之前說的，我已看空股市相當一段時間，現在覺得下手的機會終於來了。經驗告訴了我下一步的股市運程：股市會大跌，有些股票會變得非常便宜，很快地會強力反彈，那些有膽量在大跌時買對便宜股的人將大撈一筆。你不需要是夏洛克‧福爾摩斯（Sherlock Holmes），就能推測到這一場景。我們將有賺大錢的機會，不僅僅賺大錢，而且風險很小。

一切如同我的預測。我百分之百正確，但虧得一乾二淨。我碰到反常事件，被清盤了。人生如果沒有意外，那麼人生將相當無趣。沒意外的炒股將變成簡單的加減遊戲，我們都變成死腦筋的書記員。正是因為預測，增強了人們的腦力。想想看，為了預測正確，要動多少腦筋？

就如我的預期，市場相當活躍。股票交易量巨大，股價波動的幅度前所未有。我以市價單全面賣空股市，但看到開市情況大吃一驚。股市跌得又快又狠。我的券商試著為我的賣空單找買家。他們相當有經驗，操作很專業。不過股市太繁忙，他們將我的交易單完成時，成交價已經比我下單時看到的價錢多跌了 20 點。成交報告出得也遲，因為交易實在太繁忙。我下空單時的價錢是 100 美元，

但成交價實際上只有 80 美元，和前一晚的收盤價相比，總共跌了 30 到 40 點。這樣一來，股價變得相當便宜，我賣空的成交價是我原先想買入的價錢！但股市當然不會跌到中國[46]去，我決定立刻平掉空單，同時買進股票。

我的券商買進了股票，但買進的成交價不是我看到的打印價，而是交易所當時的交易價，比我看到的打印價平均高了 15 美元。沒人能夠忍受一天之內 35 美元的滑價損失。

陷入交易的困局

我被遲滯的報價擊敗了！我一直把股價帶當成自己最好的幫手，也一直按照股價帶給出的訊號進行交易，但這一次，股價帶背叛了我，它顯示的價錢和實際交易價的巨大差額擊倒了我。每次的失敗都很類似，但這次可說是過去所有失敗聚合後的昇華物。現在看得很清楚，將股價帶當做唯一的交易助手是不夠的，無論券商的交易能力如何優秀都一定虧錢。我深深困惑於自己為何沒有更早看清這一點，並找到解決方法。[47]

沒發現問題已經夠糟了，我卻做了更糟的事情；我持續交易，在股市跳進跳出，知道交易滑價情況很糟也沒停手。我的交易風格

---

46 中國和美國位在地球的對面，因此美國人常將價錢跌倒慘不忍睹的情況稱為「跌到中國」。

47 此處指出的是，這個大失敗讓主人翁理解到，只靠讀盤技巧在正式的交易所交易是沒有前景的。

是只以市價單（market order）交易，我順勢交易，跟上趨勢，不計成交滑價的小錢。這種操作方式無法使用限價單（limit order）。當我看空股市，我賣空；當我看漲股市，我買入。這個交易原則最後成就了我。如果以限價單交易，我不過是把過去在賭館交易的方法，低效地修改後用來適應正規的證券行，我將永遠學不到股票投機的真諦，我將繼續以往的下注習慣試圖尋找確定的小利潤。

每次試圖用限價單來限定成交價錢以減少報價單遲滯所帶來的損失時，我都發現股市離我而去；這種情況一再發生，我只好停止這個做法。投個小注賭股票的下幾個報價的變動完全是小打小鬧。我不明白為什麼自己會花那麼多年才理解正確的交易思路：預測並跟上大趨勢。[48]

經過五月九日的災難，我艱難地在股市中撐著，我改進操作方法，但新方法仍然有許多缺陷。如果不是有時也賺到錢，或許我能更快地獲取股市的智慧，遺憾的是我賺到了可以愉快過日子的錢。我喜歡結交朋友，也喜歡享受。我就像數以百計的華爾街成功人士，整個夏天住在紐澤西海岸。但我從股市賺的錢，其實不夠支付我股市的虧損加日常開銷。

我還是依照老方法交易，不是因為我頑固，是當時我自己都不確定問題出在哪裡，想改都無從改起。之所以反覆在這個話題上花時間，是想告訴你在找到真正賺錢的方法之前我繞了多少彎路。我那老舊的獵槍和遊戲槍玩不動需要高性能自動步槍的大遊戲。[49]

秋天到來之前，我再次虧光了錢！我一再失敗，對股票遊戲產生了厭惡。我決定離開紐約，到外地嘗試其他行業。我從十四歲開始交易股票，十五歲賺到第一個 1,000 美元，不到二十一歲就賺到

第一個 1 萬美元。這些年多次身家過萬又虧了回去。在紐約，我賺虧的金額數以千計，最高曾經賺到 5 萬美元，可惜兩天後錢就飛了。我沒做過其他生意，也沒有其他的一技之長。這麼多年過去了，我一無所有，回到了原點。更糟的是，我學會了花錢，我喜歡上奢侈的生活方式。最讓我無奈的還不是喜歡花錢的壞習慣，而是為什麼自己一直犯錯卻找不到原因。

本章重點＆給投資人的提醒

　　在這一章中，主人翁終於發現自己在賭館的那套操作方法，在正規的證券行其實是行不通。在賭館，他可以透過讀盤賺取股價波動的小差價，但在正規的證券行卻行不通，因為交易有滑價。沒有任何指引，發現一條全新的思路對任何人都是艱難萬分。他陷入困惑。雖然還是回到了原點，但此時主人翁已經高了一層。他從短線操盤又邁進一大步，他明白要在股市賺錢，不應該局限於股價波動的幾個小點，而是「預測並跟上大趨勢」。

---

48 「預測並跟上大趨勢」是每一位股市參與者都應該追求的目標。
49 讀盤技能就像老舊的獵槍和遊戲槍，在賭館賺短期波動的小錢還可以，但投機遊戲是大遊戲，需要「預測並跟上大趨勢」這種高性能的自動步槍。

第4章

破產是最好的老師

　　所有的專業賭徒對輸贏都不是很在乎。賭錢就是個遊戲，運氣總會輪轉。

　　破產是最好的老師，它教導你在股市不做什麼。一旦你學會不做什麼不虧錢，你就開始學習做什麼賺錢。

　　我回到波士頓老家了。但到家的那一刻，我知道自己現在唯一的生活目標，就是籌一筆錢重回華爾街。華爾街是唯一可以承接重手交易的地方。我相信會有那麼一天，我的交易將順風順水，那時我需要這樣的地方。當一個人正確的時侯，他需要從正確中獲取最大的回報。[50]

　　我不知道哪裡可以籌到錢，很自然，我打算再進賭館。那時已經沒多少家賭館了，有些老闆不認識，認識的老闆還是不肯接受我下注。我向他們解釋，我已經在紐約虧光了從家裡帶去的錢，我其

50　有大成就的人通常都有這樣的直覺，知道自己的天地在什麼地方。否則造反只配做小土匪，做生意只能做小生意。

實所知有限，並不是戰無不勝，接受我的交易將有利可圖。但沒用，還是沒人接受我的下注，沒人將我的解釋當一回事。新的賭館小裡小氣，那些老闆居然認為即使股友覺得有交易機會，下注不應該超過 20 股。

我需要一筆錢，而那些較大的賭館從一般客戶手中賺了很多錢。我找了朋友進入賭館交易，自己則假裝要找朋友而溜進賭館，趁機接近接單員，試圖下個 50 股這樣的小單。當然，他們拒絕。我也和朋友約定了一些暗號，他依照我的暗號下單買賣，但那樣只能小打小鬧。很快地，賭館開始對我朋友的單子挑剔。終於，有一天朋友想賣空 100 股聖保羅（St. Paul），賭館拒絕接受他的空單。

我們後來知道，有個賭館客戶看到我們在賭館外面交談，便跑去告密。當我朋友試圖賣空那 100 股聖保羅時，接單員告訴他：「我們不接聖保羅的賣空單，特別不接受你的單。」

「為什麼，有什麼問題嗎，喬？」朋友問。

「沒什麼問題，就是不接你的單。」喬回答。

「是我的鈔票有問題嗎？看仔細，都在這。」我朋友遞上十張 10 美元現鈔，這些現鈔當然都是我提供的。他努力使自己看起來很憤怒，我則在一旁裝做沒事一樣。賭館的旁觀客戶更緊張，他們對賭館和客戶的任何爭端都特別關心，試圖從中解讀出賭館可能的不軌行為。

這位名叫喬的接單員應該是位副理，他走出櫃檯，直接到我朋友面前，看看他，又轉頭看看我。「真可笑，」他緩慢地說，「真是太可笑了，你朋友李文斯頓不在的時候，你什麼都不做，可以坐在黑板前發呆幾個小時，對黑板上的股價連瞄一眼的興趣都沒有。

李文斯頓一來，你就突然忙了起來。或許你的交易決定是自己做的，但你認為我相信嗎？我們這裡不再接受你下單，不接受李文斯頓的傀儡在我們這裡交易。」

黑暗的交易內幕

就這樣，我賺點小錢的路斷了。不過除去這段時間的開銷，我的口袋裡還多出了幾百美元。如何將這幾百美元變成足夠回華爾街的本金，是我現在最著急的事。這段時間，我冷靜反思了自己的一些愚蠢作為。當一個人在一段距離之外觀察，往往能將全局看得更清楚。但目前最迫切的任務還是籌足本金。

有一天，我在旅館大廳和一群熟悉的交易好手聊天，大家都在談論股市。我提到如果用市價單交易，而券商的交易能力又不好，沒人有可能從股市賺到錢。

一位股友插嘴問我所指的的券商是誰。

我說：「市面最好的。」而他繼續追問到底是哪位？我看得出來，他不相信我曾和第一流的券商打過交道。

我回答：「我的意思是，任何一位紐約證券交易所的會員都可能出現交易滑價的問題，不是說他們存心詐騙或粗心大意，而是當有人下市價單買股時，他沒辦法知道最終的交易價，券商的最終交易報告才算數。交易廳內股價跳動一兩塊錢是常事，偶爾也會有10至15塊錢的大波動。場外的交易人不可能抓到發生在交易廳內的這些漲跌。所以，我寧可去賭館買賣股票，條件是他們能夠接受大單。」

我從未見過和我說話的這個人，他的名字叫羅伯茲（Roberts），看起來很友善。他把我叫到旁邊，問我是否有在其他交易所交易，我回答沒有。他說他認識一些證券行，是棉花交易所、農產品交易所或其他小交易所的會員。這些證券行特別注重交易效率，而且它們和紐約證券交易所中最大、素質最好的會員有密切關係，透過個人交情，以及每個月保證幾十萬的交易量，這些證券行能夠得到比一般客戶更好的關照。

　　「他們的主要客戶是小客戶，客戶通常是外地人，對待交易 10 股和交易 1,000 股的客戶一視同仁。他們相當專業，而且誠實。」他說。

　　「我相信他們的專業和誠實，但如果他們也付給正規證券行常規的每股 ⅛ 美元佣金，他們自己賺什麼錢？」我問。

　　「哦，理論上他們是應該支付每股 ⅛ 美元的佣金，但……你心裡有數。」他對我眨眨眼。

　　「不可能吧？」我說，「據我所知，那些紐約證券交易所會員的證券行在佣金上絕對沒有商量餘地。交易所管理人可以容忍會員去殺人、去放火、去重婚，但絕不容忍會員在 ⅛ 美元的佣金上給外人任何折扣，這會亂了行情，最終威脅到交易所的生存。」

　　他看出我曾經和證券交易所的人打過交道，於是他說：「聽我說，雖然時不時有交易所的會員因違反規則而被吊銷執照一年，但給回扣的方法多得很，總有辦法讓大家都閉嘴。」他或許看到我露出不相信的表情，繼續說：「此外，這些證券行會在正常 ⅛ 佣金之外加收 1/32 的費用。對這些他們很小心，只是針對不活躍的帳戶。你知道，從這些不活躍的帳戶賺不到錢！證券行不是慈善機構。」

現在我知道了，他在為一些未註冊的交易行做推銷。我問他：「你知道這類交易行有哪些比較可靠嗎？」

　　「我知道最大的一家，我自己就在那裡交易。」他回答，「這家交易行在美國和加拿大的七十八個城市設有分行，做的生意可多了。如果他們的交易不規矩，不可能這麼多年來都生意興隆，對吧？」

　　「沒錯！」我同意說，「他們交易紐約證券交易所裡掛牌的股票嗎？」

　　「那還用說，不僅交易所內掛牌的股票，還有交易所外不掛牌的股票，以及全國其他交易所或歐洲的股票。也包括小麥、棉花、融資等，你要什麼他們有什麼。他們到處都有通訊員且具備所有交易所的會員資格，有些明，有些暗。」

　　此時我全明白了，但我還想知道更多內幕。

　　「原來是這麼回事，」我說，「但交易總要人來執行吧？從拿到我的交易單，到把單子下到交易所需要一定的時間，這段時間的交易價錢已經變動，我怎麼知道成交價將是什麼？我想我還是應該回到紐約，找一家有信譽的證券行，就算虧錢也虧得明明白白。」

　　「虧錢？我不知道什麼是虧錢，我們的客戶沒有虧錢的習慣。我們的客戶只賺錢，我們會幫他們做到這點。」

　　「你們的客戶？」

　　「嗯，我和這家公司有些特別關係，他們挺關照我，我透過他們賺了不少錢，如果有生意的話我樂意介紹。你若有興趣，我可以介紹經理給你認識。」

　　「這家公司叫什麼名字？」我接著問。

他告訴了我名字。我聽說過這家公司。他們在所有的報紙刊登廣告，宣傳客戶如何從公司的內線消息中賺到大錢，還強調這是他們的專長。這可不是一間普通的賭館，這是一家連鎖賭館。他們私下用對沖的方式吞掉客戶的交易單，但透過掩飾，讓人們以為他們是正規的證券商，做著正當的生意。這家公司是這類賭館的資深前輩。[51]

這類賭館的操作方法大同小異，不過今年已經倒閉了幾十家。雖然他們坑騙民眾的思路和方法都一樣，但操作細節會有所不同。一旦舊方法讓人知悉，他們就會變新花樣。

他們會發送幾百份電報建議客戶買進某一檔股票，但同時發送幾百份電報給其他客戶，建議他們賣出同樣的股票，結果交易行會同時收到大筆買單和賣單。公司會到一家正規的證券行下單買進和賣出比如 1,000 股的股票，這樣就有了正式交易單據；如果有客戶懷疑公司私下對沖了交易而未將單子給交易所，他們就會拿出這些單據。

他們還喜歡玩特許私募的遊戲。對客戶說公司有特許私募，只有好客戶才能加入。參與私募的客戶簽字允許公司在自己的帳戶交易，但如何交易當然由公司掌控。在這樣的法律架構下，即使是最挑剔的客戶，在虧錢時也無法採用法律手段維權。他們用老套的賭館手法削這客戶，先哄抬股價，將這些客戶的錢投入，接著來個大跌，保證金不夠的客戶就不幸和自己的錢說再見。他們不放過任何人，婦女、教師和老人是他們最愛的目標。

「我對所有經紀人都很反感，」我告訴這位老兄。「讓我再想一想。」說完便走開。我實在不想再和他囉嗦。

我對這家公司做了調查，得知他們有幾百位客戶，雖然客戶交易的故事大同小異，但未聽說過有人賺錢卻無法兌現的事。問題是我找不到曾在這家公司賺到錢的客戶。當時這家公司的運作似乎不錯，應該不會在虧錢時賴帳。當然，這類公司最後的命運大多是破產關門。這類賭館連鎖店也經常碰到銀行擠兌式的厄運，一旦有一家無法兌現，其他分館的客戶就會受驚，發瘋似地提款擠兌。但從全國來看，賺到錢退休的賭館東主還是不少。

　　總之，除了貪得無厭、有時撒謊之外，我沒有聽到太可怕的故事。他們專精於削那些想一夜致富的傻瓜；但他們總是精明地要求這些傻瓜簽署交易同意書，削得乾乾淨淨不留後遺症。

重返紐約的資金籌措戰

　　我遇到過一位老先生，他告訴我他看見公司發出六百份電報建議客戶買一檔股票，但同時又發出六百份電報建議不同的客戶賣這檔股票，還特別註明要即刻行動。

　　「噢，我了解這個遊戲。」我告訴他。

　　「是嗎？」他說，「但第二天，他們又發出電報要客戶平掉倉位，轉去買進或賣出另一檔股票。我問當時在辦公室的資深合夥人：『你為什麼要這麼做？我明白你們第一天做的事，理論上有些

51　客戶下單買賣時，他們不是將交易單送到交易所交易，而是私下和客戶對賭。一百年前沒有網路，股價報導並不及時，他們可以在買賣成交價上玩很多手腳。

人有帳面盈利，就算他們日後虧損，起碼這些人暫時賺到了錢。但像你們這種做法，等於是毀掉他們。為什麼？」

「『呃，』合夥人說，『不論他們買什麼、如何買、何處買、何時買，這些客戶反正遲早都要虧光。他們虧光就會離開我。我這是盡快從他們身上能撈多少撈多少……撈完了再找新客戶。』」

坦白說，我並不是那麼在意這間公司的商業道德。我說過，我在泰勒的賭館受了氣，就想報復。但我對這家公司並沒有報復的情緒。他們或許是騙子，或許並沒有如傳聞那樣不堪，我根本沒打算讓他們交易我的帳戶，當然也不會聽從他們的推薦或相信他們的謊言。我現在最在意的是籌措一筆錢重返紐約，到正式的證券行交易。我實在不願意冒著隨時可能被警察騷擾的風險，到賭館膽戰心驚地交易。如果碰到郵政警察[52]還會沒收你的資產，一年半之後，被收走的 1 塊錢能拿回八分錢就不錯了。

無論如何，我想知道這家交易行有什麼不同，可以讓我得到比在合法的券商交易更大的優勢。我沒有多少本金，而這類和客戶對賭的交易行對保證金的要求很低，幾百塊錢保證金就能做很大額的生意。

我進了他們的辦公室，找到經理並和他談了談。當經理發現我是位老手，曾在紐約的正規證券行交易且虧光了錢，他就沒有在我面前吹噓若我讓他交易我的帳號，他能夠一分鐘替我賺 100 萬。他判斷我是那種靠讀盤交易的輸家，不斷交易也不斷虧錢。就我這類客戶，不管是和我對賭或滿足於只收取少額交易佣金，公司都會有源源不斷的穩定收入。

我告訴經理，我尋找的是良好的交易能力。由於我只用市價單

交易，不想看到成交報告上的實際成交價比下單時看到的價錢相差了 50 美分或 1 美元等等。

他以自己的信譽保證會讓我滿意。他說想讓我在他的地方交易，讓我體驗什麼是高檔次交易商。他們擁有最優秀的人才，以提供優良交易著名。在他們這裡，如果下單時看到的股價和交易報告的成交價有差異，差異總是偏好顧客。當然，他們不提供擔保。如果我在這裡開立帳戶，將能以最新電報傳來的股價買進或賣出，他們對自己的交易員充滿信心。

這就是說，我可以類似在賭館一樣交易，下單的交易價錢將是電報傳來的最新價。我不想表現得太喜不自勝，於是我搖搖頭，說我不會當天就開戶，還要思考一下，但我會盡快回覆我的決定。他強烈鼓勵我即刻開戶交易，告訴我現在的市場情況特別容易賺錢。確實，他說的容易賺錢並沒有錯，但容易賺錢的是他們，而不是客戶。這是個平緩的震盪市，很容易鼓動客戶進場買進股票，然後操作個大起伏清掉客戶的保證金。他熱情到令我費了好大力氣才得以脫身。

我給了他我的名字和地址。同一天，我就開始收到敦促我買股票的電報和信件，他們特別說明有內線消息，有個私募正打算將股價抬高 50 點。

我忙著四處打聽另外幾家類似的交易商，如果我能確定贏錢時，這些交易商會付款，這些交易方式與賭館十分類似的交易商就

---

52 當年的經濟犯罪通常是由郵政警察負責執行。

是我撈上一筆的最佳選擇。

　　一旦摸清他們的底細，我在其中三家開了戶，租了一間小辦公室專門作為交易使用，並裝設可直通這三家交易商的電報專線。

　　我開始只下些小單，目的是不想一開始就嚇壞他們。算總帳我有點盈餘。慢慢地，這些交易商開始不耐煩，他們告訴我，他們期待有專線的客戶會有相當的交易量。他們對小打小鬧的客戶沒什麼興趣。他們一定認為，我交易得愈多，就會虧得愈多，破產的速度當然也就愈快，這樣他們才能多賺錢。他們有這樣的想法並不奇怪，他們平常只和普通人打交道，而普通人的交易壽命在他們這種地方通常很短。破產的客戶無法再交易，事情就結束了；而半破產的客戶則會不斷地抱怨找麻煩，讓公司不得安寧。

　　我也和當地另一家券商建立了交易關係，這家券商和紐約證券交易所的一位會員有代理關係，可以透過電報直接下單到紐約證券交易所。我在自己的辦公室安裝了股價終端機[53]，保守地做些交易。整個設置很像在賭館交易，只是稍微慢一些。

　　這是我有信心能夠贏錢的遊戲。沒錯，我開始賺錢了。我不敢吹牛說交易十次贏十次，但以星期算帳我有盈利。我又開始追求享樂，不過我總記得存上一部分錢，我需要本金重回華爾街。我還多找了兩家類似賭館的交易商，並裝設了下單專線，現在共有五家同類的交易商供我下單交易。當然，這些是我比較放心的公司。

　　有時我的交易也會虧錢，股價並未按照先例運動。但我交易保守，這些異常不至於讓我虧太多。我和這些交易商的關係還滿融洽的，他們的交易紀錄和我的紀錄並不總是相符，當然，每次出現這種情況都是對我不利。你認為出錯是偶然？不可能！但每次被坑，

我都挺身而出爭取權利，他們最後通常也會改正錯誤。他們根本沒想到在我身上會虧錢。至於我贏的錢？我想他們一直認為是給我的暫時貸款，隨時會收回去。

從騙子手中騙錢

這些傢伙完全沒有競賽精神，他們不滿足於正常的商業利潤，能坑就坑，能騙就騙。因為傻瓜在股市賭錢永遠是輸家，傻瓜從不衡量風險！你以為這些有灰色色彩的交易商會規規矩矩地做生意？才不！有句老話說：「和客戶反著做，就能致富。」他們似乎從未聽說過這句話。他們不滿足於僅僅和客戶對賭賺錢。

他們老是在成交價上面坑我，我不留意時被坑了好多次。只要我下單的股數比平常少，他們就會試一下。我每次指責他們不規矩，他們總是抵賴，我只好一直照慣常交易。和騙子做生意有個特點，只要你繼續和他做生意，你說過什麼他都不在意。他根本不當一回事，而且寬宏大量地願意給你更多好處。

我很不高興，這些騙子的小伎倆干擾了我賺錢的步驟。我決定給他們一個教訓。我找了一些過去曾被操縱、但現在很冷門的股票來操作，這些股票被稱為摻水的股票[54]。如果我找的是從未被操縱過的股票，一旦股票突然活躍就會引起懷疑。我向那五家交易商分

---

53 股價終端機（stock ticker）是指專門傳送股價的電報接收機。
54 指股價和股值差距很大的股票。

別下了買 100 股的交易單，在這些交易商等待下一個交易價時，我透過那間可直接向交易所下單的券商，下了一張賣空 100 股的市價單。我還特別要求他們動作要快。想像一下，一檔長期沒人聞問的股票，突然從鄉下地方來了一份急著賣空的電報，交易廳一下子要到哪裡找下家？這下子，交易廳裡有人撿到了便宜貨，但這個便宜的交易價將經由電報發出，成為我在那五家交易商買股的成交價。整體來說，我有 400 股的股票是低價買入的。券商問我有什麼消息，我就說有人給了我內線。在證券交易所打烊之前，我又透過正規的券商到交易所下了買進 100 股的指令，平掉我的空倉，我可不想留下任何賣空股過夜。一個不問價錢的市價單入市，結果是買股的成交價跳高了一節。當然，我在五家交易商中有 500 股的股票等著賣，交易商和我對賭，將以這個價錢接我的單。整個操作太令人愉快了。

他們一開始沒有反應過來，我就將同樣的遊戲多玩了幾次。我沒有太狠地削他們，通常每 100 股只削上一兩塊錢，這已經讓我重回華爾街的資金增添了不少。我買空賣空變著手法折騰他們，但留有餘地絕不過分，每次操作能賺上 600[55] 到 800 美元，相當有成就感。

突然有一天，一檔股票的股價來了 10 美元的跳動，這個跳動美好到遠超過我的預期。我在一家交易商有 200 股，其他四家各有 100 股，這個跳動超出了他們的承受力。他們就像被打了一針的嬰兒般哇哇叫，開始透過專線向我質詢。於是我去見了經理，他就是當年想盡辦法要我開戶的那位，而且每次坑我被罵都不生氣。這一次，他真的急了。

「這檔股票被人操縱，我們不會付你一分錢！」他的態度很強硬。

「你接我的單時並沒說這檔股票被操縱，還讓我買進了，沒錯吧？現在總得讓我脫手。你想不認帳就有失誠信了，對吧？」

「我不需要認這筆帳！」他吼道，「我可以證明有人動了手腳。」

「誰做的？」我問他。

「某個人！」

「到底是什麼人？」我問。

「毫無疑問，你朋友有一份。」他說。

我對他說：「想必你知道我從來不和人合作，這鎮裡的每一個人都知道我的習慣，我從一開始買賣股票就是這樣。現在我要給你個友好的建議：把應該給的錢給我，我不想讓大家難堪。請照我說的做。」

「我不會付的，這個交易是舞弊的結果。」他吼叫。

我對他的喋喋不休煩透了。於是對他說：「你馬上付我錢，現在，就在這。」

他又咆哮了一會兒，指責我是不要臉的騙子，但最終還是心不甘情不願地把錢給我。其他四家交易商就沒那麼不講理，其中一家的辦公室經理還對我交易的這些冷門股票做了功課，在我下單時甚

55　在那個年代，600 美元相當於今天的 60,000 美元以上，是美國中等收入階級一年的年薪。

至跟著我買了一些，因此他也賺了錢。這些傢伙根本不在乎客戶告他們作弊，他們通常有不錯的辯護律師，但他們怕我找他們店面的麻煩。他們在銀行的錢當然受到保護。他們不在乎有人指責他們做生意刻薄，但若有賴帳的傳聞就很致命。投機這行很特別，客戶在交易商那裡虧錢不稀奇，但若客戶賺了錢卻無法兌現，則是交易商最大的罪惡。

我從所有的交易商處都兌了現。但 10 美元的跳動結束了我這個削騙子的愉快遊戲。他們自己也常玩這種遊戲，用來削那些數以百計的可憐客戶。這下他們警惕了。我重回我慣常的交易，當時市場的波動和我的交易習慣並不合拍，交易商又不肯接大單，因此這段時間沒賺多少錢。

前進華爾街前的試煉

這種交易進行了一年多，這段時間我嘗試了所有想像得到的交易方法。我也沒有委屈自己，買了一輛汽車，花錢隨心所欲。我要存錢，但也要好好享受生活。在股市賺了錢，我總是存下一部分，不全部花掉，虧錢時當然更不會亂花。此時我已經存了一筆不小的錢，透過這五家交易商交易又無法大筆交易，我決定回紐約。

我有輛車，邀請一位股友一起開車去紐約；他接受了邀請，我們出發了。我們停在紐哈芬市（New Haven）吃晚餐。我在旅館碰到一位早年交易時認識的老友，他告訴我城裡有一家賭館有專線直通交易所，生意很不錯。

在我們離開旅館去紐約的路上，我特意繞到這家賭館想看看外

觀。但經不起誘惑，便停下車進去看看。賭館裡的裝修不是特別豪華，老式的黑板，客戶們熙熙攘攘。賭館正在營業中。

賭館經理看起來似乎當過演員或街頭演說家，外表令人印象深刻。他說「早上好」時，表情就像用顯微鏡找了十年終於找到了「早上」的美好，試圖將這個美好當成禮物送給你，同時還想將太陽、天空和賭館的錢都一併送上。他看見我們開著小跑車過來，我們兩人看起來都很年輕，一副無所謂的樣子。我的樣子看起來可能不到二十歲。經理很自然地猜想我們是耶魯大學的學生 [56]。我沒告訴他我們不是耶魯學生，他沒有給我說話的機會。他見到面就對著我們演說，說很高興見到我們，請我們舒適地坐下，今天早上的股市就像慈善家一樣急著撒錢，特別想讓大學生們多些零用錢。有史以來，聰明的大學生從來沒有足夠的零用錢。就在這裡，就是現在，借助於那台股價終端機，只要一點小小的投資就可以賺回數以千計的鈔票；股票市場的目的就是要讓人有花不完的零用錢。

和藹的賭館經理如此想要我們交易，讓我覺得不賭上幾手還真是對不起他。於是我告訴他，想要我做什麼都行，因為我聽說很多人在股市賺了很多錢。

我開始小小地下注，隨著不斷贏錢，我慢慢加大了交易量。朋友也跟著我交易。

我們在紐哈芬住了一晚，第二天早上差五分十點的時候，我們到了賭場迎客廳。演說家見到我們很高興，期待他的賭運今天會

56　耶魯大學位在紐哈芬市。

來。但那天我們贏了差不多 1,500 美元。第三天早上我們見到演說家時，給了他一個賣空蔗糖公司 500 股的交易單，他有些遲疑，但還是默默地接了單。股票跌了 1 美元，我平了單。我將交易單給他，那是我 500 美元盈利加 500 美元保證金。他從保險櫃裡拿了二十張 50 美元鈔票，慢慢地數了三次，在我面前又數了一次，感覺上是他的手指沾有黏液把鈔票黏住了。最後，他還是把錢給了我。他將雙手抱在胸前，抵著下唇，咬得緊緊的，雙眼盯著我身後的窗戶上方，不發一語。

我又對他說我想賣空 200 股美國鋼鐵，這次他沒反應，似乎沒聽到我說話。我重複我的下單，他還是不動，直到我將下單股數加到 300 股，他轉過了頭。我等待著他的演說，但他只是看著我，隨後呷呷嘴唇，咽了一口口水，似乎準備對反對黨五十年來的貪汙濫權發起聲討。可什麼話都沒說。

終於，他對著我手上的黃背包搖了搖手說：「把那個掩飾拿開吧！」

「拿開什麼？」我問，不明白他在說什麼。

「大學生，你準備去哪裡？」他的語調讓人印象深刻。

「紐約。」我告訴他。

「沒錯，」他至少點頭二十次。「一點也沒錯，你們正要離開這裡。現在我知道兩件事。兩個學生？我知道你們不是學生，而且知道你們是誰！知道得清清楚楚。哼！哼！哼！」

「真的？」我禮貌地回答。

「當然。你們兩位⋯⋯」他停了一下，文雅不見了，開始咆哮：「你們兩位是美國最大的鯊魚！學生？嗯哼，你們一定還在大

學一年級，對吧？」

我們沒有插嘴，讓他自言自語。他應該不是心疼那些錢，所有的專業賭徒對輸贏都不是很在乎。賭錢就是個遊戲，運氣總會輪轉。讓他感到自尊受損的，應該是他覺得被我們蒙了。

就這樣，我到達華爾街準備第三次嘗試。當然，我一直在思考，試圖找出我在富勒騰失敗的原因，思考我的交易系統有什麼問題。我賺到第一個 1 萬美元時只有二十歲，結果我把錢都虧光了。現在我知道為什麼虧以及怎麼虧的，因為我缺少忍耐，在不該交易的時候持續交易；因為我賭性重，在經驗和研究都告訴我沒有贏面時，我卻忍不住下注；因為我用希望取代了思考，忘記堅持自己的交易策略以取得勝利。我二十二歲時賺到第一個 5 萬美元，五月九日那天把它輸得一乾二淨！我現在清楚知道原因，因為股價的遲滯加上那天股市前所未有的異常波動。可是我還沒搞清楚，為什麼從聖路易斯回來後還虧錢？五月九日之後為什麼還虧錢？我已經有了一些想法，也設計了一些方案改正可能的操作失誤。但這還需要市場檢驗。

破產是最好的老師，它教導你在股市不做什麼。一旦你學會不做什麼不虧錢，你就開始學習做什麼賺錢。明白嗎？你開始學習了！

本章重點&給投資人的提醒

　　這一章講述了主人翁回到波士頓老家和重返華爾街的經歷。經歷本身很有趣，更重要的是在這段時間的反思。他反思了自己為什麼一再將賺到的錢虧了回去，設想了如何不讓同樣事情再次發生。年輕人不怕犯錯，重要的是如何不讓同樣的錯誤犯下兩次。他還在學習不做什麼不虧錢的階段。對於股市初學者，若你開始對股價有感覺，記得小小入市，別急著想發財，繳學費當然少一點較好。

第 5 章

賺大錢的訣竅來自坐功

賭博和投機的本質區別：賭博在為小波動下注，投機是等待股市不可抗拒的漲和跌。

「大錢不在股價短期的小波動之間，大錢在大勢之內。」換句話說，賺大錢不能只靠讀盤的小技巧，賺大錢需要對股市整體做出判斷，抓住大趨勢。

「我賺到大錢的訣竅從來不是我的思考，而是我的坐功。明白了嗎？買對後安坐不動。」

靠讀盤交易的作手最常犯的錯誤就是過度解讀，我猜它出現的頻率是所有可能犯錯之中最高的之一。讀盤交易者又被稱為「股帶蟲」，他們的不懂變通是相當昂貴的壞習慣。投機這個遊戲有它自己的規矩，用死板板的數字或條文很難描述。我自己在讀盤時，進入腦海的並不僅僅是數字，更多的是一個可稱為「股票行為習慣」的東西，意思是你可以透過觀察股價的運動與過去觀察到的先例進行類比，推測下一步的股價運行方向。如果股價運動異常就別碰它，因為無法準確地找出問題之所在，就無法準確地斷定股價的下一步走向。沒有診斷，就無法預測；沒有預測，就沒有利潤。[57]

執著於圖表，破產是遲早的事

觀察股票的運動，將其和過去的規律比較來預測股票下一步的方向，是歷史悠久的行業習慣[58]。我第一次到紐約時，經紀辦公室就有一位法國人喜歡談論他的股價走勢圖。一開始我以為他是公司請來的公關人士，因為性格十分友善。他說話很有說服力，令人印象深刻。他說這世界唯一從不撒謊、也不可能撒謊的就是數字，用這些數字畫成曲線，他可以預測市場的方向。他還會分析歷史事件，比如基恩在他著名的艾奇遜（Atchison）優先股牛市操縱一役為何做得漂亮，以及後來他在南太平洋私募（South Pacific pool）操作又怎麼出了錯。

先後不斷有專業作手嘗試了這位法國人的系統，後來都放棄了，回到自己原先的交易方法。這些專業作手說自己的短線操作系統（hit-or-miss system）更不容易犯錯。我曾聽這位法國人提到，基恩說圖表百分之百正確，但按圖表交易的方法太滯後了，股市活躍的時候基本上沒辦法用。[59]

證券行有間辦公室存有股票每日的波動圖表，一眼可以看清股票幾個月來的運動走勢。將股票的波動和和大市的波動做比較，加上參照一些投機的規矩，作手可以推測出一檔被推薦的股票是否具有上漲潛力。很多人將圖表當成一種時髦的買賣股票訊息來源。今天不少證券商有這種股票波動圖，由專門的統計專家製作，不僅有股票圖，還有期貨圖。

我的意見是這樣的：圖表可以幫助那些懂得怎麼讀圖表的人，或者說可以幫助那些知道如何消化圖表提供訊息的人。一般的圖表

讀者常常過度解讀這類圖表，認為圖表所展現的高峰、低谷、一波浪、二波浪就是股票投機成功的祕密之所在。這個人如果還很固執，那麼破產只是遲早的事。[60]

　　曾有位相當能幹的人，是一家著名證券行的合夥人，也是位數學家，畢業於知名的技術學校。他製作的圖表很精細，包括很多產品，有股票、債券、小麥、棉花、貨幣等等。他製作的圖表包括很長年限，還分析不同季節的價錢如何相互關聯。總之，所有的一切都包括了。他用這些圖表交易股票很多年，交易的方法其實就是基於一些特別設置的平均線。知情人士告訴我，他平常都能穩定賺錢。但世界大戰爆發，所有先例都不重複了，他和一堆朋友虧了數以百萬計美元，後來人就不見了。這裡我想說幾句：如果股市的基本面為多頭走勢，就算來個世界大戰也無法阻止股市往上衝；如果基本面為空頭走勢，什麼也無法阻止股市往下跌。從股市賺錢所需的技巧就是要知道如何判定股市的基本狀況。[61]

---

57 今日有很大部分的投資人都是看圖買賣股票，而當年沒有電腦，只能靠讀盤在腦袋裡生成股票走勢圖，以走勢圖作為交易的指導，這思路是相同的。但切記不要過度解讀股價圖，也就是不要鑽牛角尖，如果股價運動不符合預期，不要勉強進場。

58 股票走勢不會百分之百，但可能相似，這是獲取股市勝率很重要的參考手段。股價不是上漲就是下跌，沒有其他方向，所以股價走勢也不會有太多變化。

59 按圖表交易的思路在於股票的行為模式可能重複，只要重複度超過百分之五十就有勝算。基恩的說法只能說是一家之言。

60 這段話十分經典，今天大筆資金往往是用人工智能控制買賣，一旦發現股市出現某種模式，就會自動調整交易模式，投資人慘割韭菜。因此投資人要記得，圖表只是交易的參考之一，而不應該是唯一依據，別讓自己成為韭菜。

61 舉例來說，如果一件衣服的成本是 10 元，賣價是 5 元，你可以認為基本面為多頭走勢，用 5 元買入這件衣服後可以獲利賣出。

這些故事似乎離題了，但我經常想起它們，它是我早年華爾街經歷的一部分。今天的我懂了很多當年不懂的東西，我相信自己在無知年代犯的錯誤會被初學者不斷重複。[62]

不當股市的傻瓜

我又回到紐約，這是我第三次試圖在正規證券行戰勝華爾街。我的交易相當活躍，並沒有期望一開始就像在賭館一樣快快來錢，但我相信自己最後一定會賺到更多錢，因為在這裡買賣可以下很大的單。現在，我已經察覺到，自己的主要問題是還未完全理解股市賭博與股市投機之間的重大區別。我已有七年讀盤經驗，玩這個遊戲的天分相當不錯，雖然還沒發大財，但計算資金回報已相當不錯。這次我像以前一樣有賺有賠，不過整體來說有盈餘。我賺得愈多，花得就愈多。相信男人若不是守財奴，大多都這樣。普通人的錢來得容易都會大手大腳一些。當然，有些人不一樣，如羅素·賽奇（Russell Sage）存錢的天分和賺錢的天分一樣出色，死後留下的錢多到一般人聽到都想吐。

每天上午十點到下午三點，如何戰勝股市占據了我所有的思維空間。三點後我開始享受生活，從不將工作和生活混淆一起。我虧錢是因為犯了錯，從來不是因為精神懈怠或飲酒過量等，在我工作時從未發生這類事情。無論身體健康或精神健康，我都十分留意。我通常在十點之前上床，從年輕開始，我就不熬夜，睡眠不足會影響我的交易。我現在賺錢，沒理由不享受一些生活中的美好。只要股市還在，錢就取之不盡。我對自己的專業能力充滿自信，相信自

已能在股市中生存。[63]

我對自己的交易方法所做的第一個修正就是時間的掌控。在這裡，我無法像在賭館一樣等到確定的時機才下單，賺上一兩塊錢就脫手。在富勒騰的辦公室，想要抓住一波行情必須早早就開始做功課。換句話說，我必須透過研究來預測下一步會發生什麼，需要預測股價的下一步運動。[64] 這聽起來像是老生常談，但你明白我在說什麼。我對炒股遊戲的態度開始改變，這種改變至關重要。漸漸地，我開始明白賭博和投機的本質區別：賭博在為小波動下注，投機是等待股市不可抗拒的漲和跌。[65]

我現在會在開市前一小時研讀股市。如果我還在賭館操作，我不會這麼勤快，就算在全世界最大的賭館操作也一樣。我研究交易報告、鐵路營運利潤，以及財務和商業數據。交易時我喜歡下大注，因此周圍的人稱我為「豪賭少年」，他們不知道我其實對每個交易都做了功課。對於任何有助於提高交易水準的知識，我都興趣盎然。每次碰到問題，我總是思考它的來龍去脈；當自認找到答案時，我必須親自證明答案正確。在股市，唯一的證明方法就是用自

---

62 股市就像愛情，每次的感覺都不同，但其實大同小異。會重複的東西是可以學習的，只要有恆心，就有出師的一天。

63 任何人想要事業成功，首先就是要能自律。投資股票也不例外。

64 在賭館靠讀盤下注，現在靠研究做預測，這是在思考上從賭博進步到投機的重要進程。

65 賭博是博運氣，投機則看機會。賭博和投機在心態上完全不同。專業投機者往往討厭賭場，在賭桌下注心裡會很不舒服，因為知道沒有概率勝算；他們只在有勝算的時候才下注。

己的鈔票。[66]

我的進步看起來很緩慢，但我相信已經快到不能再快了。且算總帳我還賺錢。如果虧錢的頻率高一點，或許我會更加用功，無疑地會發現更多問題。但說實話，我也不知道多虧錢是否真有價值？如果多虧了錢，或許我就不夠學費在股市嘗試以改進交易方法。

我研究了自己在富勒騰辦公室賺錢的交易，發現雖然自己對市場的看法經常百分之百正確，也就是說我對股市情況和走勢的分析正確，但並沒有從這個「正確」賺到「正確時」應該賺到的錢。這令我深思。

從部分勝利學到的教訓並不少於失敗。

以我為例，從牛市一開始，我就做出股市會漲的判斷，並用金錢支持自己的判斷，買進股票。一如預測，股市上漲，一切都很正常。但你知道我隨後做了什麼？我會聽從股市老手的建議，控制衝動，以他們建議的理智保守來交易。他們的理智保守是當股價升高時賣出，等股價下跌回調再買回來，我就這麼做了！我經常在高點賣了股票等回檔，但回檔就是不出現，眼睜睜看著股價從我的賣點又升了 10 美元。而我拿著 4 美元的利潤癡癡地在一旁當看客。他們說，你賺了錢將其放進口袋就不會變窮，這個說法沒錯，但問題是，一個大牛市每股只賺 4 美元也不會變富。[67]

一個可能賺 2 萬美元的機會我只賺了 2,000 美元，這就是按照股市老手的建議理智保守交易的結果。可能賺到大錢卻只入袋小錢的經歷讓我有了新的發現，那就是傻瓜也依經驗的不同而分層級。

新手什麼都不懂，他們自己也知道這點。升了一級後會自以為懂得很多，一有機會便向外炫耀，這是有了點經驗的傻瓜。這一級

的傻瓜做過點功課，功課不是研究市場本身，而是研習了更高級別的傻瓜對股市做出的一些評論。第二級的傻瓜知道如何不犯新手常犯的錯誤，不虧新手常虧的錢，但這一級的傻瓜是證券商最歡迎的顧客，他們四季不斷地繳付佣金給券商，為券商的財務做貢獻。華爾街新手通常只能生存三到三十週，這一級傻瓜的平均壽命可達三年半之久。很自然，這些半傻瓜一開口就是華爾街的格言警句，一談起交易規則就朗朗上口。股市前賢們總結出所有的「不」，他都銘記在心，但他不知道的那個「不」其實是最重要的，那個「不」是「不做傻瓜」。

這些半傻瓜認為自己在股票市場已經換了智齒，已經學會等待股票下跌撿便宜貨。他把股價的高點跌到買入價的價差當成自己撿到的便宜。毫無經驗的股市傻瓜會在大牛市的中途盲目瞎買，他不知道規矩，也不知道先例，盲目瞎買是因為盲目地瞎期盼，他的帳面利潤常常在一個正常的回檔中消失殆盡。在股市繳過相當學費的股民會做我剛剛做的事——在股價高點賣股，等待回檔時再買回來。我認為自己在進行理智的操作，起碼有不少股友認為那樣的操作是理智的。我明白我需要改變在賭館的操作方法，我認為任何改變都是解決問題的方式之一，何況這個方法是那些相當有經驗的股

---

66 學游泳時，不下水就學不會，學習股票投資亦然。反思自己為什麼賺或虧的過程，就是自己對股市認知成長的過程。

67 此段話強調了走勢的重要。一個走勢有可能週期很短，也可能很長，只要走勢在，就不要輕易離場。不要嘗試在走勢過程出現的小波動中賣高買低，因為我們不可能完全把握短期波動的高低點。

友推薦的。[68]

不能失去股票倉位

　　大多數的投資人都有個奇怪的想法，認為股市欠他們錢。[69]富勒騰公司裡充斥著這些人，只是程度有些差異罷了。但有個老傢伙與眾不同，首先，他的年紀較大；其次，他從不給推薦，也從不吹噓往日的戰績。他是個極好的聽眾。他對別人的推薦不感興趣，也從來不問對方消息的來源。如果有人給了他什麼消息，他總是禮貌地表達感謝，倘若未來證明這個消息是真的，他會再次表達謝意，但若消息是假的，他也從不抱怨。沒人知道他到底有沒有按照這些消息交易。辦公室的傳聞是老人非常富有，交易時下手很重。但他並未如旁人想像的那樣付出很多交易佣金，起碼周圍的人沒看到。他的名字叫帕特里奇（Partridge），但大家背後都叫他「火雞」，因為他的胸肌很厚實，下巴就貼在胸部上，又喜歡大搖大擺地從一個房間走到另一房間，樣子很像火雞。

　　客戶們一有內線消息，就會去找老帕特里奇，告訴他某個有內線消息的朋友的朋友，給了買賣某檔股票的內線消息。客戶們總是喜歡有人指導操作，這樣犯錯時就有現成的代罪羔羊。但無論消息推薦買或賣，老傢伙的回答都一樣。

　　客戶說完故事後都會問：「你認為我該怎麼做？」

　　「老火雞」會把頭偏一邊，帶著慈父般的笑容對客戶說：「你知道，現在是牛市。」

　　我一次又一次聽見他說：「你知道，現在是牛市。」這句話就

像送給對方一個投了百萬保險的護身符。我真搞不懂他說的到底是什麼意思。

一天，一位名叫艾莫·哈伍德（Elmer Harwood）的傢伙匆匆進了辦公室，寫了個交易委託單交給交易員。艾莫隨即急急忙忙地找到帕特里奇。帕特里奇這時正在聽故事，一位名叫約翰·范寧（John Fanning）的先生在講他的親身經歷，他曾偷聽到基恩給他經紀人下的一個交易單，他跟了單，但只跟了 100 股，且只賺了 3 美元就賣了。他賣掉後三天，這檔股票又漲了 20 美元。這是約翰至少第四次對他重複同樣的悲慘故事。老火雞總是充滿同情心地聆聽著，彷彿他是第一次聽到這個故事。

艾莫打斷約翰的故事，連道歉都沒說，直接就對老火雞說：「帕特里奇先生，我剛剛賣了克萊美馬達（Climax Motors）的股票，我有內線消息，股市會來個回檔，將有機會以低價買回賣掉的股票。如果你還有這檔股票，可以照做。」

艾莫遲疑地看著火雞。早些時候艾莫向火雞推薦買進這檔股票，這些業餘的消息提供者常認為自己做了一件不得了的好事，他就此擁有對方的身體和靈魂，至於這些消息對於對方是有用還是沒用則不管。

「是的，哈伍德先生，我當然還持有這檔股票。」老火雞感激地說。艾莫賣股時還記得老火雞，那是相當地有心。

---

68 那些試圖猜測股價高點或低點的投資人，被稱為更高一級的傻瓜。儘管如此，終究還是傻瓜！

69 這種心態常使得很多投資人下注太重，急於想從股市拿錢。

「這樣的話您就可以賣股了，等到股價跌下來再買回。」艾莫說，似乎連銀行存款單都替他寫好了。看到火雞對他的建議並沒有露出感激的表情，他再次強調：「我已經把我自己持有的全都賣了！」

從他講話的口氣和表情，你會保守估計他賣了 1 萬股。

但帕特里奇搖著頭遺憾地說：「不，不，我不能那麼做。」

「你說什麼？」艾莫大吃一驚。

「我現在不能賣！」

「你買的時候可是我建議的啊？」

「確實是，哈伍德先生，我打從心底對您充滿感激之情。但是先生，我不能賣……」

「等一等，這檔股票十天漲了 7 點，沒錯吧？」

「沒錯，太感謝您了，小兄弟，但我現在不能賣這檔股票。」

「不能賣？」這下子艾莫開始對自己懷疑了，這是消息傳播者被打回票時常有的反應。

「是的，我現在不能賣。」

「為什麼不能？」艾莫把頭靠了過去。

「為什麼？因為現在是牛市。」老傢伙緩緩地說，似乎給了個詳細而冗長的解釋。

「這我知道。」艾莫看起來有點生氣，似乎對解釋不滿。「我們都知道現在是牛市，但將手上的股票換個手，你可以更便宜地買回來，不就降了成本？」

「小兄弟，」帕特里奇似乎受到壓力。「親愛的小兄弟，如果我賣了那檔股票，我就失去了倉位，那我該怎麼辦呢？」

艾莫・哈伍德舉起雙手，搖搖頭朝我走來，試圖尋求同情。「你相信嗎？」他用舞台旁白似的語氣對我說，「我在向您請問。」

我沒說話。他繼續說：「我向他推薦了克萊美馬達，他買了500股，現在已經有7美元的利潤了；現在我建議他先脫手，等到股票回檔時再便宜買回來。回檔早就該來了，到現在更是分分鐘的事。你知道我告訴他這些的時候他說了什麼？他說賣了股票就會失去工作，你說是不是令人啼笑皆非？」

「抱歉，哈伍德先生，我沒說我會失去工作，」老火雞插嘴說，「我說的是我將失去股票倉位[70]。等你到了我這個年紀，像我一樣經歷了這麼多的漲和跌，就會明白失去倉位是極其昂貴的錯誤；代價太大了，即使是約翰・洛克菲勒也付不起。先生，我也希望股票會回檔，這樣就能以更便宜的價格買回賣掉的股票。但我只能遵照自己多年的經驗操作。我已經為這些經驗付過很高的學費，我不想再付一次。我現在已將這些利潤當成存進銀行的現金，對你充滿感激之情。但你知道，這是個牛市。」說完他一晃一晃地走開了，留下艾莫一臉錯愕。

老帕特里奇所說的話一開始並未給我太多的觸動。我開始回憶自己的經歷，有多少次我對股市的判斷正確，但總在賺了點小錢就中途離場，沒賺到應該賺到的錢。回憶得愈多，我就愈加敬佩老傢伙的智慧。很顯然，他年輕時犯過與我類似的錯誤，對自己的弱點有深刻的反省。他不再允許自己對股市的一些誘惑動心，經驗告訴

---

70 股票倉位的英文是 position，亦有工作崗位之意。

他，若向這些誘惑低頭，可能會導致昂貴的錯誤。我自己的教訓就痛徹心肺。

買對之後安坐不動

這件事讓我覺得自己在交易方面的修行又躍進一大步。我現在明白了，當老帕特里奇向周圍股友說「你知道，現在是牛市」時；他真正想說的其實是：「大錢不在股價短期的小波動之間；大錢在大勢之內。」換句話說，賺大錢不能只靠讀盤的小技巧，賺大錢需要對整個股市做出判斷，抓住大趨勢。

讓我在這裡說句心裡話，在華爾街打滾多年且賺蝕數百萬美元之後，我有這樣的總結：我賺到大錢的訣竅從來不是我的思考，而是我的坐功。明白了嗎？買對之後安坐不動。

正確分析股市沒什麼了不起，你總會在牛市起始時看到很多牛市的徵兆，也同樣能在熊市起始時找到很多熊市的徵兆。我認識不少人判斷得準極了，無論牛市或熊市的起始點，或買進和賣空的入市點都完美到極致。但他們的經歷和我大同小異，也就是沒有真正賺到錢。在股市，一個人能買對之後還安坐不動一定非比尋常。我發現這是最難學習的技巧之一，但投資人只有完整把握這點之後才可能賺到大錢。可以這麼說，當投資人真正學會如何交易後，賺幾百萬會比自己無知年代賺幾百塊更容易。

理由是這樣的：一個人對股市的判斷可以很直接、可以很清晰，但股市到達終點的過程總是很曲折、很不清晰。就算判斷正確，股市發展的曲折過程會讓你對自己的判斷產生懷疑，進而失去

耐心。這就是許多華爾街的聰明人在股市虧錢的原因。這些人的學識和經驗都遠在傻瓜階級之上，他們不是被股市擊敗，他們是被自己擊敗。他們失敗不是因為缺少頭腦，是因為缺乏耐心，他們坐不住！老火雞的言行才是真正高明，他不僅堅持自己的信念，還有極度的耐心坐等信念的實現。[71]

忽略大趨勢而注重在股市跳進跳出炒短線是我的致命弱點。沒人可能抓住股票所有的小波動。牛市時，正確的操作就是買進坐等，直到你相信牛市結束。要做到這一點，你必須研究股市的總體情況，而不是局限於個別股票的小道消息或傳聞。當你相信牛市已經結束就賣掉所有股票，將錢存進銀行。你需要等待，等待股市轉頭，等到你認為股市已經轉頭，等到股市的大趨勢發生逆轉。你需要運用自己的頭腦和眼光，否則這裡所說的一切就如同教導你「低買高賣」一樣白癡。投資人最容易學的一招，就是不嘗試抓最後的⅛美元，或者最早的⅛美元[72]。這兩個⅛是全世界最昂貴的⅛，它對作手們造成的損害數以千百萬美元，足夠建造一條橫跨美洲的高速公路。

研究在富勒騰的操作，我發現自己更理智操作之後有個現象：初始建倉後馬上出現虧損的情況很少。很自然，這使得我一出手就是大單。這樣做是對自己的判斷力有信心，同時也可以避免受到周

---

71 有個說法是，股票從 A 點走到 B 點的路一定是會讓你最痛苦的路，但重要的是，你能熬到 B 點。

72 早年美國股價以分數標價，比如 5⅛、5⅜，此處的「最後的⅛」是指股價的最高點，「最早的⅛」則指股價最低點，意思是不要去猜測股價的最高點和最低點。

圍環境的影響，甚至避免自己猶豫不決。沒有對自己的極端自信玩不了投機遊戲。

讓我對迄今學到的經驗做個總結：研究股市的總體情形，投入資本建立合適的倉位坐等，直到大勢反轉。我現在可以看到回檔的到來而安坐不動，我知道回檔只是暫時的。我曾經賣空 10 萬股的股票，感覺一個大反彈就要來臨，這樣的反彈在一個大走勢中不可避免且十分正常，雖然它意謂著可能有 100 萬美元的帳上利潤消失，我同樣能夠安坐不動，冷眼漠視到手的帳面利潤不見了一半。不去考慮現在買股平倉，等股票反彈升高後再建空倉的念頭，我知道這樣做會失去自己的倉位，失去一個大斬獲（big killing）的機會。我一直提醒自己，只有抓住大波動才能賺到大錢。

我學得很慢，因為我只能從錯誤中學。犯了錯到知道自己犯了錯需要時間，知道自己犯了錯到找到犯錯根源需要更多時間。但整個學習過程感覺良好，我還很年輕，容易紓解壓力。我此時賺到的錢大多還是透過讀盤炒短線賺來的，那時候的股市情況正好適合那種操作。我虧錢的頻率比剛到紐約時低多了，就是虧錢也不至於虧得毫無理性，令人難過。回想我在不到兩年的時間破產三次，這實在不是個令人驕傲的紀錄。但我想告訴你，破產是非常高效率的教育。

我的本金增加得不快，因為我花錢毫不手軟。我喜歡什麼就買什麼，也買了汽車。股市除了星期日和假日之外都開盤，如果可以從股市拿到錢，我看不到省吃儉用的理由。每次我找到虧錢的原因或犯錯的根源，都將一系列的「不」記錄下來，讓它變成自己的資產。當然，想讓這些不斷增長的「不」變得有意義，就不要在生活

上刻薄自己。我還有很多有趣或不那麼有趣的故事,如果都說會沒玩沒了。回憶起來,讓我真正刻骨銘心的故事通常都和交易有關,這些故事不斷增加我對投機和自己的了解。

本章重點&給投資人的提醒

　　這是很重要的一章,講了極其重要的投資理念,一是不要迷信股價圖,二是大錢在大勢之內。明白了這兩點,你在學股的路上就向前邁進了一大步。等到那一天,你買對了股票,面對股價的短期波動能安坐如山,你就基本入門了。當然,還有很多細節需要完善,投機是一輩子的功課。

第 6 章

順應直覺

我的經驗是順應自己的直覺總能賺到錢。

如果股市的盤感屬於多頭，無論這個盤感是否由報紙炒作出來的，負面消息常被忽視；如果股市的盤感屬於空頭，看多的消息就會被忽略。股市很多時候是跟著感覺走。

一九○六年春天，我到大西洋城短暫度假。我把股票都賣了，只想換換環境，讓自己好好休息一下。還有，我回到第一位經紀人哈定兄弟那裡交易。我的交易相當活躍，常常下單 3,000 到 4,000 股之多。雖然我二十歲時在大都會證券交易的規模也大概是這個數字，但我在賭館的交易保證金只要每股 1 美元，正規證券行對買賣紐約證券交易所掛牌股票的保證金要求就高多了。

或許你還記得我在大都會證券交易時，有一次賣空了 3,500 股蔗糖公司的股票，我直覺有些不對勁而立即買股平倉。這類直覺經常出現，通常我會照辦。但有時我也會對這種直覺不屑一顧，覺得依據一個盲目衝動就改變交易方向是很愚蠢的做法。我會將產生衝動的原因歸咎於抽菸過度、睡眠不足或消化不良等。只不過每次我都說服自己不要被一時衝動左右，結果總是感到後悔。有好多次我

沒有按直覺賣空，第二天到下城 [73] 上班時，股市沒跌，甚至還漲了一點，我就會慶幸自己沒有盲目地衝動行事。但到了第三天，通常股市會跌到慘不忍睹。這讓我產生疑問，如果不用那麼多理智和邏輯，我更能賺到錢，那麼這個理智、邏輯和賺錢的關聯何在？原因一定不是生理因素，只能是心理因素。

一股極度想要賣空的直覺

預感的故事很多，我想說一個令我記憶深刻的。故事發生在一九〇六年春天，當時我在大西洋城度個短假，與我同行的朋友也是哈定兄弟的客戶。我在股市沒有倉位，心情很平靜。除非市場特別活躍且我入市很深，我隨時都會離開股市放鬆自己。印象中那時正好是牛市，大家都看好經濟環境，股市雖趨於平緩，但所有指標都認為股市會更上層樓。

有一天早晨，我吃完早餐，讀完所有紐約的早報，欣賞完海鷗在海灘抓起貝殼，飛上二十英尺高空，將貝殼丟下到硬地砸殼吃肉之後，我和朋友開始在海灘的木板道散步。這是我們在白天最刺激的活動。

時間還不到中午，我們緩緩散步，享受著略帶鹹味的海風。木板道旁有一間哈定兄弟的分行，我們每天早上都會溜進去看一眼，了解股市的大概情況。這完全出於習慣，我沒有打算做任何交易。

我們發現股市相當強勁，也很活躍。我朋友當時看多股市，手邊也有些股票，帳面上有幾塊錢利潤。他告訴我：很明顯，現在的理智操作是坐等股市漲到更高位。我沒有留意他說了什麼，也未分

神對他的意見表達認同，我正看著股價板，留意股價的變動，大多數的股票都很活躍而且在漲，直到我瞄到聯合太平洋鐵路（Union Pacific）。我覺得應該賣空這檔股票。我說不出為什麼，一直問自己怎麼會有這種感覺，我實在找不到賣空這檔股票的理由。

我專心注視著黑板上這檔股票的最新交易價，此時我已經無法分神到其他事物。雖然找不到原因，但我內在有個聲音：賣空聯合太平洋。

我的表情一定相當怪異。朋友站在旁邊，突然推推我，問道：「嘿，怎麼了？」

「我也不知道。」我回答。

「想回去睡一覺？」他問。

「不，」我回答，「我不想回去睡覺，我想賣空這檔股票。」我的經驗是，順應自己的直覺總能賺到錢[74]。

我走到擺放空白股單的桌子，朋友跟著我。我寫了一張賣空1,000 股聯合太平洋的市價單交給經理。經理本來面帶微笑，但一讀到單子，微笑不見了，雙眼盯著我看。

「確定沒錯？」他問我。我給了他一個「沒錯」的表情，然後他就奔向電報員。

「你在做什麼？」朋友問。

「我在賣空股票！」我告訴他。

73　曼哈頓島的南部稱為「下城」，是華爾街的所在地。
74　通常會產生這樣的直覺是長期努力的結果，是經驗的結晶。

「賣空什麼？」他有些急了。如果他看多股市，我怎麼會看空市場呢？這讓他很不自在。

「1,000 股聯合太平洋鐵路。」我告訴他。

「為什麼？」他的聲音相當興奮。

我搖了搖頭，表示我沒什麼任何理由。他以為我得到了什麼內線消息，拉著我的手臂到外面走廊。周圍沒人，沒有人可能偷聽到我們的談話。

「你聽到什麼？」他問我。

他相當興奮！聯合太平洋在他研究的名單上，他相當看好這家公司，盈利和發展前景都很不錯。當然，有負面消息他也想知道。

「什麼都沒有。」我說。

「你真的什麼都沒聽說？」他語帶懷疑，而且毫不掩飾。

「什麼都沒聽說。」

「那為什麼你要急著賣空那檔股票？」

「我不知道。」我告訴他。我說的是實話。

「哦，別瞞我，賴瑞。」他說。

這位朋友知道我的交易習慣，我不會無緣無故亂下單。我剛剛賣空了 1,000 股的聯合太平洋鐵路。現在股市的走勢強勁，我一定有個非常的理由才會這麼做。

「我真不知道，」我重複說，「只是覺得會有什麼事情發生。」

「會發生什麼事？」

「我不知道。我無法給你任何解釋，就是覺得想要賣空那檔股票，而且我還想再賣空 1,000 股。」

我走回大廳，遞出賣空第二個 1,000 股的交易單。如果賣空第

一個 1,000 股的做法是對的，無妨下手重一些。

「有可能發生什麼事嗎？」朋友堅持問道，他拿不定主意該怎麼做。如果我告訴他我有聯合太平洋鐵路股價會跌的消息，那麼他不問消息來源也會跟我的單。「有可能發生什麼事媽？」他喃喃自語。

「什麼事情都有可能發生，但我不能保證會發生什麼。我無法告訴你理由，我又不會算命。」我回答。

「那就是你瘋了，」他說，「完完全全瘋了！沒有任何理由就賣空那檔股票？你真的不知道為什麼要賣空那檔股票嗎？」

「我真的不知道為什麼要賣空它，我就是想！」我說，「就是想任性一下。」欲望如此強烈，我又賣空了 1,000 股。

這下子，朋友受不了了。他抓著我的手臂說：「我們趕快離開這裡，否則你會把流通的股票都賣空了[75]。」

我自己也覺得夠了，還沒等到最後 2,000 股的交易報告出來，我就跟著朋友離開了。這次賣空出手相當重，就算理由完美，如此重手也是夠狠的。沒有理由就這麼做相當任性，更何況當時整個股市大好，實在沒有看空交易的理由。我之所以這麼做，是因為以前每次未依照自己的直覺賣空，我都感到很後悔。

---

75 股票的上市流通股有一定的數量，能夠借來賣空的股票只是其中一部分，不可能賣空超出流通股的總數。

華爾街遲來的反應

後來我將自己的經歷和一些朋友談過，他們告訴我這不是單純的一時衝動，這是潛意識在指導行動。藝術家也是靠這樣的潛意識進行藝術創作。[76] 對我來說，或許是很多小小的事件累積成某種強烈的意識，也可能因為我的朋友都看好股市，我就是想和他們作對，恰巧找到了聯合太平洋鐵路。總之，我說不清楚這潛意識是怎麼產生的。現在的情況是，我離開哈定兄弟證券行大西洋分行時，我賣空了 3,000 股聯合太平洋鐵路的股票。雖然此時股市牛氣哄哄，我一點都不焦慮。

我很想知道最後 2,000 股的交易價。吃完午飯後，我和朋友走進辦公室，看到股市還是很好，聯合太平洋鐵路的股價還漲了一些。

「我看到成交價了。」朋友告訴我。可以感覺到他為自己沒有跟單有些竊喜。

第二天，股市又漲了些，我那位朋友沒有掩飾他的喜悅。但我相信自己賣空聯合太平洋鐵路是對的，當我覺得對的時候總是很有耐心。感覺是個很奇妙的東西。下午，聯合太平洋鐵路的股價停止上漲，到了快收盤的時候，股價開始往下掉。很快地，股價跌到比我 3,000 股的平均賣空價還低了 1 美元。這下子，我不再有疑問，我知道自己做對了。很自然地，對了就加碼。在收盤之前，我又多賣空了 2,000 股。

僅僅憑著直覺，我賣空了 5,000 股聯合太平洋鐵路的股票，這是我在哈定兄弟所能賣空的保證金上限。在度假時賣了這麼多股

票，心裡感覺很不自在，當晚我就收拾行李返回紐約。雖然不知道接下來會發生什麼，我覺得自己最好還是在操作現場，一旦有什麼風吹草動可以立即行動。

第二天，我們收到了舊金山大地震的消息。那是一場可怕的災難，但股市開市時只跌了幾點，牛市的動能仍然還在，一般大眾並不知道怎麼回應這種新聞。這種現象很普遍。如果股市的盤感屬於多頭，無論這個盤感是否由報紙炒作出來的，負面消息常被忽視；如果股市的盤感屬於空頭，看多的消息就會被忽略。股市很多時候是跟著感覺走。[77] 今天的情況是，華爾街還沒明白這次災難造成的損害程度，收盤時價格居然還彈回來。

我手中握著 5,000 股的空單。壞消息來了，我賣空的股票居然堅挺不墜。我的直覺是對的，但我的銀行帳戶沒漲，甚至連帳面利潤都沒有。我那位大西洋城的朋友悲喜交加。

他說：「小伙子，看看你的直覺！當華爾街的人力物力都推著牛市時，反潮流而動怎麼會有好結果？當然是誰力大誰贏。」[78]

「等著瞧。」我說。我相信股價遲早會反應實況，現在這種情況我根本不會平倉，我知道這次地震的損害極大，聯合太平洋鐵路首當其衝。但華爾街對此視而不見，實在令人沮喪。

---

76 踏入任何行業想要專精都需要時間，例如有經驗的電腦程式設計師只要瞄一眼程式，大概就能知道該程式編碼的水準；從事外貿工作久了，客人一開口就能看出是否為真客戶。這些都是經驗累積的結果。

77 所有投資人都該記住，當出現牛市時，負面新聞就會被忽視，熊市時則正好相反。這也是為什麼在股市操作時，「順勢而為」很重要，這種做法提高了勝率。

78 逆勢而為是很危險的，它所引發的失敗通常可能高於順勢而為。

「還等什麼？熊皮在大太陽下曝曬，很快就會乾裂。」朋友提醒我。

「那你會怎麼做？」我問他，「買進聯合太平洋鐵路的股票？你知道南太平洋沿線[79]的鐵路遭受數百萬美元的損失，等他們支付了這些損失，公司盈利和分紅的錢要從哪裡來？最好的情況是這次災難沒有報紙說的那麼嚴重，但這不構成買進鐵路股的理由，鐵路股是這次災難的主要受害者，對吧？」

我朋友說：「對，聽起來沒錯。但面對現實吧，市場並不同意你的想法，股價帶不撒謊的，對嗎？」

「股價帶並不即時反應所有情況。」我說。

「聽著，有位老兄在黑色星期五前夕找到吉姆‧菲斯克[80]，給出了十個為什麼黃金應該會下跌的理由。他太相信自己的推測了，於是告訴菲斯克他準備賣空幾百萬。吉姆‧菲斯克冷冷地看著他說：『賣吧，別遲疑，自殺時記得請我參加你的葬禮。』」

「沒錯，我知道這故事。」我說，「如果那傢伙真的賣空黃金，那就賺大了[81]！你也賣空一些聯合太平洋鐵路的股票如何？」

「我才不這麼做！我順勢時才敢動，我不敢逆勢而行。」

第二天，更詳細的災難報告來了，股市開始下跌，但就這情況來看，下跌的幅度也不算大。我心中明白，現在無論太陽底下發生了什麼奇蹟，都不可能阻止股市大跌，於是我加倍賣空，又多賣空5,000股。到這個時候，情況開始清晰，我的經紀人也願意幫忙。賣空不再是魯莽行為。隨後幾日，市場開始尋找新的合理價位，災難的損害相當嚴重。當然，運氣來了我毫不手軟，我又加一倍，多賣空了1萬股的聯合太平洋鐵路。這是此時唯一的選擇。

我的腦袋裡沒什麼亂七八糟的東西，只有一個想法：我對了，百分之百對了！這可是上天給予的機會，如何利用就看我自己。我繼續接著賣空，數額相當大，我不記得有沒有擔心萬一股市來個小反彈自己會被清乾淨，就算有也沒當一回事。我並非魯莽地瞎賭，我其實在保守地操作。地震來了誰都阻止不了，頹倒的房屋需要時間來重建，這不是隔夜就能完工的事，一切都需要錢。然而就算有錢，也不可能在幾個小時做多少事情，對吧？

　　我不是在盲目賭博，也不是發了瘋的熊。我沒有被勝利沖昏頭，也不認為舊金山會被從地圖上抹去，整個美國淪為廢墟，沒這回事。我沒有預測全國性的大恐慌。第二天我就平倉了，算算總帳，我一共賺了 25 萬美元 [82]，這是我迄今賺到最大的一筆錢。賺到這筆錢只用了幾天時間。華爾街在地震發生後的頭兩天沒有做出什麼反應，理由是率先到現場救援的人覺得情況沒那麼糟。但我認為真實原因是，普通股民改變對市場的看法需要時間，即使是專業作手，很多時候也很遲鈍且短視。

　　科學也罷，幼稚也罷，我不知道怎麼向你解釋這一切。我只是

79　舊金山位處於美國的太平洋海岸。

80　吉姆‧菲斯克（Jim Fisk, 1835-1872），十九世紀美國金融家和股票作手，他夥同惡名昭彰的金融投機客傑伊‧高爾德（Jay Gould, 1836-1892），企圖壟斷黃金市場，造成金價恐慌性爬升。一八六九年九月二十四日，美國總統尤利西斯‧格蘭特（Ulysses S. Grant, 1822-1885）為了壓制金價，下令賣出國庫黃金，結果造成金價崩盤，史稱「黑色星期五」。

81　「黑色星期五」那天，由於美國總統壓制金價的動作，使得賣空者真的賺了。

82　在一九〇六年那個年代，美國工人的平均年收入為 300 美元，25 萬美元是一般人八百年的收入。

告訴你事實、做了什麼、為什麼這麼做，以及結果如何。我不糾纏於直覺的神祕，我正在為手邊多出的 25 萬美元沾沾自喜，它意謂著如果我現在看到機會，有本金下相當重的注。

誤信專家建議

這個夏天我到了紐約上州的薩拉托加泉（Saratoga Springs），打算度個假，但我依然持續關注股市。首先，我還沒對股市厭膩到不願多想的地步；其次，我在這裡認識的的每一個人都是股票愛好者，很自然地，談股票是大家共同的話題。我留意到，談論股票和交易股票其實大大不同，有些傢伙和你談股票之時大聲吆喝。

哈定兄弟在薩拉托加泉有一家分行，因在這裡住了不少客戶。但我猜真正的原因是在做廣告，在度假區有家分行給人很高級的感覺。我時不時跑進去和其他客戶閒聊。經理非常友善，來自紐約總行，無論是客戶或陌生人，他都會伸出友誼的手，盡可能多拉些生意。這裡是小道消息的匯聚地，不管是關於跑馬或股市或其他，應有盡有。他們知道我從不聽取外人意見，經理從不在我耳邊悄悄告訴我紐約傳來什麼新消息，他會將電報遞給我。「看吧，這是他們剛送來的。」其他消息也比照辦理。

當然，我一直盯著股市。對我來說，看股價板就是在預測。我留意到我的老友——聯合太平洋鐵路——看起來要漲了。當時的股價已經很高，但股票似乎有被囤積的跡象。我觀察了幾天，沒有下單交易，我愈看就愈確定這檔股票背後有大人物在囤積，他不僅有錢，買入的手法也很專業，操作得相當漂亮。

看明白這一點，我很自然地開始跟莊買入，現在的價錢大約是 160 美元，股價十分強悍。我每單 500 股不斷買進，我買愈多，股價的表現愈強悍，也沒有彈跳，感覺相當愉快。從讀盤判斷，我相信這檔股票還會上漲一大截。

突然間，經理走過來，說紐約打來電報，問我是否在這裡。得到肯定的回答後，又傳來一封電報說：「留著他，哈定先生想和他說話。」

我說我會等他，隨即又買了 500 股聯合太平洋鐵路。我想像不出哈定先生有什麼急事要對我說，我不認為會和交易有關。我在哈定的帳戶裡還有很多錢，足夠我買股的保證金。一會兒之後，經理過來告訴我，哈定先生在長途電話的另一頭。

「哈囉，艾德。」我說話了。

但他劈頭就說：「你到底在搞什麼鬼啊？你瘋了嗎？」

「你才瘋了哩。」我說。

「你在做什麼？」他問。

「什麼意思？」

「買了那麼多那檔股票。」

「為什麼這麼問？我的保證金不夠嗎？」

「不是保證金的問題，我不想你做傻瓜。」

「我不太懂？」

「你為什麼買那麼多聯合太平洋鐵路？」

「因為股價在漲啊。」我回答。

「股價在漲？見鬼了！你知道嗎，你買的股票都是內部人士賣給你的，你的買單讓他們賣了好價錢。要是錢太多，拿去賭馬還更

刺激點，別讓人耍了。」

「沒人耍我，」我告訴他。「我沒和任何人談過這檔股票。」

他反駁我。「你可不能期待每次在這檔股票上豪賭都會有奇蹟發生。現在還來得及，趕快收手吧，」他說，「當這些惡棍肆無忌憚地拋股時，你在這個價位接盤簡直是罪過。」

「但股價帶給出的訊息是他們在買股。」我堅持說。

「賴瑞，你的買單進來時，我簡直要心臟病發作了，看在上帝的份上，別當傻瓜。馬上賣股走人，這檔股票隨時可能大跌。好了，我已經做了我該做的，你看著辦。再見！」他掛上電話。

艾德·哈定（Ed. Harding）非常聰明，他交遊廣闊，心地善良，和我也沒有利害衝突，是位真正的朋友。更重要的是，他所處的職位讓他消息靈通。我買聯合太平洋鐵路的唯一依據是我研究股票運動規律多年的經驗，其中包括每次股票大漲之前所表現的特點。我也不清楚這次發生了什麼事，或許我覺得這次讀盤獲取的訊息信心不足，或許哈定先生表達的誠意和他說我將犯下大錯的斷言令我印象深刻，他的智力和動機都無可挑剔。不管什麼原因，最終我接受了哈定先生的建議。

我清空了聯合太平洋鐵路的股票。很自然地，如果擁有這檔股票是愚蠢的，那麼不賣空它一樣愚蠢。我隨即以 162 美元的均價賣空了 4,000 股聯合太平洋鐵路。

第二天，聯合太平洋鐵路的董事會宣布發放 10% 股息。一開始，華爾街沒人相信，這動作像一位被困住的賭徒在做絕望的掙扎，報紙也對公司董事的這項決定多加指責。雖然華爾街的精英反應遲鈍，股市卻已沸騰，聯合太平洋鐵路的股價在巨量之下不斷創

新高，有些交易員只用一小時就發了筆財。事後我聽說，有位遲鈍的莊家犯了一個錯誤，卻陰錯陽差地賺了 35 萬美元。他第二個星期就將交易席位賣了，到鄉下買了座農場逍遙退休。

當然，一聽到前所未有的 10% 股息，我就知道糟了！我沒有遵循自己多年交易經驗所給出的指引而去聽從第三者的建議，我該受罰。因為朋友無私且內行，我就相信了他，放棄了自己的信念。

一旦聯合太平洋鐵路的股價又創新高，我對自己說：「這檔股票不能再賣空。」

我在這個世界所有的錢都存在哈定兄弟證券行作為股票交易的保證金。剛發生的事並未影響我的思維方式。事實是我讀盤正確，但我愚蠢地讓哈定先生動搖了我的決心。指責毫無意義，傷害已經造成，我必須立即行動。我給了 4,000 股的買單平倉，給單時的股價是 165 美元，每股帳面虧損 3 美元；4,000 股的買單中，有部分的成交價是 172 美元和 174 美元。收到成交報告後，我算出哈定先生的好意讓我虧損了 4 萬美元。這 4 萬美元就是沒有勇氣堅持自己信念的代價，這堂課的學費在投機這行算是相當便宜。

我並沒有為虧錢焦慮，盤感給出的訊息是股價還會漲。公司董事做出的決定近乎首創，太不尋常。我做了自己認為應該做的事：我下單買進 4,000 股平掉我的空倉後，立即按照股價帶給出的訊息操作，再下單買進 4,000 股的股票。我將這 4,000 股持有到第二天早上才賣出。這個操作不僅賺回虧損的 4 萬美元，還多出了 1.5 萬美元。如果哈定先生沒有試圖幫我省錢，這次操作的斬獲將相當可觀。但他實際上幫了我一個極大的忙，我感覺到這段人生經歷完成了我作為專業作手的基礎教育。

這個教訓不僅僅在不應聽從第三者的推薦，在應堅持自己的信念。所發生的一切極大地增強了我對自己的信心，我終於可以完全拋棄掉賭館的那一套。這次薩拉托加泉的經歷是我此生最後一次缺乏規畫、靠讀盤引導的短線交易。從此，我的思考著重於股市整體的基本面，而不是單一股票的短期波動。我將自己在艱難的投機學院提升了一個層級，這是漫長而艱辛的一步。

本章重點&給投資人的提醒

每一位股票交易者都必須有自己的操作體系，否則無法在這個市場生存。這一章講述了主人翁如何進一步將思路拓展到股市的整體，而不是局限在單獨股票的讀盤。聽從「行家」建議的虧錢經歷，更讓他進一步堅定了自己的信念，即凡事必須按自己的步調行事。這是艱難的一步，但跨過之後，對於股票的操作又向上提高了一個層級。

第 7 章

找對買賣的時間點

如果你只想在股市賭錢，我唯一的建議是：別賭！

買股不是去尋找股票的最低點，賣股也不是去尋找股票的最高點，買賣股票重要的是找對買賣的時間點。

我從不遲疑告訴別人自己是看多股市還是看空股市，但我從不推薦買或賣什麼股票。[83] 熊市時，所有股票都往下走，牛市時則往上爬。當然也有例外，若是戰爭造成的熊市，生產彈藥的公司股票可能會漲。我講的是普通的情況。但一般人並不想聽是牛市還是熊市這類訊息，他們想知道的是具體買進或賣出什麼股票。他們總想不付出代價就得到些什麼，不想做功課，甚至連獨立思考這個過程都想省略，心態就像從地上撿到錢都懶得數。[84]

---

83 孟子曰：「人之患，在好為人師。」股票買賣也是同理，半桶水的人特別喜歡當人老師，喜歡推薦股票，但想過如果對方因此而虧錢，該怎麼辦？隨口推薦股票其實是很不負責的行為。

84 此段道出了很多新入行投資人的行為，他們到處打聽消息，希望獲得轉告發財機會的消息。然而，當人們想不付出代價就有所得，得到的通常是垃圾。

當然，我沒有那麼懶惰，但我發覺，研究單一股票比研究股票大市來得容易。同樣地，研究單一股票的起落比研究大市的波動更省力。我知道自己必須改變，我開始改變。

一般人似乎很難掌握股票交易的基本原則。我常說，買股票最好的時機是大市在漲的時候。讓我強調：買股不是去尋找股票的最低點，賣股也不是去尋找股票的最高點，買賣股票重要的是找對買賣的時間點。我如果看壞某檔股票而賣空它，賣空的每一手價錢一定比上一手低；同理，我如果看多某檔股票，買進的每一手價錢一定比上一手來得高。我買股票一定是一個階梯一個階梯地往高買，絕不會一個個階梯往下撿便宜。[85]

舉例來說，假設我現在想要買股票，以 110 美元的價格買進 2,000 股的某檔股票。如果股價漲到 111 美元，我知道自己起碼暫時買對了，它漲了 1 美元，表示我有利潤。因為我買了，於是我乘勝追擊加買 2,000 股。如果股市還在漲，我會再加買 2,000 股。假設現在的股價是 114 美元，我認為自己暫時買夠了，可以計算平均成本是多少，作為下一步交易的參考。我現在總共持有 6,000 股，買入均價為 $111\frac{3}{4}$ 美元，現在的股價是 114 美元，此時我不會再買，我會等著看。我知道，在股價爬升的路上一定會有回檔，我要看看回檔之後的股價會如何反應，我預估會回檔到大約我第三次買進股票的價錢。假設股價攀升一段後回檔到 $112\frac{1}{4}$ 美元，隨即又反彈，待股價回升到 $113\frac{3}{4}$ 美元時，我會進個買入 4,000 股的市價單。如果這 4,000 股的成交價是 $113\frac{3}{4}$ 美元，我認為可能出問題了，此時我會試著賣出 1,000 股以觀察市場反應。再假如這 4,000 股市價單的交易價分別是 2,000 股在 114 美元、500 股在 $114\frac{1}{2}$ 美元，

成交價一路往上，最後 500 股的成交價是 115½ 美元，那麼我就知道我買對了。這 4,000 股的交易過程，就是我判斷自己在這個時間點買進這檔股票是否正確的方法。這種判斷的前提條件當然是股市正好是牛市。我從不試圖抄底，也不希望買股時太容易得手。[86]

行家的操盤智慧

我記得迪肯‧懷特（Deacon S. White）的一個老故事，當時他是華爾街的大作手之一。他風度翩翩，聰明過人，而且勇敢無畏。就我所知，他生前做的好事可不少。

那是華爾街早期，當時蔗糖公司是華爾街的寵兒，公司總裁亨利‧奧斯本‧哈夫邁爾（Henry Osborne Havemeyer）正處於權力的高峰。我從華爾街老手們得到的印象是，哈夫邁爾和他的同夥有足夠的金錢和頭腦隨意操縱自己公司股票的漲落。這些老手告訴我，哈夫邁爾透過操縱蔗糖公司，坑了很多小本操作的專業交易員。但通常證券交易所交易廳的交易員會和這些公司內線反向操作，讓內線操作更難執行。

有一天，迪肯‧懷特的一位舊識興沖沖地衝進他的辦公室，說：「迪肯，您說過如果我有什麼內線消息就馬上告訴你，如果你用上了，會算上幾百股做我的份？」他說完停頓一下，喘了口氣，

85　注意，此處在交代具體的交易手法。

86　很多新入行的投資人在買股前總喜歡問別人，覺得這檔股票的股價是否已跌到谷底，文中這句話正好給了答案。

等待迪肯的回答。

迪肯沉靜地看著他，說：「我不記得我是否答應過你，但如果消息有用，我願意付錢。」

「太好了，我現在就有消息要給你。」

「現在？好極了。」迪肯溫柔地說。

「沒錯，迪肯先生。」那人跳起來，走近迪肯，這樣就沒人可以聽到他說的話。「哈夫邁爾正在買進蔗糖公司股票。」

「真的嗎？」迪肯平靜地問。

消息提供者有些不快，他強調說：「沒錯，先生，他盡全力在買。」

「我的朋友，你真的確定消息無誤？」老迪肯又問。

「我有絕對的把握，他和整個內幕團隊正在收購市面上買得到的股票。這和關稅有關，公司的普通股會有大波動，也會影響優先股。如果開始得早，至少30點的彈跳！」

「你真的這麼認為？」老人的雙眼從老花眼鏡鏡框上方看著他，他一會兒之前還在用眼鏡讀股價帶。

「不是我認為，是我知道。絕對沒錯！知道為什麼嗎？迪肯先生，當哈夫邁爾和他同夥用這樣的手筆買股做多時，不來個40點的獲利是不會滿足的。我相信股價可能在下一分鐘就起彈，在他們完成收購之前就暴漲一大段。一個月前股票經紀人的辦公室可沒現在這麼忙。」

「你確定他買的是蔗糖公司？」迪肯心不在焉地回答。

「買股？不，他不是買股，他在搶股！他試圖收攏市面上所有他能收到的股票，但技巧地避免把股價炒得太高。」

「是嗎？」迪肯不再多說。

這讓消息提供者感到氣惱了。「是的，尊敬的先生。我要說這是很好的消息，清清楚楚，沒有含糊。」

「真的？」

「沒錯。絕對是一條非常值錢的消息！你會用嗎？」

「喔，會，我準備用。」

「什麼時候？」消息提供者信心不足地問。

「馬上。」隨即迪肯叫道，「法蘭克！」這是他手下最能幹經紀人的名字，此時正在另一個房間。

「在這哪，先生。」法蘭克回答。

「請你即刻和交易所聯繫，我要賣空1萬股蔗糖公司股票。」

「賣空？」消息提供者倒抽一口氣，聲音聽起來很痛苦，正準備跑去下單的法蘭克停下腳步。

「有疑問嗎？是賣空沒錯。」迪肯輕輕地回答。

「但我告訴你哈夫邁爾正在買耶！」

「我有聽到你說的，謝謝你，好朋友。」迪肯平靜地說，隨即轉頭向經紀人說：「法蘭克，快點。」

經紀人匆匆離開去下單。這下子消息提供者脹紅了臉。

「我來這裡，」他聲音憤怒。「帶來我知道最好的內線消息。我把你當朋友，也相信你可以信賴，我期待你善待我的努力……」

「我正依照你給我的情報在操作。」迪肯打斷他，聲音輕柔帶有磁性。

「但我告訴哈夫邁爾和他的同夥在買股哪！」

「沒錯，我都聽清楚了。」

「但我告訴你的是買。買入！買入！」他的聲調高亢。

「沒錯，你告訴我的是買入，這是你告訴我的消息。」迪肯重複說，眼睛盯著股價變動。

「但你卻下單賣空。」

「是的，賣了1萬股。」迪肯點點頭說，「當然要賣空啊。」

迪肯不再多說，將注意力放在股價的波動上。此時消息提供者也湊上來，想看看迪肯到底在看什麼，因為這位老人是出名地狡猾。當他越過迪肯的肩膀看股價時，一名職員交給迪肯一張紙，顯然是法蘭克賣空交易的報告。迪肯根本沒看報告，他已經從股價帶上看清楚他交辦的交易情況。

他轉頭對職員說：「告訴法蘭克，再賣空1萬股蔗糖公司。」

「迪肯，我向你發誓，那些傢伙真的是在買股呀！」

「是哈夫邁爾親口告訴你的嗎？」迪肯輕輕地問。

「當然不是！那傢伙守口如瓶。你想讓他眨一下眼睛來幫朋友賺幾塊錢都不可能，但我知道這件事千真萬確。」

「朋友，別太激動。」迪肯舉了舉手，雙眼仍盯著股價帶看。

消息提供者苦澀地說：「如果我知道你堅持要反著做，我就不會來你這裡浪費你的時間，也浪費我的時間。如果你賣空虧了錢，我心裡不會高興的。真的，我覺得很遺憾，迪肯。請原諒，我想離開這裡，自己為這個內線消息做些操作。」

「我正是依據你給我的消息在操作！我想我對股市懂得不多，或許比不上你或你朋友哈夫邁爾。但我確實懂那麼一點點。我正在做的，就是用自己的經驗總結出的最佳方法，來應對你所提供的情報。我在華爾街混很久了，華爾街居然有人對我有同情心，真令我

感動，不過請保持冷靜，朋友。」

那人愣愣地看著迪肯；迪肯的判斷力和意志力都是他感到敬佩的。

很快地，職員又進來將新的交易報告交給迪肯，他看了看後對職員說：「告訴法蘭克，買進 3 萬股蔗糖公司股票。3 萬股！」

職員快速離開，消息提供者只是咕噥了幾聲，注視著這個老狐狸。

「我的朋友，」迪肯和善地解釋道，「我並沒有懷疑你是否把看到的真實情況都告訴我。但就算哈夫邁爾親口告訴你他的操作，我也會做同樣的事。想要確定哈夫邁爾和他的同夥是否真的如你所言大規模買股做多，唯一的方法就是做我剛才做的事。第一個 1 萬股的賣空相當容易，但我還無法完全確定；但第二個 1 萬股的賣空還是很容易就被市場吸收，無法阻止股價往上漲。有人這麼輕鬆就買進 2 萬股的股票，讓我相信市場確實有人在掃股。到底是誰在掃股我並不在乎。現在我已經將賣空的 2 萬股平倉了，還多買進 1 萬股做多，到現在為止，你提供的訊息沒有錯誤。」

「你的操作規模會到什麼地步？」消息提供者問。

「你會有 500 股在這個辦公室，價錢是這 1 萬股的平均進價。」迪肯告訴他。「今天就到此為止，朋友，下次冷靜點。」

「迪肯先生，你賣股時能否一併將我的部分也賣掉？我現在才明白，我知道的比原先自認的少太多。」

操作股票必須等待和觀察

上面的故事給出了一個操作框架。這就是為什麼我從來不買便宜貨。當然，我試圖盡量以低價買股──操作手法是盡力不拱高股價。說到賣股，當然要操作到有人要買才賣得出去。

如果你的操作規模相當大，上面的話要牢牢記在心裡。交易者應仔細研究股市情況，小心規畫操作步驟，倘若交易量很大，也累積了相當的帳面利潤，就不可能隨自己的意願賣股。你不可能期待股市吸收 5 萬股像吸收 100 股那樣容易。他必須等待，等到市場有容量接手他的股票才可能賣出。當這樣的機會來臨時，他必須立即抓住。他只能在可能脫手時抓住機會脫手，而不是隨時想脫手就脫手。要想確定機會到來的時間，他必須觀察和試驗。[87]

想知道市場能否承受你的操作其實不難，但一開始就全力出擊並不理智，除非你能確定時機準確無誤。請記住：股票沒有漲太高了不能買或跌太低了無法賣這回事，然而一旦開始操作，請等到第一筆有利潤後再加第二筆。你必須等待和觀察。這時讀盤的技能就開始變得珍貴，你要借助讀盤來確定操作開始的時機。正確的結果有很大程度依賴正確的開始，我花了很多年才明白這一點，付出了幾十萬的學費。

我不是在這裡鼓勵做金字塔式的加碼。當然，如果時機把握得好，金字塔式加碼會賺到大錢。我在這裡想說的是：如果你計畫買500 股，不要第一手就買足 500 股；投機操作不該這樣設定。如果你只想在股市賭錢，我唯一的建議是：別賭！

假設股友第一手買了 100 股，但這 100 股很快就顯示虧了錢，

他有什麼理由繼續加股來增加錯誤呢？他應該立刻看出自己犯了錯，至少暫時錯了。

本章重點＆給投資人的提醒

這一章講述了股市買賣股票的操作技巧。一百年前，這是投機祕訣，現在我們用「順勢而為」來闡述。該如何順勢而為呢？文中告訴你第一筆賺錢了才加碼第二筆。今天許多投資人喜歡看圖買賣股票，股價圖向上的是牛，股價圖向下的是熊，按照股價圖操作就是順勢而為。

---

87 對一般小散戶來說，並不需要擔心這件事；但若是手握巨資的交易者，隨時提醒自己買賣都要抓準機會。

第 8 章

牛市買多，熊市賣空

　　我開始明白，大錢只存在於大趨勢之中。一個大趨勢的起始可能有很多因素，但這個趨勢的延續不可能是一些私募的操縱或幾位金融家的炒作，這個大趨勢的延續是由基本面所決定，無論是誰試圖阻擋這個趨勢，都將是徒勞的。這個趨勢的跨度、速度和時間都將依據基本面的力量走到底。

　　一九〇六年夏天在薩拉托加泉發生的聯合太平洋鐵路事件，讓我對於外來的消息或建議更加抵觸，無論這些消息或建議的提供者多麼友善或背景多麼強悍都沒有例外。事實已經證明，我的讀盤能力勝過周圍的大多數人。在哈定兄弟辦公室，我的思考層次也高於一般的客戶。無論是多頭操作還是空頭操作，我一視同仁，沒有偏好。唯一試圖避免的是錯誤操作。[88]

---

88 知道什麼是正確的事情，在實踐中努力做好正確的事情，是避免出現錯誤操作的最優途徑。

別和股價鬥氣

從我很小的時候，我就習慣從觀察到的事實做出自己的判斷，這是讓我產生感性認識的唯一方法。依我的思維方式，我很難從別人轉告的故事中產生感覺。如果我相信什麼，你可以確定那一定有事實作為基礎。如果我買了股票，那是因為我判斷股市是多頭走勢。但你會發現很多人，很多非常聰明的人，他們覺得股市會看多是因為手中有股票。我絕不允許手上的持股影響自己的思考。我從不和股價鬥氣。不要為股市的一些偶然反常行為導致的股市虧錢而生氣，這就像得了肺炎卻生肺的氣一樣不理性。[89]

慢慢地我感悟到，想在股票投機這個行業成功，需要的知識深度遠多於讀盤技巧。老帕特里奇在牛市中堅持不動搖的思考方式，給了我更深的啟示：投機股票的第一要務是判斷你面對的股市是什麼情況，處於牛市還是處於熊市。我開始明白，大錢只存在於大趨勢之中。一個大趨勢的起始可能有很多因素，但這個趨勢的延續不可能是一些私募的操縱或幾位金融家的炒作，這個大趨勢的延續是由基本面所決定，無論是誰試圖阻擋這個趨勢，都將是徒勞的。這個趨勢的跨度、速度和時間都將依據基本面的力量走到底。

薩拉托加泉事件之後，我開始看得更清楚，或者說更成熟地感悟到股票運動是群體性運動，研究單獨股票和其運動規律的重要性比我原先想像的還要低。若你用抓住大趨勢的思路來規畫交易，你不會太注重具體的股票，你可以將所有上市股票每檔都買進或賣空一些。但如果賣空單獨股票，數量有講究，超出一定數額可能很危險，這個量決定於誰是大股東以及他持股的方式。如果賣空整體股

市，分散進行且賣價合適，你就賣空 100 萬股也不用怕。以前華爾街的內部人士時常透過軋空來擠壓這些賣空的投機者，他們用這種方式賺了很多錢。[90]

顯然，在牛市的正確操作是買進股票，在熊市的正確操作是賣空股票。聽起來很愚蠢，對吧？但我花了很多時間才學會如何在實際操作中實踐這些規則[91]，因為我必須用概率來思考。倘若真要給自己的學習緩慢找藉口，那是因為我的資本不足，無法真正地在市場按照這些規則交易。一個大的走勢確實能賺到大錢，條件是你能夠下相當大的注，你在股票經紀人那裡要有相當大的金額才行。

我必須靠股市的利潤來維持日常生活。生活要花錢，它讓我無法更快地凝聚一筆資本，來從事更能獲利但時間跨度更長的大走勢交易。

為什麼賺不到大錢？

現在，我對於自己的信心愈來愈強，我的股票經紀人也不再認

---

89 很多投資人因為手中持有某檔股票，便潛意識地尋找它的相關好消息，認為股價應該漲，而忽略了負面消息，這種思維十分要不得。

90 一百年前的股市和今天還是有所不同，無論是交易規則、法律環境、股票組成等都不一樣。現今股市在金融股跌的時候可能黃金股漲，並不同步。這些一百年前的觀察只能作為參考。

91 牛市買股是順勢而為，熊市賣股也是順勢而為。順勢而為是正確的操作模式，容易說，卻不容易做到。比方說，很多投資人買股喜歡在股價新低時撿便宜，這其實是逆勢而行。

為我只是偶爾好運的「豪賭少年」。他們從我身上賺到了相當多的佣金，我自己也賺到了錢，這具有相當的宣傳價值。我成為他們的明星客戶，廣告價值遠遠超過我的交易佣金。一位賺到錢的客戶對任何證券行都是難得的資產。

一旦超越了專注讀盤的層次，我就不再將主要精力放在研究單一股票的每日波動。我開始從不同的角度研究股市。我開始返璞歸真，從研究股價進步到研究基本原理，從研究波動進步到研究基本面[92]。

很長一段時間，我還是每天閱讀報紙上與股票有關的新聞，這是所有股票交易者的習慣，但這些新聞大多是傳聞，有些是人為造假，還有些只是作者自己的個人意見。一些有信譽的週刊對基本面的分析也不能讓我滿意。我提醒自己，不要過度注重那些財經編輯的看法。對他們來說，客觀分析數字並從中得到正確結論並非至關重要，卻攸關我的財務生死。還有個重大區別在於時間價值。對我而言，分析過去一週已經發生的事情，沒有比預測下一週可能發生的事情來得重要。

多少年來，年幼無知、缺乏經驗、缺少資本一直困擾著我。現在，我有了「新發現」的興奮。我找到了在紐約一直賺不到大錢的原因，我對投機遊戲有了新的認知。手邊有了點錢，加上更多的經驗和自信，我急於嘗試一把新鑰匙──時間鑰匙。我一直未留意到成功的門上有一把叫做時間的大鎖，新人很容易忽略這把鎖。我為了進步的每一步都付出了昂貴的學費，進步是要付出代價的。

我研究了一九〇六年的情勢，錢景很不樂觀。全球有太多的財富遭到摧毀，人人自危，因此幫不了別人。這不像用價值 1 萬美元

的房子去交換幾匹價值共 8,000 美元的賽馬，讓你覺得只是個小麻煩；現況更像是房子被燒了，馬被火車撞死了，財富被摧毀了。波耳戰爭[93]的砲火消耗了太多現金，養護在南非打仗的士兵也需要數百萬的金錢，想如同往日一樣得到英國的幫助毫不現實。另外，舊金山地震和大火加上其他災難影響了各行各業，不管是製造業者、農民、商人、一般勞工還是百萬富翁都不例外。鐵路也遭受嚴重損害。我的分析是沒有什麼能夠阻止股市大崩盤！一旦有了這樣的結論，該做什麼就不言而喻：賣空股票。告訴過你，一旦我決定入市，無論做多還是做空，鮮少一開始就虧錢。現在決定做空，我即刻就下重手！我對於市場已經進入熊市毫無疑問，相信自己這次將獲取炒股生涯的最大斬獲。

　　股市跌了，隨即又反彈，晃了幾下再繼續往上漲。我的帳面利潤消失了，帳面損失一天天增加。股市不斷上漲，看樣子，熊市頂不住了，終於有一天，我受不了煎熬，不得不買股平倉。還好當時平了倉，否則我將一無所有。這個停損雖然剝了我厚厚一層皮，但讓我還活著，保留了明天再戰的機會。

　　我犯錯了，但錯在哪兒呢？在熊市時做出熊市的判斷，很明智；在熊市時賣空股票，操作無誤。問題出在太早賣空，這是昂貴

---

92 從研究股價進步到研究基本原理，從研究波動進步到研究基本面。這是所有學習投資的人都該經歷的過程。但現代學習過程往往相反，很多是從書本學習股票知識後才入市買股，缺少「讀盤」的歷練。

93 歷史上共發生了兩次波耳戰爭（Boer War），文中指的是發生於一八九九到一九〇二年的第二次波耳戰爭，因波耳人和英國人為了爭奪南非殖民地而引爆。

的錯誤。我交易的方向正確，但時機錯了。無論如何，時間一天天在過，股市也一天天接近不可避免的崩盤。我等啊等，等到反彈不再有力量，等到反彈遲滯了，我傾盡所有再賭了一把。這次我賭對了，但只對了一天，第二天股市又反彈了，這下子我帳面的美元又少一大截。我讀盤後覺得對空倉沒把握，於是買股平倉，等待下一個機會。很快地時機又到了，我再次賣空，股價跌了，可又粗魯地再彈起來。

看起來，股市正試圖強迫我回到早年在賭館的那種相對簡單的交易方法。這是我第一次採用前瞻性的交易思路，透過研究整體股票大勢來決定操作方向。以前我都是透過讀盤來找出一兩檔股票操作，我相信自己如果能夠堅持，終將取得勝利。當然，當時我還沒有發展出分層下注的體系，否則我會順著熊市層層加碼，而不是一出手就全力以赴。前面說過層層加碼的方法，依此方式操作我還會虧錢，但不會虧這麼多。我會犯錯，但不至於受到太大傷害。看到了嗎？我已經學會觀察，但還沒學會如何利用觀察的結果。我不完整的觀察不僅沒幫到自己，還害了自己。

等待沒有反撲風險再入市

研究自己所犯的錯誤總是受益無窮。我從這個事件學到的是：在熊市中，你必須做空交易並安坐不動，但你必須透過讀盤來決定操作的合適時機。如果操作正確，就不至於令自己有利潤的倉位受到太大的威脅，也就不至於坐不住。[94]

當然，今天我對自己的觀察能力更有信心了，現在觀察股市不

會再受到希望和恐懼等情緒所左右，我也有更多方法來驗證自己的觀察是否正確。但在一九〇六年，一連串的股市反彈將我的交易本金削減到危險的地步。

我當時接近二十七歲，在股票市場已經打滾了整整十二年。這是我人生第一次用望遠鏡探測出市場將要出現危機，並以此訂定交易計畫進場交易。可是從看到危機烏雲，到危機真正出現，再到從危機中獲利，這過程有很大的時間跨度，而且比我想像的還要大，它甚至使我懷疑自己，看到的烏雲究竟是烏雲還是自己眼花？危機警告不斷出現，銀行拆借利率也不斷升高，但一些著名的金融大亨仍看好股市，起碼在面對報社記者時會唱多股市。市場時不時地彈升，也讓那些預測災難即將來臨的預言家看起來像個撒謊者。我也開始懷疑自己，到底自己的熊市判斷根本就是錯的，或者自己的錯誤只是入市出手太早？

我判定問題是自己出手太早。但這無可奈何，我無法看空股市還任由自己做旁觀者。此時市場再次下跌，我覺得機會又來了，竭盡全力再次進場賣空。隨即股市又是一個反彈，這次反彈到相當的高位。

我被清乾淨了！

我判斷正確，但破產了。

這真是不可思議！讓我虛擬一下過程：我盯著前方，看到一大

---

94 所有的操作都是這樣，一個好的開始可以令你保持心理平衡，進而理性操作。有了一定的操作經驗後，對於什麼是對、什麼是錯都會有一定的判斷力。只是市場的波動往往會讓投資人心理失衡，操作失真。

堆錢，旁邊掛了牌子寫著「隨便拿」。就在錢堆附近有輛空馬車，車身上寫著「勞倫斯[95]‧李文斯頓運輸公司」。我手上拿著一把全新的鏟子，附近沒人，我沒有競爭者，這是比所有人早一步看到錢的優勢。那些有可能也看到錢的人要麼在觀賞棒球賽，要麼在開車逛街，要麼在想著投資地產。我第一次看到前面有一大堆錢可撿，很自然地盡快朝錢跑去。但還沒碰到錢，前面刮起一陣逆風，我摔了一跤。錢還在前面，但我的鏟子不見了，馬車也不見了。這就是起跑太早的結果。我看到錢了，我知道我看到錢了！我太急著證實自己看到的是真錢而不是幻覺。我兩眼盯著錢，忽略了到達錢堆還有很長一段距離。我應該走過去，而不是跑過去。

　　這就是那時發生的故事。我的錯誤在於沒有等待這次熊市操作的最佳時機，需要使用讀盤技巧時也沒那麼做。從此我又學到一個教訓：就算熊市開始時看空股市，還是不應該一下子全力入市，必須等到大勢沒有反撲風險時才可以這麼做。

賣空的時候已到

　　這些年，我在哈定兄弟公司交易了數以萬計的股票，這家證券行對我很有信心，我們的關係相當好，我想他們覺得我很快又會來一次賺錢的交易。以我出手必重的交易風格，只要開始時幫幫忙，我很快就會將虧掉的錢賺回來。他們已經從我的交易中賺到很多佣金，他們當然希望賺更多。我的信用很好，在這裡繼續交易沒有問題。

　　一連串的打擊將我的傲氣消磨了不少。我不敢再粗心大意，我

知道自己曾經何等地接近毀滅，現在唯一的選擇就是靜靜觀察，這是每次下大注之前應有的態度。我不是亡羊補牢，而是我不能再錯。如果一個人完全不犯錯，那麼一個月內就可能擁有全世界。一個人若犯了錯卻不從中學習，最終一定一無所有。

就這樣，一個晴朗的早晨，我又一次帶著傲氣走進華爾街，這次我沒有任何疑問。早些時候我在報紙看到一則廣告，從廣告中我看到了自己以前一直缺少耐心等待的下注指示。這是「北太平洋和大北鐵路」（Northern Pacific and Great Northern Road）宣布發行新股的告示，但新股票可用分期付款方式購買。這在華爾街是個創舉，卻給了我不祥的感覺。

多年來，每次大北鐵路優先股宣布發放紅利都是股價上漲的契機。這次它宣布要給股東們一個甜頭，讓現有股東有權以票面價購買新發行的優先股。由於這些優先股的市面交易價遠高於票面價，這項權利相當值錢，但現金市場的流動性不佳，全國最大的銀行都不確定股東們是否有足夠現金購買這些新股，此時大北鐵路優先股的市場交易價是 330 美元。

我一到辦公室，就對艾德‧哈定說：「賣空的時候到了，這是我開始的時機。看看那則廣告吧。」

他已經看過那則廣告。我向他解釋，我認為股市即將崩盤的信心，來自於保守的銀行都對現金市場的流動性信心不足。但他實在看不出為何即將大崩盤。他還是認為要下重注或應該再等等，這個

---

95 勞倫斯（Lawrence）是傑西‧李佛摩在本書中的名字，簡稱賴瑞（Larry）。

股市有時不時來個大反彈的習慣。如果我等了，就算賣空的價錢可能差一點，操作會更安全。

「艾德，」我對他說，「等愈久，股市下跌時就會跌得愈猛，到那時才入市就遲了。那則廣告就是銀行家的告白。他們的恐懼就是我的期盼。就像一個邀請我們登上熊市馬車的邀請函，這就是我們所需要的全部。如果我有 1,000 萬美元，我會一分不剩地立刻全拿去賣空。」

我不得不多做些解釋和說服。他對我從那則廣告推測出的結論並不完全滿意。雖然對我來說證據已經足夠，但對辦公室裡絕大多數人的說服力還不夠。我賣空了一點，太少的一點點。

幾天後，聖保羅鐵路（St. Paul）也宣布了新發行，到底是股票還是債券，我記不得了。不過那不重要，重要的是發行日期，我留意到新發行的付款日期正好在大北和北太平洋的付款日期之前，而大北和北太平洋幾天前才宣布了發行計畫。這太明顯了，就好像聖保羅拿著擴音喇叭宣布，他們打算將華爾街還在市面上流通的少許現金先行收入囊中。聖保羅的投資銀行顯然認為，市面上的現金不夠同時支撐三家公司的新發行，不願等待第三順位。如果市面上的現金這麼短缺，毫無疑問，這些銀行知道內情，那麼接下來的事情將會怎樣呢？這些鐵路公司急切地需要錢，而銀行沒錢，結果會如何？

當然，賣空的時候到了！一般股民盯著股市，預測以星期記；但有經驗的交易者看得遠多了，預測以年來記。這就是業餘和專業的區別。

重新大賺一筆的機會

我不再遲疑和等待。我下定決心，當天早上就開始實施很早就布局的操作計畫。我告訴哈定我的想法和應對的操作，他沒有反對我在 330 美元左右的價位賣空大北優先股，其他股票也在相當的高位賣空。我從以前的錯誤汲取了教訓，這次賣空的操作更加精細。

我的聲譽和信用一下子就重建了。這就是在證券行交易的好處，無論是否瞎碰，只要做對了，大家就會敬佩。但這次我是完全正確了，這次正確的不是來自第六感或讀盤技巧，而是詳細分析了經濟狀況和它對股市的影響後所做出的決定。我不是在猜測，我是在預測不可避免的結局。賣空股票時我毫無思想負擔，我根本看不到股市除了下跌之外還有第二條路走。當你看到一個必然發生的事件，一定會採取一個應對辦法，我重手賣空。

股市整體像玉米餅一樣鬆軟。這時剛好有個反彈，周圍的股友都過來提醒我股票跌勢結束了。真正的情況是，一些股市大戶知道市面上有很多賣空盤，決定擠一擠空頭者。這一擠會讓像我這樣熊向交易的看空股友在帳面上消失好幾百萬美元。大家都知道股市大鱷沒有同情心。一如既往，我對提醒者表達謝意。我不和他們爭論，否則他們會認為我對他們的好意沒有感激之心。

那位在大西洋城和我同行的朋友相當懊惱，他能理解我在舊金山地震時的預感。他無法不相信，因為我憑著預感賣空聯合太平洋鐵路，賺了 25 萬美元。他甚至說指示我賣空的是上帝的旨意。而他自己當時看多股市。我第二次在薩拉托加泉的聯合太平洋操作他也能明白，他對我只操作一檔股票時的思路都跟得上。無論漲跌，

一檔股票總可以有預感或小道消息等來決定買賣。現在這種預測所有股票都會下跌的大局分析讓他絕望。這種分析有什麼用處？這種分析如何具體操作？

我想起老帕特里奇的名言：「你知道，這可是牛市。」這操作建議似乎適合所有人，事實上也是如此。如果你有足夠的智慧，這句話就夠了。讓我不解的是，一般持有股票的人怎麼會在股票慘跌15到20點之後還堅持不走，看到3點的反彈，就覺得下跌已經結束，升勢已經開始。

一天，一位朋友問我：「賣空的股票平倉了嗎？」

「為什麼要平倉？」我回問。

「為了全世界最好的理由。」

「什麼理由？」

「賺錢！股票已經觸底，跌的股票總會漲回來，對嗎？」

「說得不錯，」我回答道，「它先觸底，然後漲起來，但不是馬上漲起來，它們會先死板板地在底部待上幾天。現在是否到了這些屍體浮上水面的時機？我看還沒有，它們還沒死透。」

旁邊一位老手聽到我的講話，他是一位一看就知道有故事的人。他說了個故事：威廉·查沃斯 [96] 看空股市，有一次碰到一位看多的朋友，兩人交換了對市場的看法。朋友對他說：「查沃斯先生，股市這麼堅挺，你為何會看空？」查沃斯調侃道：「堅挺？像死屍一樣硬邦邦？」查沃斯先生有次到一家公司要求查看帳冊，公司員工問他：「您和公司有利益關係嗎？」查沃斯回答：「應該說我有，因為我賣空了你們公司2萬股的股票。」

現在股市愈來愈弱，我賭上了全部身家。每次我賣空幾千股的

大北鐵路優先股，股價就會跌幾塊錢。看到其他股票同樣疲弱，每一種我都賣空了一些。所有股票都是一被賣空就跌，但有一個例外，它是雷定鐵路（Reading Railroad）。

當市場的一切雪崩般地朝下走，雷定鐵路卻如直布羅陀的巨岩（Rock of Gibraltar）堅挺地站著。大家都說股票已被完全壟斷，它的股價表現也像如此。他們告訴我，賣空雷定鐵路簡直就是自殺。交易廳裡有很多人和我一樣看空股市，但一談到賣空雷定鐵路，大家都沒有自信。我自己賣空了一些，目前還持有。身為作手，我自然尋找容易攻擊的目標，而不是難啃的硬骨頭。我的讀盤告訴我，其他股票有更容易賺錢的機會。

我聽到不少有關雷定鐵路背後那個做多私募的傳聞，這個私募相當強悍。有人告訴我，這個私募買進雷定股票時的進價較低，平均價低於現在的交易價。此外，這個私募的大股東和銀行的關係特別好，他們買雷定鐵路股票的錢都來自銀行。只要股價堅挺，和銀行的關係就不會生變。已知有位私募成員的帳面利潤超過 300 萬美元，這一切使得雷定鐵路的股價就算小幅下跌也無傷大雅，結果就是雷定鐵路的股價在整體崩盤的股市中鶴立雞群。時不時有交易者看雷定鐵路不順眼，賣空一兩千股測試動靜，股價根本紋絲不動。這些交易者很快就平倉離場，另謀更容易的目標。我留意這檔股票的時候，也會少少地賣空幾股，因為我的操作策略就是整體賣空股市，每一個股都賣空一些，包括雷定鐵路。

---

96 威廉‧查沃斯（William R. Travers, 1819-1887），美國律師、華爾街大亨。

如果是以前，雷定鐵路堅挺的股價或許會迷惑我，讀盤得到的訊息是「別打擾」。但我的推理和這個結論不同，我認為股價會整體下跌，沒有股票會例外，不管股票背後有沒有私募支撐。

基本面是交易者最忠誠的夥伴

　　我一直是位獨狼作手，從賭館到今天皆是如此。我的思維方式就是獨狼的方式，我只相信自己所見，我獨立思考。這次股市按照我的推理進展，我首次發現自己有了一位合作者，一位強大且可以信賴的合作者，這位合作者便是股市的基本面。它以其強大的力量全力幫助我，有時幫助可能來得慢一點，但它的幫助永遠忠誠可靠，前提是我自己有耐心。我不想比較自己的讀盤技巧或第六感或機遇哪個更重要，情況是我的操作正在賺錢。

　　想要成功，你需要站在正確的那一面，前提當然是你必須知道什麼是正確以及如何布局下一步。我忠誠的合作者是股市基本面，當它說「跌」的時候，雷定鐵路居然忽略了它的意旨，這對我來說也是一種差辱。看著雷定鐵路的股價像沒事一樣堅挺不墜，讓我覺得很不爽。我在想，這或許就是最好的賣空目標。因為股價沒有下跌，而且私募擁有大量的股票，一旦市場的現金供應吃緊，這些私募將找不到閒錢來支撐股價，終有一天這些有錢人的命運不會好過一般大眾。這檔股票沒有理由不隨大市一起下跌。如果雷定鐵路不跌，我的推論就錯了，而如果我錯了，那麼事實就錯了，邏輯也錯了。

　　我推測，因為華爾街的交易者不敢賣，雷定鐵路的股價才得以

撐住。有一天，我給了兩位經紀人各賣空 4,000 股的單，同時賣。

　　奇妙的事情發生了，這檔人人視為被壟斷的股票，這檔人人認為賣空就是自殺的股票，在兩個空單的打擊之下跌慘了！我又追加了幾千股空單。我開始賣空時的股價是 111 美元，幾分鐘後，我收到全部空單的成交報告，平均成交價是 92 美元。

　　此後的進展讓人感覺太棒了。一九〇七年二月，我收網了。大北鐵路優先股一共跌了 60 至 70 點，其他股票下跌的比例也差不多。我大賺一筆！我收網的原因是，我推測股市這個跌幅已經反映了近期的經濟狀況，或許會來個相當的反彈，但我沒有足夠信心看多股市反手買入玩反彈。我沒有想離開股市，只是覺得短期內沒有交易機會。我在賭館賺到的第一個 1 萬美元之所以虧掉了，就是因為我無視外在情況就每天買賣，我可不想再犯同樣的錯誤。別忘了，不久前我才破產一次，因為我預見了下跌但過早入市。這次我又賺了一大筆，我要讓自己好好享受一下「正確了」的美好感覺。股市反彈曾在不久前讓我破產，我可不會讓下一個反彈再把自己變成窮光蛋。我不看股市了，我啟程前往佛羅里達。我喜歡釣魚，也需要休息，在佛羅里達可以同時擁有兩者。當然，佛羅里達的棕櫚海灘和華爾街可以直通電報。

本章重點＆給投資人的提醒

　　這一章在於強調時間的重要，就算你的判斷正確，也得等到適合的時機入市。股市的趨勢不會一下子就建立，只會在起起伏伏中慢慢建立起走勢。所以交易界有個說法：笨人賺不到錢，太聰明的人常常也賺不到錢，而有耐心的人會賺到錢。你需要有等待最好機會到來的耐心。

第 9 章

股市之王

股票交易者真正的快樂，就是在內心深處知道自己走在正確的軌道上。

想賺錢就必須努力，想賺到大錢必須找到正確的時間點做正確的事情。投機這門生意的理論和實踐一樣重要，一位投機者不可以僅僅做學生紙面學習，他必須同時實踐操作。

我到佛羅里達沿岸遊船，釣魚很棒。我現在清空了股票，大腦相當輕鬆。我享受著美好時光。有一天，一群朋友坐著汽艇前來棕櫚海灘探訪，其中一位帶著報紙。我已經很久沒有看報了，也沒想過要看，對任何新聞都不感興趣。我掃了一眼朋友帶來的報紙，看到股市剛來了個大漲，指數升了十多點。

我告訴朋友我會和他一起上岸。在熊市中，大盤時不時地來個小反彈是很自然的事，但熊市還未結束，華爾街的一些勢力和無知民眾以及狂牛作手們不顧經濟情況，將股市哄抬到不合理的程度，這讓我很不高興。我要更仔細地觀察一下市場。我沒確定要做什麼，只有想看股價板的強烈欲望。

摩拳擦掌重啟交易

我的證券商哈定兄弟在棕櫚海灘有家分行。我進入交易廳時看到很多熟面孔，他們大都看多股市。他們也是靠讀盤快速進出炒短線的作手，這種作手用不著看很遠，看遠對他們也沒用。我自己就擅長這種手法，在紐約被稱為「豪賭少年」。當然，一般人都喜歡誇大盈利的金額和交易數量，交易廳的這些人知道我在紐約做空賺了一大筆錢，很自然地，他們認為我這次又想放空下注。他們認為牛市還有很長的路要走，但我一定會和牛市對著做。

我來佛羅里達的目的是釣魚休息，我的神經緊繃了好一段時間，需要假期來舒緩。現在我看到股市反彈太過頭，開始感到興奮，我不再需要假期了。我並沒有預先想好上岸要做什麼，但現在我知道我要賣空股市。我相信自己是對的。當然，想證明對錯的唯一方法就是用錢。我認為整體賣空股市將是合適、謹慎、有利可圖而且愛國的做法。

我首先從股價板上看到，阿納銅礦（Anaconda）的股價馬上就要超過 300 美元。它的股價大彈跳式地升起，後面明顯有一股強大的做多勢力。我很早就發現，股價第一次超越 100、200、300 這些大數字時，它不會立刻就停下來，而會延續相當一會兒。如果你在剛超越這些數字時買入，幾乎一定有錢賺。膽小者不喜歡在新高時買股，但我的經驗告訴我買新高有利可圖。[97]

阿納銅礦是 ¼ 股價的股票，也就是說，票面價值只有 25 美元，有別於一般股票的 100 美元。因此，要湊上 400 股的阿納銅礦股票，才等同於 100 股的正常股票。我預測一旦阿納銅礦的股價超

過 300 美元，會在很短時間衝上 340 美元。

　　我當時看空股市，但我同時也是一位讀盤交易者。我了解阿納銅礦，如果沒有意外，它的漲跌非常快速。我喜歡操作那些漲跌快速的股票。我已經學會要有耐心，知道在什麼情況下安坐不動。但我個人的喜好其實是快進快出，操作大起大落的股票。阿納銅礦恰好不是那種死板板的股票。我在它的股價超過 300 美元時買進，遵從自己的經驗給予的指導。[98]

　　讀盤告訴我，買盤強過賣盤，所以股市的上漲應該還有一段路好走，想賣空最好再等等。但我想在等待的這段時間賺點小錢，如果可以短期炒作阿納銅礦並賺上 30 點的價差就太棒了。我整體看空股市，但看多這檔股票。我買進了 3.2 萬股阿納銅礦的股票，等同於 8,000 股的全價股。這檔股票上下波動快速，我相信自己的判斷，期待從它身上刮出一筆充實日後賣空操作的本金。

賣股時，別計較價錢

　　第二天，因為北部有風暴，電報中斷了。我在哈定的交易廳裡等候消息，其他客戶也焦急地胡亂猜測，所有股票交易人在無法操作時都變得很焦躁。隨後傳來一次股價，那是當天傳來的唯一交易

97　「買在新高」是一百年前的經驗，而且這個經驗因為本書有了一批追隨者。遺憾的是，一旦祕密被披露，它往往成為陷阱，被做空操作者利用，這是投資人必須注意的地方。

98　讓經驗引導行動，應該要成為投資人的直覺。

價——阿納銅礦，292 美元。

與我一起的包括一位我在紐約認識的經紀人，他知道我手上持有 8,000 全股的阿納銅礦，我懷疑他也有一批，因為股價傳來時他面露慌張。他也不知道股價傳到時，在交易所的交易價是否又跌了 10 點？以阿納銅礦快起快落的習慣，股價跌 20 點並不奇怪。我對他說：「約翰，別擔心，明天絕對沒事。」當時我就是這麼認為。他看看我，搖了搖頭，他認為自己更明白狀況。有些人就是這樣！我笑了笑，在交易廳裡等著看看會不會又有交易傳來。但直到收盤也沒有新消息。阿納銅礦，292 美元，就是當天傳來唯一的交易價。這意謂著我在帳面上虧了 10 萬美元。我想賺點快錢，這下報應來了。

第三天，電報工作正常，股價不斷傳來。阿納銅礦開市 298 美元，升到 302¾ 美元，但很快地開始回檔。整個股市似乎沒有想繼續升高的樣子。我打定主意，如果股價跌回 301 美元，我就認為這次 300 美元的突破是假突破。在正常情況下，股價應該毫無障礙地直衝到 310 美元，倘若股價沒有這樣運動，意謂著違反了先例，也意謂著我錯了。碰到錯誤的時候，唯一正確的應對就是停止錯誤。我帶著每股賺上 30 到 40 美元的幻想，買進了 8,000 股阿納銅礦的股票，這不是我第一次犯錯，也不會是最後一次 [99]。

毫無驚奇，阿納銅礦的股價跌回到 301 美元。一看到這個數字，我悄悄地走到電報員旁邊，輕聲對他說：「將我的阿納銅礦股票全部出手，8,000 全股全賣。」我不想要讓任何人知道我在做些什麼。

電報員抬頭吃驚地看著我。我點點頭說：「全賣了。」

「好的，李文斯頓先生，但您準備用市價單嗎？」他的表情很痛苦，似乎是如果有交易滑價，他自己會虧上幾百萬美元。我直接告訴他：「不管價錢，全部脫手。」

當時布萊克（Black）家族的兩名成員——吉姆（Jim）和奧利（Ollie）——正好在交易廳裡，他們看到我和電報員在對話。他們來自芝加哥，是手筆很大的作手，在芝加哥以炒作小麥期貨出名，現在則在紐約證券交易所興風作浪。他們相當有錢，投機的時候出手很重。

我離開電報員返回座位時，奧利對我點點頭，微微笑著。

「你會後悔的，賴瑞。」他對我說。

我停下來問：「什麼意思？」

「明天你會買回來的。」

「買什麼股票？」我問。除了電報員，我並沒有對其他人說過下了什麼單。

「阿納銅礦，」他說，「你明天要付 320 美元，你剛才做的事並不明智，賴瑞。」他還是笑笑。

「什麼並不明智？」我一臉困惑。

「堅持以市價單出手你手中的 8,000 股阿納銅礦。」他回答。

我知道他相當精明，而且總是以內線消息交易，但他怎麼知道我做了什麼，這讓我很困惑。我確信交易廳並未洩漏我的操作。

---

99 股市有個很難判斷對錯的問題，今天虧錢了，或許明天就會反過來！所以你必須自己建立對錯的標準，並且按照這個標準操作，碰到錯誤就要立刻修正。

「奧利，你怎麼知道的？」我問他。

他笑了起來，告訴我：「我從查理·格拉澤（Charlie Kraztzer）那裡得到消息的。」那是電報員的名字。

「但他坐在那裡根本沒動過啊？」我說。

「你和他耳語了什麼我聽不到，」他笑著說，「但我聽到了他將你的單子發給紐約總公司電報的每一個字。多年前，我曾為電報下單的錯誤和人大吵一架，從此專門學習了電報技術。從那個時候開始，我給電報員下單時，都要確定他發報的訊息是否正確。你會後悔賣了阿納銅礦的股票，它會漲到 500 美元。」

「奧利，這次不可能。」我回答。

他直盯著我說：「你倒是很自負。」

「不是我，是股價帶，」我說。雖然這裡沒有股價收報機，但他知道我在說什麼。

「我聽說，」他回答，「有些傢伙讀股價帶看到的不是股價，而是看到像鐵路時刻表一樣精確的股票進站與出站。這些傢伙知道怎麼保護自己不受到傷害。」

我還來不及回答，一位辦事員遞給我一份文件，他們已經以 299¾ 美元的價錢賣掉 5,000 股。我知道我看到的股價有些延後，下單時在棕櫚海灘看到的價錢是 301 美元，我相信當時在紐約的交易價比 301 美元還低。在當時那個情況，如果有人願意以 296 美元的價格接收我的全部股票，我會開心得不得了。這再次證明了我從不用限價單交易的正確性。假設我的限價單是 300 美元，我的交易單可能根本不會有買家。記住：當你想賣股時，把股票賣掉，別計較價錢。

我的進價差不多是 300 美元，他們以 299¾ 美元替我賣了 500
股，接著以 299⅝ 美元賣出 1,000 股、299½ 美元賣出 100 股、
299⅜ 美元賣出 200 股、299¼ 美元賣出 200 股，剩下的股票以
298¾ 美元賣出。最後的 100 股讓哈定的交易員花了十五分鐘才找
到買主 [100]，他們不想因為我的賣盤而砸垮了這檔股票。

接到最後的 100 股成交報告，我即刻著手這次上岸想做的事，
那就是賣空股票。我忍不住了，在這樣的熊市中居然反彈這麼多，
不就是在請我賣空嗎？還有就是股民又開始談論牛市的榮景。但股
價的波動形態告訴我，反彈已經到頂，現在賣空已經安全。這個操
作簡直不用動大腦。

第二天，阿納銅礦的股價在 296 美元之下開盤。奧利·布萊克
早早就進了交易廳，他看多股價，期待它會突破 320 元，希望目睹
這一幕的發生。我不知道他手邊到底有多少股票，或許沒有也說不
定，但他看到開盤價時臉上沒有笑容。下午的股價跌更多了，棕櫚
海灘交易廳收到的交易報告顯示，更低的價錢也沒人願意接手。

這些訊息對股票交易者來說足夠了。我不斷增加的帳面利潤也
證明了自己是正確的，而且我的正確每小時都在增加。很自然地，
我持續增加自己的賣空盤。我的賣空是整體性的，各種股票都賣！
這可是熊市，所有的股票都在跌。第二天是星期五，也是華盛頓的
生日 [101]，我無法繼續待在佛羅里達釣魚，我已經下注相當大的賣

---

100 當一檔股票突然碰到大筆的市價賣單，若沒人接盤會造成股價崩跌。
101 華盛頓（George Washington, 1732-1799）是美國第一任總統，他的生日是二月二十
　　二日，在美國是國定假日。

空盤；我必須回到紐約，棕櫚海灘實在太偏僻、太遠了，電報打來打去太浪費時間。

買賣股票不是紙上談兵

我離開棕櫚海灘準備回紐約。星期一，我不得不在聖奧古斯丁（St. Augustine）轉火車回紐約，轉車要等三小時。這裡有一家經紀商的交易廳，很自然地，我利用等火車的時間去查查股價。我看到阿納銅礦的股票又跌了幾點。記憶中，阿納銅礦的跌勢一直沒停過，直到秋天股市大崩盤。

我回到紐約，其後四個月都是空頭交易，我看空股市。股市一如既往，時不時會來個反彈，我就不斷平倉，再賣空，再平倉，再賣空。嚴格來說，我並沒有在賣空之後安坐不動。還記得我是怎樣虧掉在舊金山大地震賺到的 30 萬美元嗎？我的判斷正確，可是破產了。這次我追求安全，一個人跌倒了，能夠再次站起來實在不容易，就算還沒回到以前的位置也不在乎。想賺錢就必須努力，想賺到大錢就必須找到正確的時間點做正確的事。投機這門生意的理論和實踐一樣重要，一位投機者不可以僅僅做學生紙面學習，他必須同時實踐操作。[102]

我的成績不錯，雖然回頭看我當時的整體策略仍有缺陷。夏天來了，股市開始變得枯燥無味，我認識的朋友大都去歐洲度假，看樣子要到秋天股市才可能有行情。我認識的人都去了歐洲或者正準備去，我覺得自己也該去轉轉。我清空了股票，駛向歐洲。這時我的帳戶裡大概有 75 萬美元，對我來說，這是相當不錯的一筆本金。

我到了法國的艾克斯萊班（Aix-Les-Bains）盡情享樂，我為了賺這次度假花了不少心力。這是個漂亮地方。我身上有錢，周圍有朋友，大家都心情愉快，試圖享受一段美好時光。華爾街很遠，我不去想。在美國很難找到這樣的度假地。我不想聽人談論股票，也不需要交易股票，手邊的錢足夠我逍遙很久。當然，重要的是我知道回到美國後，如何將夏天在歐洲度假所花的錢更多地賺回來。

有一天，我看到《巴黎前鋒報》（Paris Herald）從紐約發回一份報導，提到美國冶煉（Smelters）宣布給付額外股利。內部人士已將美國冶煉公司的股價炒作到相當的高度，整個股市也經歷了強勁反彈。這讓我在艾克斯萊班坐不住了。這則新聞簡單地敘述了一個事實，那就是有批做多的作手不顧經濟狀況、違反常識，很沒有道德地試圖哄抬股價。他們知道風暴就要來了，他們努力在股市崩盤前找最後一批傻瓜，將自己手中的股票高價出手。當然，也有可能這些人並不像我一樣真的認為危險迫在眉睫。華爾街的大亨們經常自我幻想，和政客或普通傻瓜沒什麼兩樣。我自己可不能那樣思考。投機者如果讓幻覺左右是致命的。股市中或許只有新股的推銷員，可以讓自己沉浸在幻想中。

我知道在熊市中進行多頭操縱注定會失敗。讀完這則報導後，感覺不賣空美國冶煉不舒服。他們居然敢在市場現金如此稀缺的時候特別分紅，這就像是給我賣空他們股票的邀請函。他們像在進行挑戰賽，看我敢不敢賣空股票與他們對做。

---

102 真知灼見通常來自現實，只靠讀書學會的是紙上談兵。

我拍電報回紐約下單賣空美國冶煉，並建議朋友也一起做空。當我收到成交報告時，價錢已經比我在《巴黎前鋒報》看到的低了6美元。你可以想像當時的情況。

我原先的計畫是月底回巴黎，停留三個星期後再搭船回紐約。現在收到證券行的成交報告，我馬上回到巴黎，詢問船票情況。得知第二天就有快船到紐約，我即刻訂了票。

做對了，股市就給錢

現在我人在紐約了，比原計畫早了一個月。當你賣空股市時，身在紐約讓神經最放鬆。我手邊有超過50萬美元現金可操作。這次提早回來並不是我急於在熊市下注，而是來自我的理性選擇。

我賣空了更多股票。市面上流通的現金愈來愈少，銀行拆借利息也不斷升高，股票價格一步步低落，這一切如同我的預見。曾經我預見正確，但破產了；現在我預見正確，我賺錢了，我很開心。股票交易者真正的快樂，就是在內心深處知道自己走在正確的軌道上。我知道要學的還很多，但我已經知道該學什麼，不再在無知中掙扎，不再需要嘗試那些似是而非的方法。讀盤是遊戲很重要的一環，同樣重要的還包括正確的起始時機和判斷正確時安坐不動。但我最最重要的發現是，股票交易者必須研究市場總體狀況，依此狀況推測市場的下一步方向。說簡單些，我學到的是，想賺錢就必須不斷做研究。我不再盲目下單，也不糾纏於具體交易的一些小技巧。我現在的取勝之道是努力學習和冷靜思考。當然，我明白沒人可能不犯錯，犯錯就要付出代價。但當你正確的時候，股市給錢也

是很大方的。

　　我的券商賺了不少錢。我自己的操作相當成功。有我這樣的客戶，券商四處炫耀，當然，不乏誇大之詞。我被歸咎為很多股票大跌的推手，時不時都有我叫不出名字的股友走向前向我祝賀。他們都認為，最好的東西就是我從股市賺到的錢。他們絕口不提我一直向他們建議的空頭交易。他們認為我是頭充滿報復心的瘋熊，對他們而言，我預測到貨幣市場現金流動將出問題的遠見不值一提，唯一值得稱頌的是，我的股票經紀人要用一滴墨水的三分之一，才能寫完我賺到錢的長長數字。

　　朋友們會來告訴我，很多不同的證券商都在傳聞，哈定兄弟的豪賭少年痛擊了那些試圖無端拱高股價的做多私募。但事實是，股市本身早就在尋求更低的價位。直到今天，人們還對我的做空操作津津樂道。

　　九月下旬開始，貨幣市場不斷用擴音喇叭向全世界發布警訊。但股民手中還持有股票，他們總是在期待奇蹟，不肯脫手[103]，或許你會好奇為什麼？十月的第一週，一位經紀人告訴我一個故事，讓我對自己的克制感到愧意。

爆發金融史上災難性的恐慌

　　你記得，當時借款的手續通常是在交易廳旁邊的借貸亭進行。

---

103 很多投資人因為手中握有股票，所以看多股市，這是十分有害的情緒。

經紀人一旦收到銀行的還貸通知，就知道他們需要再借多少錢。當然，銀行知道自己有沒有錢，還有錢出借的就會將這些錢送到交易廳。這些錢通常由幾家專營短期借貸的經紀人管理，中午左右會貼出最新利率，基本上是這段時間借貸利率的平均值。這個生意通常透過競價進行，一切都是公開，所以發生什麼大家都知道。中午十二點到下午兩點之間，一般沒什麼生意，過了下午兩點十五分的股票交割時間，股票經紀人就會知道自己手邊有多少現金，不夠就到借貸亭借，有多的則到借貸亭借出去。這一切也是公開進行。

到了十月初，一位經紀人跑來告訴我，如果哪位經紀人有閒錢出借不需去借貸亭，因為會有大券商在一旁盯著，看誰手上有閒錢就先下手為強。當然，沒有任何從事公共借貸的貸款人會對這些大客戶說不。這些券商有足夠的抵押。問題是，一旦這些錢借了出去就回不來了。券商會一直說手邊沒現錢而要求不斷延期貸款。如此一來，那些有錢出借的證券行就不再到借貸亭找麻煩，而是直接在交易廳找下家，他們會問相識的朋友：「要一百嗎？」意思是：「要借 10 萬美元 [104] 嗎？」代表銀行的貨幣經紀人也採用了同樣的做生意方式，借貸亭的生意就此一蹶不振。

他還告訴我，在十月的這幾天，證券交易所借錢的利息變成由借款人自己說願付多少，利息的年利率在 100 到 150% 之間浮動。我猜，由借款人來說自願付多少利息可以減少放款人放高利貸的罪惡感，他們賺到的利息沒有減少。放款人當然不會嫌利息太高。整個遊戲很公平，大家都付這麼多，借款人也很高興得到了錢。

情況愈來愈糟！終於，痛苦的時刻到來了。那些憧憬牛市的樂觀者和一廂情願的幻想者都不得不面對現實：他們一開始不願意小

虧停損，現在必須準備無麻醉截肢。我永遠也不會忘記這一天：一九〇七年十月二十四日。

一早，從貨幣市場傳來的報告表明借款人已經沒有選擇，只得依照放款者要求的利息付款。市場已經沒有足夠流動資金。這一天想借錢的人特別多。到了下午的股票交割時間，在借貸亭打轉的經紀人不下百人，因為公司需要現金，每一位經紀人都打算能借多少是多少。如果沒有這些錢，公司將被迫賣掉手邊融資買入的股票。但現在賣股票根本找不到下家，買家和現金一樣都消失了。市面上連 1 美元都看不到。

我朋友的合夥人和我一樣看空股市，他的證券行不需要借錢。但朋友看到借貸亭周圍那些焦慮的面孔，便跑來找我，他知道我重手賣空股市。

他說：「上帝啊，賴瑞，我不知道將發生什麼事，我從未看過這麼糟的情況，要發生大事了。看來所有人都要破產了，股票想賣都無法脫手，市面上沒人有錢。」

「什麼意思？」我問。

他回答：「你聽說過在課堂上做的一種老鼠實驗嗎？將老鼠放進一個玻璃鐘罩內，然後抽出裡面的空氣。老鼠開始喘得愈來愈急，像風箱一樣，試圖從逐漸稀薄的空氣中獲得足夠的氧氣。你看著牠窒息，眼睛突出，喘著死去。這就是我在借貸亭看到那些人表情時的感觸。誰都沒有錢，持有股票也賣不出去，因為沒有買家接

104 十萬的英文讀成一百個一千（a hundred thousand）。

手。我的意思是，整個華爾街在此刻破產了！」

這令我陷入沉思。我預計會發生大跌，但沒預計到會發生有史以來最慘烈的大恐慌。倘若恐慌延續的話，任何人都得不到好處。

終於，很明顯，即使等在借貸亭旁邊也沒用，任何地方都借不到錢。地獄之門打開了。

那天稍晚，我聽說紐約證券交易所總裁湯瑪斯（R. H. Thomas）外出尋求緊急救援，他知道所有交易所的會員都面臨災難，於是致電給全國城市銀行[105]總裁詹姆斯·斯蒂爾曼（James Stillman）；全國城市銀行是當時全國最有錢的銀行，銀行的口號是「我們貸款的利率不超過 6%」。

聽完紐約證券交易所總裁的陳述，斯蒂爾曼告訴湯瑪斯：「湯瑪斯先生，我們需要去見摩根先生，聽聽他的意見。」

期盼能防止金融有史以來最具災難性的恐慌，兩位攜手進了摩根財團的辦公室。見到了摩根先生。湯瑪斯先生說明了情況。聽完之後，摩根先生說：「請回交易所，告訴大家錢不是問題。」

「錢在那裡？」

「錢在銀行！」

摩根先生的聲譽不同凡響，湯瑪斯得到保證後立刻回到交易所，向那些被判了死刑的會員宣布說大家有救了。

隨即，不到下午兩點半，摩根先生派了和自己關係密切的約翰·安特伯里（John Atterbury）過來。安特伯里是位有經驗的經紀人，他迅速走近借貸亭，像布道會上發表演說般舉起雙手。焦急的群眾原先已經因為湯瑪斯的宣布而平靜下來，現在又開始焦躁起來，害怕救援可能來不及，情況會變得更糟。但當他們看到安特伯

里的面孔和他舉起的雙手，群眾安靜下來。

周圍像死亡一樣靜寂。安特伯里對大家說：「我被授權出貸1,000萬美元。不要慌張，這筆錢足夠滿足所有人的需要。」

他開始辦理手續。他並沒有直接給借貸銀行的名字，而是將每位借貸者和需要的金額寫了下來，並告訴他們：「我們會告訴你錢在哪裡。」他的意思是，會告訴那些借貸者去哪間銀行取款。

我聽說一兩天後，摩根先生給紐約各家驚恐不安的銀行打了電話，告訴他們必須提供紐約證券交易所需要的資金。

「但我們自己也沒錢，能借的全都借出去了。」銀行表示抗議。

「你們還有儲備金。」摩根斷然說道。

「可是我們的儲備用金已經低於法定限額了」銀行哀嚎著。

「用掉儲備金，那不就是為了這個時刻而準備的嗎？」銀行屈服了，他們清了倉底，找到大約2,000萬美元。這些錢解救了股票市場，銀行的恐慌則在幾個星期後出現。摩根先生成為大英雄，他實至名歸。

當一天國王

這是我身為股票作手生涯中印象最深刻的一天。這一天我的利潤超過100萬美元。這個成績標誌了我第一個仔細規畫的實盤操作取得了成功。我事先的預測都實際發生了。但對我最有意義的是，

---

105 全國城市銀行（National City Bank）是美國花旗銀行（Citibank）的前身。

我實現了一個從小就有的瘋狂夢想：當一天國王。

容我更詳細解釋：到紐約多年，我一直無法像在波士頓的賭館一樣，從正規的股市中不斷賺到錢。而我在波士頓開始賺錢時不過是個年僅十五歲的孩子。我不斷地絞盡腦汁尋求答案。我相信自己總有一天會找到出錯的原因，不重複犯錯。我將不僅有追求正確的意願，還有追求正確的知識。這將是力量！

別誤解，我不是在作白日夢，或虛榮心作祟。我有感覺，我感覺到在富勒騰或哈定證券行令我困惑的股市謎團終有一天會被我破解，我相信這一天會到來。而它終於來了，日期是一九〇七年十月二十四日。

我把日期訂在這一天是有原因的。那天早上，一位知道我有很大賣空盤的經紀人朋友和一位大投資銀行的合夥人一同搭車到華爾街，朋友將我瘋狂賣空的故事告訴這位銀行家。他說得沒錯，我看到機會出手必重，如果看到機會卻還縮手縮腳有什麼意思？

或許這位經紀人朋友有點誇大，當然誇大會讓他的故事聽來更吸引人，也或許留意我的人比我自己想像的還要多，又或許這位銀行家知道金融市場的情況是何等嚴峻。總之，朋友事後告訴我，他說：「那位銀行家饒富興致地聽了他轉述我的推測，即股市一旦再被推上一兩次將如何真正的慘跌。他講完故事後，銀行家說下午可能有事情要他幫忙。」

證券行發現，無論股價多低，買盤都不出現。我知道時機到了，我讓我的經紀人到人群中出價。為什麼？想想看，像聯合太平洋鐵路這樣的股票都沒有買盤，無論股價多低都沒有買主，而其他股票的情形也大同小異。市場上沒有買股票的錢，也沒有買股票的

人。

　　我的帳面利潤數字已經非常大。毫無疑問的是，如果我此時對聯合太平洋鐵路和其他五、六家不錯的公司各再賣空 1 萬股，股市的地獄之門將被打開。這麼一來，股市的恐慌強度和廣度都不可控制，政府可能只好暫時關閉紐約證券交易所停止交易，就像一九一四年八月第一次世界大戰爆發。

　　我如果真的那麼做，帳面上會多一大筆利潤，但這些帳面獲利很可能無法變現。還有其他需要考慮的因素，其中之一就是股市繼續下跌，可能會延遲下一波的經濟復甦，而且這樣的大崩盤對國家整體來說損害極大。

　　我想通了，如果繼續做空交易是不理智的，也不會有愉快的結果，那麼保留這些賣空的股票就邏輯不通了。於是我開始買股平倉。

　　我的多位經紀人開始在市場上替我買股，當然，我付的是最低價。不久，銀行家找上我那位朋友。

　　「我希望你轉告你朋友李文斯頓先生，我們希望他今天不要再賣空股票了，股市承擔不了更多的壓力。就現在的情況來看，就算要避免一個毀滅性的恐慌都很困難了。呼籲一下你那位朋友的愛國精神，為了大眾的利益，有時需要犧牲一點個人利益。你朋友若有回答請轉告。」

　　我朋友很有技巧地將上述訊息轉告給我。他的態度讓我覺得，他可能認為他在要求我放棄一個賺取 1,000 萬美元的機會，他知道我一直試圖砸低股市，也知道我對那些大亨的一些做法有意見，這些華爾街銀行家知道股市狀況不佳，還是不斷地向市場推銷新股。

現在的實際情況是，這些大亨自己也是受害者。我以最低價買進的股票很多就來自這些知名的金融大亨。我當時還不知道這些，但沒關係。我已平了所有空倉。如果沒人繼續賣空砸市，我覺得還可以便宜買進，這會讓股價復甦一些。股市太需要它了。

　　我告訴朋友：「請回去告訴布蘭克先生，我同意他的分析。在他請你找我之前，我就明白市場的嚴峻情況，我不僅今天不會再賣空，還會盡量買進股票。」我說到做到，那天我總共買入了 10 萬股的股票，這不是買來平空倉的，而是真正買入持有。其後整整九個月，我沒有賣空任何股票。

　　這就是我為什麼對朋友說我的夢想實現了，這一刻我就是王。在那天的某個時刻，股票市場完全無力抵抗任何空頭打擊，是我手下留情。但我沒有自傲自大，你知道我對被人攻擊時的感覺，我常常為自己的操作被華爾街的流言誇大感到無奈。

　　我從股市全身而退了。報紙報導說，賴瑞‧李文斯頓，著名的豪賭少年，從股市賺了幾百萬美元。確實，那天結束時，我的身家超過了 100 萬美元。但我最大的收益並不是金錢，我最大的收益是不可見的。我從開始做正確判斷，到預測結局，為過程中的每一進展訂定了詳細的應對計畫。我學會了從股市賺大錢的行動步驟，永久地從賭徒階層畢業了。我終於學會如何理智地規畫大規模交易。這是難忘的一天。

　　從讀盤賺價差到判斷大勢進行大規模操作，這是每一位股市交易者期待的進步道路。你、我和未來的股市參與者都期待自己能夠走完這個路程，並成為成功者。再回頭閱讀前面的章節，看看主人翁是如何一步一腳印地走到今天的地位，他的學習過程和這個過程的經驗累積，值得每位投資人思考自己的學習步驟。你留意到從股市學校畢業應該具備哪些能力嗎？請重讀本章最後一段。

第 10 章

戰勝人性的弱點

　　價錢會依照最小阻力線運動。無論什麼方向，只要阻力最小，它就會朝著那個方向進行。因此，如果上漲的阻力小，價錢就會往上走；如果下跌的阻力小，價錢就會往下走。

　　雖說研究錯誤的教訓不見得會比研究成功的經驗更得益，但人的天性是逃避懲罰，當你為某個錯誤付出代價，不會希望再付一次同樣的代價。在股票市場，所有錯誤都會重擊你的兩個柔軟部位：財產和虛榮心。股票市場還有個很奇特的現象：有時投資人明知自己在犯錯卻收不了手，事情過後又會問自己為什麼犯這樣的錯誤。或許經過長期冷靜的思考、痛定思痛後，他終究會得到結論。這個結論包括錯誤是如何發生？什麼時間發生？出錯點是什麼？然而這個結論不包括這個錯誤為什麼會發生。他會簡單地罵自己混蛋，然後就讓事情算了。[106]

　　當然，如果一個人既聰明又幸運，他不會犯兩次同樣的錯誤。

---

106 有多少人會在虧錢時自省？事實是，自省會相當快速地提高個人對股市的認知。

但錯誤有一萬個兄弟和堂兄弟，不完全一樣卻很相似，錯誤家族如此龐大，隨時都有一位成員在你身邊。[107]

不停損是對財產和靈魂的最大傷害

我的第一個百萬美元級的錯誤要回溯到一九〇七年十月的股市大跌，它讓我首次成為百萬富翁。就交易而言，多了 100 萬美元不外乎意謂著我的交易本金更多了。金錢數字的增加並不會帶給股票交易者更多的舒適感，因為無論貧富，他都可能犯錯，犯錯從來都不舒適。一位百萬富翁從股市多賺了錢，多出來的錢就像家裡已有了很多傭人但又多了一位，雖然更方便，但沒那麼重要。至於虧錢，我根本不在乎，只要一停損，隔夜我就把它忘了。犯了錯卻不肯停損，那才真正對自己的財產和靈魂造成雙重損害。[108]

還記得迪克森・瓦茲[109]說的故事？有個人緊張到睡不著，朋友問他發生什麼事。

「我睡不著！」緊張者說。

「為什麼睡不著？」朋友問。

「我買進太多棉花合約，只要想到棉花就睡不著。我快瘋了！我該怎麼辦？」

「將合約賣到你睡得著為止。」朋友回答。

通常來說，一個人會很快地調整自己以適應周圍環境，但結果往往忘記了自己的過去。他感覺不到過去和今日的差異。舉例來說，一位百萬富翁會很快忘記自己不是百萬富翁的時候是怎麼樣的，他只會偶爾記得一些以前做不到的事但現在可以做了。一個年

輕人用不了多久就會失去節儉的習慣，但重新學會節儉需要的時間可就長多了。我認為金錢增加了人的欲望，甚至鼓勵欲望的膨脹。一個人一旦從股市賺到錢，他很快就會忘了節儉，如果這些錢在股市虧掉了，要很久才能戒掉亂花錢的習慣。

自一九○七年十月我平掉空倉、買股做多後，我決定放鬆一段時間。我買了一艘遊艇，打算到美國南部的海域遊船。我特別喜歡釣魚，我要好好享受人生，期待盡早成行，但我總是走不了，市場老扯著我。

觀察市場，目的是預測價格走向

這些年來，我一直同時交易期貨和股票，從早年在賭館時就這樣。我研究期貨市場多年，用功的程度或許比不上股票市場，但事實上，我喜歡炒作期貨多過股票，至少炒作期貨比在賭館買賣股票更具合法性。期貨也比股票更讓人感受到商業上的用途，你可以用解決商業問題的思路來分析期貨市場；你可以用奇思妙想來分析期貨，雖然短期可能會瞎貓碰死老鼠，但通常基本面會決定最後的輸

---

107 每一次犯錯都會似曾相識，但相似的錯誤總是不斷發生，這是所有股票投資人的共同經歷。

108 此處強調停損的重要。買賣股票如同做生意，總是期待資金升值，但投資就會有風險，停損是敗而不倒的唯一手段。

109 迪克森・瓦茲（Dickson G. Watts）於一八七八至七九年擔任紐約棉花交易所總裁，是美國史上最厲害的投機交易者之一，著有《投機的藝術》（*Speculation As a Fine Art and Thoughts on Life*）一書。

贏。交易者的最終勝利來自於分析和觀察，這和從事其他行業沒有不同。期貨交易者觀察和衡量市場情形，沒有那麼多內線消息，也沒有那麼多的內線團體。無論是棉花、小麥還是玉米，不會有紅利突然被削減或增加的新聞。長期而言，期貨價錢只遵循一個規律：市場的供銷平衡。期貨交易者唯一要做的功課是研究產品的供銷情況，包括今天和明天的情況。他不需要像股票交易者一樣要為許多意外進行猜測。我一直對交易期貨懷有濃厚興趣。

投機市場有些東西是共通的，例如股價帶給出的漲跌訊息是共通的。還有就是動腦筋！如果一個人思考的話，先提個問題，再分析解決問題的方法，答案往往就有了，這個道理也共通。但一般人不喜歡提問，更不喜歡找答案。一般美國人如同密蘇里州的居民，平常小心謹慎 [110]，一走進證券經紀人辦公室讀股價帶的時候就放鬆警惕。在最需要小心謹慎的遊戲面前，他們往往最不小心謹慎，隨意就將自己一半的身家投入冒險，花費的思考可能不及選擇一輛中等檔次汽車。

讀盤的技能並沒有想像的那麼神祕！當然，你需要經驗。更重要的是，你需要牢記交易的一些基本原理。讀盤不是算命，股價帶不會告訴你下週四下午一點三十五分你的財產有多少。讀盤的目的首先是決定交易的方向，是空頭或多頭，其次決定交易的時機。不管交易對象是股票還是棉花、小麥、玉米或燕麥，道理都一樣。

你觀察市場，觀察股價帶上的價格如何變動，目的只有一個，那就是預測價錢的走向。價錢要麼上漲、要麼下跌，依據碰到的阻力而變化。簡單地說，價錢會依照最小低阻力線運動，無論什麼方向，只要阻力最小，它就會朝著那個方向進行。因此，如果上漲的

阻力小，價錢就會往上走；如果下跌的阻力小，價錢就會往下走。

等待最小阻力線的形成

無論是牛市或熊市，趨勢進行一段時間後大家都能看清楚。如果你有開放的思維、過得去的觀察力，基本不會錯。如果一位投機者嘗試按照自己的希望來解讀趨勢，那就愚笨至極。一旦清楚了價格是走牛還是走熊，該買還是該賣也就清清楚楚。所以，對一位交易者來說，怎麼決定趨勢的起點至關重要。

舉例來說，價錢的波動範圍是 10 美元，高點 130 美元，低點120 美元，不斷探頂摸底上下波動。在底部時顯得很疲弱，漲了 8 至 10 點後又顯得很強勁，這種象徵式的強弱不該是交易者買賣的依據，他應該等待股價帶給出買賣時機成熟的訊號。在實盤博弈中，交易者因為「覺得」股價低而買入，或者因「覺得」股價高而賣出，造成千百萬美元的虧損。投機者不是投資者，思路不一樣。投機者的目標不是要得到穩定的回報，而是在自己操作的投機產品藉由低買高賣賺價差。所以，投機者需要找到交易時刻的最小阻力線，順著這條線交易。他需要做的就是等待，等到這根最小阻力線明白地形成了的第一刻，而這一刻就是買或賣的交易時機。

倘若股票交易者透過讀盤判定股價在 130 美元時的賣壓強過買壓，理性的推論是股價應該隨之向下。假設一位讀盤交易者看好股

110密蘇里州是美國的一個農業州，人民個性保守。

價將漲到 150 美元而買入，一旦看到股價在 130 美元出現賣壓強過買壓的情況，他的信心便會動搖，在股價下跌時停損小虧離場。這時他也可能看跌股票，反手賣空。但等到股價跌到 120 美元時，買壓大過賣壓，股價來個反彈，賣空者又急著平倉。一般大眾就是這樣經常被兩面抽打，遺憾的是大家就是不肯學乖。

最終，這樣的股價區間波動會被某種力量打破，向上的買壓或向下的賣壓會破壞原先的阻力點和支撐點。具體來說，股價在 130 美元時會發生買壓強過賣壓的情形，或股價在 120 美元時發生賣壓強過買壓的情形。這時股價就會偏離原先的波動區間，尋找新的區間。一般來說，股價 120 美元時看起來很疲弱，會有一批人賣空；股價 130 美元時看起來很強勁，會有一批人做多。一旦股價走向和他們原先的預期不同，他們就不得不改變主意並採取行動。這些變動會更清晰地界定出股價的最小阻力線。因此，聰明的交易者耐心等待這條最小阻力線的形成，不僅等待基本面的幫助，也等待市場其他交易者犯錯後不得不改正錯誤，這兩股力量都幫助股價順著最小阻力線運動。

讓我再做些說明，這些說明並不是數學的定理或投機的公理。我的經驗是：意外事件，即那些無法預期或無法預見的事件，常在最後幫我在股市賺到了錢，前提是我下注時順從了最小阻力線。還記得我說過在薩拉托加泉操作聯合太平洋鐵路的故事，當時的最小阻力線向上，因此我買多持股。我的正確做法是持股不動，而不是聽從經紀人有關內部人士正在賣股的勸告。我不在乎公司董事們在想什麼，也不可能知道，唯一知道的就是股價帶給出的訊號──股價向上。果然很快就發布增加股利的消息，股價向上彈跳 30 點之

多。每股 164 美元的股價看起來很高，但我前面說過，沒有「股價太高不能買或太低不能賣」這回事，股價本身與最小阻力線的方向無關。

在實際操作中，如果你按照我說的方法交易，會發現股市收盤後隔夜發生的事件，其影響力往往順著最小阻力線的方向進行。新聞發生之前，走勢已經建立，如果最小阻力線的方向看多，空頭的消息往往被忽視，多頭的消息就被放大；反之亦然。第一次世界大戰發生前，股市十分疲弱，隨後德國發布了潛艇使用規則，我當時賣空了 15 萬股的股票，我並不知道德國會傳來這樣的消息，只是按照最低阻力線布局。這消息是天上掉下來的好消息，我當然不會放過，於是當天我平了空倉。

聽起來很簡單，所要做的似乎就是盯著股價帶，找到阻力點，順著最小阻力線的走向交易。但在實際操作中，一個人有太多需要戰勝的東西，其中最重要的就是戰勝自己，換句話說，你需要戰勝人性。這就是為什麼我說當一位交易者做對了，他總有兩位忠誠支持者，一位是市場的基本面，另一位是在市場中犯錯的交易者。在牛市的時候，空頭的訊息總是遭到忽略，這是人性。但一般人在事後往往會對這個現象覺得奇怪！你可能聽到有人說今年的小麥收成完蛋了，因為有些地方發生災害，農民遭受巨大損失。然而當收成的時候到來，大家都將收成物放進倉庫，那些認為小麥價格會因災害而升高的多頭交易者就會發現，小範圍的災害對總體的小麥收成造成的影響其實微不足道，多頭交易者的買盤只是讓小麥的賣主賣了一個好價錢。

預測行情不要固執己見

交易者在期貨市場操作時，他不可以將自己的思維困死在一個方向，他必須非常靈活，思維開闊。無論你對作物收成持有什麼看法，任何情況下都不該忽略股價帶所給出的資訊。記得我曾因嘗試抓取走勢的起點而失去一個有利潤的操作，當時我對基本面信心十足，覺得自己不需要等到最小阻力線已經成型就可以入市，甚至認為可以用自己的操作來促進最小阻力線的建立。

我當時看多棉花市場，一包棉花的價錢在 12 美分左右的小範圍裡波動。我看清楚棉花的交易區間，知道正確的做法就是等待棉花的價錢走出這個交易區間。但我想，若我施加點助力，棉花的價錢或許會打破價錢的上限。

我買了五萬包棉花。如我所料，棉花的價錢漲上去了，但我一停買，價錢就不漲了，隨即跌回我開始買進的位置。等到我脫手賣掉，棉花價錢也立刻停止不跌。我想棉花的價格應該開始重新一個走勢了，或許我能再幫助這個走勢起個頭。於是我再次出手，歷史再度重演。每次我一買入，棉價就上漲，我一停下來，棉價就下跌。這個過程重複了四、五次，我終於厭了。這幾個來回大約虧了我 20 萬美元，夠了，我放棄不玩了。讓人跌破眼鏡的是，過沒多久，棉價開始上揚，一路不回頭，一直漲到令我瞠目的價錢。如果我不是心太急而是等到走勢真正開始才入市，我將大賺一筆。

這個經驗是許多交易者的共同經歷，我可以給出以下規則：在小區震盪的市場，如果價錢只是在區間波動，沒有方向，任何人都不該去嘗試預測下一波行情的價格漲跌方向。你唯一應該做的就是

觀察市場，留意股價帶的數字，確定震盪的上限和下限，提醒自己在價格突破上限或下限之前不要交易。一位投機專家要關注的是如何從市場賺錢，不是讓價格聽從自己的預測。永遠不要和價格爭論，也不要為價格波動找理由或找解釋。事後反思沒有紅利。[111]

上漲往高買，下跌往低賣

不久前，我和一群朋友聚會，大家都在談論小麥，有些人看多，有些人看空。最後，大家問我的意見。當時我已對小麥市場做了一些功課，我知道大家想聽的不是我收集的數據或對市場的分析，所以我說：「如果想從小麥賺錢，我可以告訴你們怎麼做。」

大家都說很想，於是我說：「如果你們真想賺錢，就耐心等待，等到小麥的價錢一越過 1.20 美元就馬上買進，有機會賺些快錢。」

「為什麼不是現在買呢？現在的價錢才 1.14 美元？」其中一位問道。

「因為我現在還不確定它會不會漲。」

「那為什麼 1.20 美元才買？這價錢讓人覺得很高。」

「你是想在市場盲目賭一場來博大回報，還是希望理智地安排操作，獲取小一些但比較確定的利潤？」

---

111 很多投資人常常忘了買賣股票的目的是要賺錢，而不是和股票賭氣，讓股票聽從自己。倘若股價沒有照你認為的上漲，不要計較，立刻停損離場。

大家一致認同寧願賺少一點，也要有確定的利潤。因此我說：「那就按照我說的做，價錢超越 1.20 美元才買進。」

　　我說過，我觀察小麥市場有很長時間了，它在 1.10 和 1.20 美元之間徘徊了好幾個月，一直處於區間震盪，沒有方向。終於，有一天小麥收盤價在 1.19 美元之上，我做好準備。第二天它以 1.20½ 美元開盤，我立即買進。接下來價格從 1.21 美元、1.22 美元一直漲到 1.23 美元、1.25 美元，我讓利潤奔跑，一路追隨。

　　直到今天，我也沒辦法確實告訴你當時到底發生了什麼。我不知道為什麼小麥在小區間震盪，也不確定小麥價格應該會突破高位 1.20 美元還是跌破低位 1.10 美元，我只覺得，突破高位的可能性更大一些，我自己的研究是當時小麥短缺，價錢不應該下跌。

　　事實上，那時歐洲正靜悄悄地不斷在收購小麥，相當多的投機交易者在 1.19 美元的價格賣空小麥。由於歐洲的購買和其他一些原因，許多小麥庫存被抽離市場，市場短缺最終帶來了大行情。我觀察價格指標，盯著 1.20 美元，我所需要的就是等待這個價位被突破。我知道這個價錢一旦被突破，行情就啟動了。換句話說，一旦小麥價格超越 1.20 美元，價錢走勢的最小阻力線就建立了。

　　我記得那天是假日，我們這裡所有的交易所都關門休息。加拿大溫尼伯（Winnipeg）的小麥市場每蒲式耳 [112] 跳升了 6 美分。美國市場第二天開盤，也開高了 6 美分，價錢順著最小阻力線不斷上漲。

　　以上就是我交易系統的精華，這個系統建立在讀盤之上，我研究的是價錢最可能的運動方向。我還用其他的試驗來修正我的交易，這些試驗通常在我入市後透過觀察價錢的波動進行。

你可能想像不到，許多很有經驗的作手聽到我說自己買漲時一定高位買，賣空時一定低位賣，否則寧願不操作時，露出滿眼的不可置信。如果交易者能夠遵守操作規則，賺錢實在不是件難事，而這個規則首先就是等待，等待最小阻力線成型。如果盤感給出向上的指示，你一路往高買；如果盤感給出下跌的指示，你一路往低賣。買股一定往上買，但不要一次買足，例如第一筆只買進五分之一，如果帳面上沒有利潤，不要買第二筆，顯然第一筆可能有錯。雖然這個錯誤可能是暫時的，但無論何時，錯誤都不會帶來好處。注意，有時向上的盤感可能沒有錯誤，但讓人覺得向上趨勢不確定，原因是「時間未到」。

有很長一段時間，我交易棉花一直賺錢。我有自己的一套方法，完全是按照自己這套方法操作。假設我打算買入或賣空四萬到五萬包棉花，我會先研究它的價格走勢，首先決定交易的方向。如果最低阻力線的方向表示走勢向上，我會先買入一萬包棉花。買入之後，如果棉花的價格從我的買價再漲了 10 點，我會加碼一萬包。其後，如果我能有 20 點的利潤，也就是每包賺 1 美元 [113]，那我就會再買兩萬包。這時，基本上暫時滿足了我的交易需求。如果一開始的一萬或兩萬包棉花進貨讓我虧錢了，我會停損走人，認錯出場，儘管我的錯誤可能只是暫時的，但我先前解釋過，任何時候堅持錯誤都沒有好處。

---

112 蒲式耳（bushel）為美國和英國通用的容量和重量單位，通常用來表示農產品的重量，通常每一蒲式耳在美國約等於 35.238 公升，在英國約等於 36.368 公升。
113 當時棉花的期貨價為 5 美分一跳，20 點正好是 1 美元。

這個交易系統的特點是，任何時候棉花若有行情，我都在場內。在買入我的交易全額的過程中，我可能浪費掉 5 萬或 6 萬美元來測試交易方向是否正確，看起來是昂貴的實驗，但其實不貴。走勢一旦開始，不用多久，這些錢就回來了，花了這些錢讓我能夠在正確的起始時間買入預期的額度。在正確的時間做了正確的事情一定有錢賺。

希望時恐懼，恐懼時希望

以上說明了我的下注方法。從數學上來看道理很簡單：當你贏的時候，希望在檯面的賭注大一點；當你輸的時候，希望輸掉的是小賭注。任何人按照我的方法，總會在下大注時賺上一筆。

每一位專業的交易者都有自己的系統，通常來自於經驗的總結，再依靠自己的交易個性或期望控制系統的運作。記得我在棕櫚海灘時碰到一位老紳士，他的名字我記不起來，只知道他在華爾街混了相當長的時間，在南北戰爭時就很活躍。有人告訴我，他是一位很有經驗的老怪人，經歷了許多股市的大起大落，他喜歡的一句話是：「太陽底下沒有新鮮事，股票市場更沒有新鮮事。」

老先生問過我很多問題，當我介紹完我常用的交易體系，他點頭對我說：「沒錯，沒錯，你做得很好。你的方法和思路使得這個交易系統特別適合你自己。這個系統很容易實踐，按照這個系統下注若虧了錢，也不會是你在乎的數字。」這讓我想起了帕特‧赫恩（Pat Hearne），聽說過這位嗎？他是著名的賭徒，在我們那裡有個交易戶口，很聰明但有點神經質。他買賣股票賺了點錢，所以不斷

地有人向他尋求指導。他從來不好為人師，如果有人將自己的操作方法請他評估，他喜歡借用賭馬的諺語回答：「只有下過注才知道！」他在我們的證券行交易，通常會先買 100 股活躍的股票，如果股價漲了 1%，他會再買 100 股，再漲一點就再買 100 股，不斷地往上買。他常說自己買賣股票不是在替別人賺錢，如果股票從他買入的最後一筆跌了 1 點，他就會停損全數賣出。只要股價不斷向上攀升，他就會將停損點跟著向上提升，下跌 1% 便停損賣出。他的說法是他看不到跌了 1 美元還不脫手有什麼道理？這 1 美元是初始投資還是帳面利潤沒有區別。

「專業賭徒不做長期投資，他們尋找的是確定的利潤。如果長期投資也能提供確定的利潤當然也成。在股票市場，帕特從來不追尋小道消息，也不期待每週 20 點的大行情，他追求的是穩定的收入過個好日子。我見過好幾千華爾街尋夢人，帕特·赫恩是唯一一位將股票投機當成類似法魯或輪盤[114]的機會型賭博遊戲，也是唯一一位能夠堅定地遵循一種相對簡單的下注規則。

「赫恩死了之後，交易廳裡有位客戶曾經跟著他交易，且按照他的交易方法在拉克萬納（Lackawanna）股票上賺了超過 10 萬美元，開始嘗試交易其他股票。他賺了一大筆錢，覺得自己懂了，不需要再遵循赫恩的方法。當股價回檔時，他不是及時停損，而是坐等反彈，讓損失不斷擴大，似乎以前賺到的錢虧不完。當然，結果是他過去賺到的每一分錢都還給股市了。他終於收手退出股市時，

---

114 法魯（faro）和輪盤（roulette）都是賭博遊戲。

還倒欠證券行幾千美元。

「這位客戶在我們交易廳混了二到三年,他虧光之後很久還經常來廝混。只要他不搞蛋,我們並不在乎。記得他公開承認自己是超級大笨蛋,沒有遵循赫恩的交易方式。有一天他興奮地來找我,問我能否讓他在我們交易廳賣空幾股股票?他以前有錢時是位好客戶,我告訴他,我願意以個人名義替他作保 100 股。

「他賣空了 100 股湖岸公司(Lake Shore)的股票。事情發生的時間是一八七五年,當時比爾‧特拉佛(Bill Traver)正在打壓股市。我這位名叫羅伯茲(Roberts)的朋友進場的時間正確無比,並隨著股價下跌一路加碼,正如早年他跟隨帕特‧赫恩時的交易方法。

「想不到吧,僅僅用了四天,期間他成功地以金字塔式加碼,羅伯茲的交易帳戶出現 1.5 萬美元的利潤。我在一旁看他沒有設立停損點,提醒他要注意。他回答說真正的下跌行情還沒開始,他才不肯為了 1 美元的反彈就被震盪出局。說這話的時間是八月,還不到九月中旬,他開口向我借 10 美元買一輛嬰兒車,這是他第四次向我借錢買嬰兒車。這就是華爾街大多數業餘玩家的問題,他們就是有了賺錢的系統也堅持不了[115]。」這位老先生在我面前不斷地搖頭。

老先生是對的。有時我想,投機一定是一種違反人性的活動。因為我發現一般的投機者本身都存在一系列人性的弱點阻止他成功。一般人都有的人性弱點在這行往往會致命。然而正是這些弱點常常讓人覺得你和藹可親。

投機者的首要敵人是內心的寂寞。人人都有希望和恐懼,在投

機這個遊戲中，市場走向和你希望相反的時侯，你期望的每一天都是最後一天，最後你會虧掉比預期多得多的錢。而「希望」這個人性特質，是每個無論大小的成功者都必須具備的最基本素質。當市場的走向如你所願，你卻被恐懼控制，害怕明天你的利潤會被拿走，你急不可耐地早早離場。恐懼使你沒賺到該賺的錢。每一位成功的投機者都必須和內心深藏的兩個人之本性作戰，他必須依照人性感覺反過來做。在希望的時候他必須恐懼，在恐懼的時候他必須希望。他必須恐懼小虧損變成大虧損，他必須希望小利潤變成大利潤。按照通常的人性指引，在股票市場賭博注定失敗。

我十四歲就開始學習如何投機，投機是迄今我從事過的唯一一項工作，我想我對自己工作的性質應該有所了解。三十年的投機經歷，沒錢時小打小鬧，後來成為百萬大戶，我的結論是這樣的：一個人有可能在某段時間控制一檔或幾檔股票，但沒人可能控制整個股市。一個人可能有時從棉花或糧食市場中賺到錢，但沒人可能完全控制棉花或糧食市場。就像賭賽馬，一個人可能從某場賽馬中賺到錢，想控制整個賽馬遊戲是不可能的。[116]

如果我知道如何將這個結論描述得更精細、更容易理解，我一定會嘗試。如果有人不認同，我也不在乎，我知道我的陳述不容置疑。

---

115 一般業餘玩家並不確定自己的系統能夠賺錢，所以很難堅持。

116 此段是給股市大亨的忠告，不要試圖壟斷市場；試圖將自己置於市場之上，通常會以悲劇告終。

本章重點&給投資人的提醒

　　這一章主人翁說出了操作的精髓，即如何順勢而為和如何判斷趨勢的起始，投資人應該如何在股價的突破口建立倉位，同時分析了人性的弱點。讀者若有幾年的操作經驗，相信能夠明白這一章，在夜深人靜的時候用自己的語言嘗試複述一下這一章所說的內容，你將獲益匪淺。

第 11 章

交易者離不開市場

真正的專業人士在乎的是做正確的事情，能否賺錢往往其次；他知道其他事情關照好了，賺錢那部分會自己關照自己。

現在，讓我們回到一九〇七年十月。我買了一艘遊輪，做了遠行的準備，打算離開紐約到南部海域旅遊。我一直很喜歡釣魚，這次有了自己的船，想走就走，想停就停，我要讓自己過足癮。一切都就緒了。我剛在股票市場賺了一大筆，但臨走前最後一分鐘，玉米市場出了事，讓我走不了。

我必須做點解釋，那次的銀根緊張讓我抓到機會，從股市賺得人生第一個百萬美元，但這件事發生之前，我一直在芝加哥的穀物市場做期貨交易。現在我手邊的倉位是賣空 1,000 萬蒲式耳小麥，也同時賣空了 1,000 萬蒲式耳玉米。我已經研究穀物市場相當長的時間，我像看空股票一樣看空玉米和小麥。

一開始，玉米和小麥都跌了，小麥按預期不斷下跌。一位名叫斯特拉頓（Stratton）的穀倉業者試圖壟斷玉米價位，他當時是芝加哥最大的穀倉老闆。此時我已經清空股票，準備好搭船南遊，卻發現小麥倉位給了我不少利潤，但因為斯特拉頓拉高了玉米的價

格，我在玉米倉位上有相當的虧損。

我知道全國的玉米存貨非常充裕，玉米價格遲早要跌。供需平衡的原理會讓價錢找到平衡點。現在的情況是，買盤主要來自斯特拉頓，賣盤卻遲遲未出現，原因在於嚴重的道路堵塞使得玉米運輸困難。記得我曾禱告寒流快點到來，這樣道路可能冰凍，有利玉米的運輸，讓農民更快地將玉米運到市場。可惜沒有好運。

我傻眼了，我準備好要到南部釣魚，但玉米的損失讓我不放心就這樣離開。在這樣的市場狀況下離開並不合適。當然，斯特拉頓知道玉米的賣空盤來自哪裡，他知道他逮到我了，我也很清楚他在做什麼。前面提到，我希望天氣能助我一臂之力，現在看來天氣幫不上忙，也不大可能出現其他奇蹟，我只能盤算如何自救。

我平掉了小麥的空倉，賺了一筆。玉米的問題複雜許多，如果我能以現在的市場價平掉玉米的空倉，我會非常樂意，雖然虧了不少，也由它去。問題是，一旦我開始平倉買入玉米，斯特拉頓就會全力軋空，哄抬玉米的價錢，我自己的買盤也會抬高價錢。現在買玉米就像拿刀割自己的喉嚨。

雖然玉米的價錢很高了，我去釣魚的熱情更高。怎麼解套就看我怎麼找方法了。我必須有個回退的戰略，買回賣空的 1,000 萬蒲式耳玉米，而且努力將損失控制到最低。

恰巧此時斯特拉頓也在操縱燕麥，把市場價格攪得天翻地覆。我當時很注意穀物市場的所有產品，不只是穀物的產銷數字，也留意針對市場玩家的各種流言蜚語。我聽說，當時背景強大的阿穆爾集團（Armour Interests）正在燕麥上與斯特拉頓作對。我知道斯特拉頓在玉米上不會輕易讓我脫鉤，他會抬高價格，狠狠敲我一筆。

但一聽說阿穆爾的事，我即刻想到，或許我該去找芝加哥的交易者尋求一臂之力，只要這些人願意賣玉米給我，剩下的就容易多了。

首先，我給出了玉米價格每下跌 ⅛ 美分買 50 萬蒲式耳玉米的交易單，這些單子送進去後，我隨即同時給芝加哥的四大期貨券商各賣空 5 萬蒲式耳燕麥的市價單。這個市價單一入市，我預期燕麥的價錢會崩跌。我很明白投機作手的心理，一看到這樣的跌法，首先想到的就是阿穆爾是否正在對斯特拉頓開槍？燕麥的價錢崩跌，合理推論是玉米將會是下一個目標，他們會即刻開始賣空玉米。如果玉米的壟斷被擊破，那就太棒了。

我對芝加哥期貨交易者的心理掌握十分精準，他們一看到燕麥的價錢在四處湧進的賣單前崩跌，即刻興致勃勃地瞄準下一個目標：大手筆賣空玉米。我在十分鐘內就收購了 600 萬蒲式耳的玉米。等到賣空的單子枯竭，我即刻以市價再買進 400 萬蒲式耳的玉米，當然這抬高了玉米的價錢。最後的結果是，我在市場價 0.5 美分之內的價格差位平了 1,000 萬蒲式耳玉米的空單。20 萬蒲式耳燕麥的空單是用來引導玉米價格下跌，我將燕麥空單平了，只虧了 3,000 美元。這代價實在太便宜了！中和一下在小麥賺的錢及在玉米虧的錢，我在穀物期貨上只虧了 2.5 萬美元。事情過後，玉米的價格每蒲式耳漲了 25 美分。斯特拉頓這次真的套牢我了！若不是玩了花樣、老老實實從市場買玉米解套，那就虧很大了。

專業者注重布局

一個人如果花多年時間專精一樣手藝，他對此手藝的職業理解

一定不同於普通的初學者。這就是專業和業餘的區別。在投機市場，投機者對市場理解的不同將區分勝利者和失敗者。一般大眾對自己努力會得到什麼結果，通常沒有能力做理性判斷，虛榮心常常阻礙了思考，結果當然不會深刻和全面。真正的專業人士在乎的是做正確的事情，能否賺錢往往其次；他知道其他事情關照好了，賺錢那部分會自己關照自己。專業投機作手參與投機遊戲的心態有點像專業的撞球比賽，他看到的是很後面的步驟，而不僅僅是面前的一桿。整體布局已成為直覺。[117]

我記得有一則關於阿迪深・康馬克（Addison Commack）的故事，這則故事或能更清楚地解釋我上面說的話。從我聽到的故事判斷，我推論康馬克是華爾街有史以來最能幹的股票作手之一。和傳聞不同的是，他並不像許多人認為的那樣只喜歡空頭交易，他只是覺得利用人性中希望和恐懼的特性，空頭交易更容易操作。他有句名言是這樣說的：「情況不明，不要賣空。」華爾街老手們告訴我，他賺到最多錢的操作是多頭操作，可見他對於多頭還是空頭操作並沒有偏好，他偏好的是按照基本面操作。從各方面判斷，他是一位很成熟的交易者。有一次，市場到了牛市尾巴，康馬克開始看空股市。當時有位著名的財經記者叫亞瑟・約瑟夫（Arthur Joseph），他很會講故事，知道康馬克對市場開始看空。雖然時值牛市尾巴，股市多頭行情仍很強勁，還在持續上漲，和市場上那些看多的交易者及報紙的樂觀報導相吻合。他知道在這個時候採訪像康馬克這樣有分量的股市大亨，可以寫出一些空頭的消息，讓自己與眾不同。有一天，他就帶著好些消息去拜訪康馬克。

「康馬克先生，我有位好友在聖保羅鐵路擔任記錄員，他剛告

訴我一些有用的消息，我想您應該知道。」

「什麼消息？」康馬克無精打采地回答。

「您現在對市場的判斷轉向了，對嗎？您現在看空股市？」約瑟夫想確定這一點，如果康馬克沒什麼興趣，他不想浪費這個有價值的消息。

「沒錯，你有什麼好消息嗎？」

「我今天到聖保羅鐵路的辦公室跑新聞，您知道我每星期都要跑上兩三次，那邊的朋友告訴我：『老傢伙開始賣股票了。』老傢伙指的是威廉・洛克菲勒（William Rockefeller）。『真是這樣？』我向他確認。他回答：『沒錯，股票每漲 ¾ 美元，老傢伙就賣 1,500股。我這兩三天都在忙著替他做登記。』我一點時間都沒浪費，就跑來告訴您。」

康馬克不是個容易激動的人。身為名人，各種各樣不同背景的人經常突然造訪，帶給他稀奇古怪的新聞或傳聞，他對這些基本上已不相信。這次他淡淡地回答：「約瑟夫，你確定自己沒有聽錯？」

「您問我確定嗎？我確定沒聽錯，我又沒聾。」約瑟夫回答。

「你相信那位朋友嗎？」

「絕對相信！」約瑟夫強調，「我認識他很多年，他從未對我撒過謊。他不會對我撒謊。我知道他絕對可信，我願意用性命擔保。我了解他勝過大多數人，應該遠多過您對我的了解，雖然我們

---

117 做任何事業都要有類似的邏輯，重要的是在正確的時間做正確的事，短期或許不容易判定結果，但長期而言一定是贏家。

認識很多年了。」

「是嗎？對他完全信任？」康馬克又看看約瑟夫，隨即說道：「或許你是對的。」然後致電他的經紀人威樂（W. B. Wheeler）。

約瑟夫期待聽到康馬克最少下個賣空 5 萬股的交易單。想想看，威廉．洛克菲勒正趁股市強勁時出脫聖保羅鐵路的股票，不管這些股票是長期持有的投資股，還是短期炒作的投機股，類別無關緊要，重要的是：洛克菲勒在賣股！洛克菲勒可是標準石油集團的大財主、領頭人，也是集團中最能幹的股票交易人，一般人從可信的管道聽到這個消息會怎麼操作？當然問都不要問。

然而康馬克，這位堪稱他所處時代最能幹的空頭投機作手，當時看空股市，對他的股票經紀人下了這樣的指示：「比利（Billy），你去經紀行，看到聖保羅鐵路每漲 ¾ 美元就買進 1,500 股。」當時的股價是每股 90 美元出頭。

「您是說賣吧？」約瑟夫急忙插嘴。他可不是華爾街的菜鳥，但他對股市的觀察是用記者的眼光。當然，公眾的看法經常與記者一致。股價在出現內線銷售時當然會跌，沒有比威廉．洛克菲勒吸眼球的內線銷售。標準石油集團在脫手，而康馬克在買進，這有可能嗎？

「不，」康馬克回答，「我在說買！」

「您不相信我？」

「我信！」

「那您不相信我的訊息？」

「我信！」

「您對股市看空嗎？」

「沒錯。」

「那為什麼這麼交易？」

「你告訴我的消息就是我買入的原因。聽我說，你要和那位可靠的朋友保持聯繫，一旦賣股的交易單沒了就立刻告訴我，明白嗎？」

「好。」約瑟夫回答，隨即離開。他實在不太明白，為什麼康馬克要接手洛克菲勒的賣盤？康馬克說看空股市，這使得他的操作更難理解。無論如何，約瑟夫再去見那位朋友，請他若發現洛克菲勒賣盤停了便立刻告知，他也每天致電兩次詢問。

這一天終於來了，朋友告訴他，老傢伙的賣單停了。他向朋友道謝，立即奔赴康馬克的辦公室轉告消息。

康馬克仔細傾聽了他的轉述，轉身問威樂：「我們現在總共買了多少聖保羅鐵路的股票？」威樂查了之後回答 6 萬股。

康馬克看空股市，在買入聖保羅鐵路之前，他已經賣空不少股票和穀物期貨，肩負相當多的空單。此時立即指示威樂將手中 6 萬股聖保羅鐵路脫手，還追加大量賣空單。他將聖保羅鐵路持股當成槓桿來壓低整體股市，這個動作大大助益了他的其他賣空操作。

聖保羅鐵路的股價一路跌到 44 美元，康馬克在這一仗賺了大錢。他技術嫻熟，玩得漂亮，賺到大錢也就不奇怪了。我在這裡想說的是他對交易的專業態度，他根本沒有多想，從第一時刻就沒把一檔股票的賺虧放在心上，心裡思考的是整體操作[118]。他看到的是，這個消息給了他一個機會，不僅在時間上找到適合的起點，也在操作上給了起始的助力，讓他的大規模空頭操作獲致成功。聽到聖保羅鐵路的小道消息，卻做出買股而非賣股的決定，是因為他感

覺到這是獲得熊市推力不可多得的機會。

市場的羊群效應

回到我自己的故事。自從平了小麥和玉米的空單，我搭船南行，在佛羅里達外海遊蕩，享受了美好時光。釣魚很棒，一切都令人愉快。這世界沒什麼讓我掛念，我也不想自尋煩惱。

有一天，我在棕櫚海灘上岸，見到一大批華爾街的老朋友，他們都在談論當時最具傳奇色彩的棉花投機作手：波西·托馬斯（Percy Thomas）。一則從紐約傳來的報導指出他虧光了最後一分錢。雖然他還沒宣布破產，但報導說這是這位世界級棉花名人第二次慘遭滑鐵盧。

我對他一直心懷敬意。記得第一次聽到他的消息是透過報紙，當時托馬斯試圖壟斷棉花市場，導致謝爾頓與湯馬斯（Sheldon & Thomas）公司破產。他的搭檔謝爾頓不具備湯馬斯的眼光，也沒有湯馬斯的勇氣，在臨近成功之前打退堂鼓。具體情況我也不清楚，當時華爾街就是這麼流傳。總之，他們沒賺到錢，他們的失敗是前幾年相當大的新聞。我忘記他們到底虧了多少百萬，相當多就是了。公司結束了，湯馬斯開始獨立操作。他只交易棉花，所有的時間、精力都花在棉花上面，他居然很快就重新站了起來。賺了錢之後，他將以前的欠債連本帶利全部還清。因為申請過破產，這些債務就法律而言其實已經無須再還。還完了債，手頭還剩 100 萬美元，他在棉花市場的大起大落在華爾街相當轟動，我對他的勇氣和智慧充滿敬意。

棕櫚海灘的每一位都在談論湯馬斯如何在三月的棉花合約上栽了跟斗。你知道傳聞的特點就是愈傳愈誇張，我就經歷過一件有關自己的傳聞。一位老兄編了一個和我有關的故事，不到二十四小時再傳回來時，這位老兄都不相信那就是他編的故事，內容已經被加油添醋。

湯馬斯最新的失敗新聞，讓我的注意力從釣魚轉向棉花。我開始收集棉花的消息，試圖探一下棉花市場的脈搏。當我回到紐約，我專心研究棉花市場。當時每一位交易者都看空棉花，大家都賣空棉花的七月份合約。你知道大眾心理就是這麼回事。我猜，當一個人看到周遭都在做同樣事情時就會被感染，這或許就是羊群效應。無論如何，當時的情況就是，數百位交易者都認為賣空七月份的棉花合約很有智慧，也很安全。你無法用「魯莽」這個詞來描述大眾的作為，它實在太保守。這些人只看到市場的單面，還夢想著巨大的利潤。他們都認為棉花價格一定會崩跌。

我將這一切都看在眼裡，而且七月的合約快到期了，這些賣空的交易者就算想平倉也沒有多少時間。我愈是研究，心底愈清明，因此我決定買入七月的棉花期貨。很快地，我入手了十萬包棉花。收集這些貨沒有任何困難，我想如果我給個 100 萬美元的賞格，尋找一位不是賣空七月棉花的交易者，死活不論，這筆賞格絕對花不出去。

---

118 專業股市操作考慮的是總體，個股只是一部分，即使到今天，這種思路依然一樣。

抓住上天給的機會

這一切發生在五月底。我不斷地買入，他們就不斷地賣給我，直到我大概買光了市面上所有的棉花流通盤。我手邊的貨有十二萬包。收購完之後，過沒幾天，棉價開始上漲，每天漲個 40 到 50 點，實在很過癮。

大約在我收完貨十天後，那天是星期六，棉價正逐漸上揚。我不知道市面上還有沒有七月棉花的合約賣盤，這要我自己去找答案，所以我等到收盤前十分鐘開始動作。我知道其他交易者都在賣空，如果今天收盤價是紅 K 線，這些賣空的傢伙就都套牢了。我透過四家交易行同時送進四個買單，每個交易單都是按市價買五千包棉花，這個動作馬上就讓棉花的價錢上揚 30 點。這下子市場恐慌了，賣空的都急於解套，收盤的價錢是當日最高價。別忘了，我所做的一切只是在最後的時間買了那兩萬包棉花。

第二天是星期日，不開市。到了星期一，英國利物浦應該會高開 20 點，以和紐約的收盤價平衡 [119]。但實際開市時，它高開了 50 點，那意謂著利物浦超越了紐約前一天的升幅達 100% 之多。英國的高開和我沒關係，但這表示我的判斷是正確的，我確實正順著最小阻力線交易。同時，我也很清楚自己的存貨已經多到不易出手，無論市場在緩慢上升或急遽揚升，能夠承接的賣盤很有限。

利物浦傳來的消息讓紐約市場瘋了！我留意到棉價愈高，七月的棉花就愈少。我自己的棉花還不到出手的時候。這個星期一對賣空棉花的交易者真是難熬的一天，但我沒看到賣空者的恐慌，也沒有盲目地慌亂平倉。我現在的問題是，如何為手邊十四萬包棉花找

下家。

星期二早上，我進辦公室的時候，在大樓門口碰到一位朋友。

「《世界報》今天早上的報導真是精彩。」他笑著說。

「報導了什麼？」我問。

「報導了什麼？你是說你還沒看今天的報紙？」

「我從來不讀《世界報》。」我說，「到底上面說了什麼？」

「說的是你的故事，他們說你壟斷了棉花市場。」

「我還沒讀到這篇報導。」我回答他，隨即離開。我不知道他是否相信，或許他對我不向他坦白很惱怒。

一進辦公室，我立刻請人把報紙拿來。還真是這麼回事，頭版頭條刊登著一行大字：

七月棉花被賴瑞‧李文斯頓壟斷

我馬上知道這篇報導會在市場上掀起狂風巨浪。就算我處心積慮，都編不出更好的劇本來幫自己脫手這十四萬包棉花。這則新聞傳遍全國，甚至被電傳到歐洲。從利物浦的反應來看，市場真是瘋了！面對這樣的消息，市場能不瘋嗎？

當然，我很明白紐約開盤時會發生什麼情況，也很清楚自己應該做什麼。棉花市場早上十點開市，到十點十分，我手頭上一包棉花都沒有，我將十四萬包棉花全賣了。事後知道，我的棉花大多數

---

119 倫敦和紐約大約有五小時的時差，主人翁下單買兩萬包棉花時，倫敦已收市。

都是賣在當天的最高價，市場的交易者都是我的下家。我所做的就是抓住上天給的機會。我不抓都不行，都已經送到面前了。

一頂詆毀的桂冠

　　一個讓我頭疼的問題居然被偶發事件解決了！如果不是《世界報》的報導，我根本不可能以這麼好的價格將棉花脫手，我的量實在太大了，賣盤會壓低價錢，令我損失掉一大部分的帳面利潤。出手十四萬包七月棉花而沒有砸崩棉價，實在是個超出我能力的奇蹟。《世界報》幫了大忙。

　　我不知道為什麼《世界報》會刊登這則消息，沒人告訴我。我猜，或許是記者聽到一些棉花交易者的傳聞，就把它當成自己的獨家新聞。我從未見過那名記者，也沒見過《世界報》的任何人，甚至到當天早上九點才看到報導，如果不是朋友告訴我，我很可能錯過了這則消息。

　　如果不是這篇報導，我很難找到能夠承接這麼大量棉花的下家。這是大手筆操作經常碰到的問題。你不可能像小額交易時那樣悄悄買一些，又悄悄賣掉它。你無法在想出貨或認為最佳出貨時間出貨，只能在有下家的時候出貨。失去出貨時機的代價可能數以百萬計。你不能遲疑，否則失掉機會。你也無法耍弄花招，比如拱高價錢空頭平倉的方法，那樣很可能會減少市場接盤的容量。坦白說，抓這樣的機會並不像聽故事那麼容易。投機作手必須時時警惕，機會來敲門時必須抓住才行。

　　當然，知道我只是碰到好運的人並不多。在華爾街，我想在其

他地方也一樣，沒人相信讓人賺到大錢的事件會是偶發事件。反之，某件事讓人虧錢了，大家也不會認為虧錢的原因是偶發事件，而會歸咎到你的愚蠢和一時衝動。你賺錢了，大家會將其稱為掠奪，會抱怨邪惡如何得利，感嘆為什麼正派和穩健總是退居下風。

讓我告訴你，不僅僅那些自作聰明的魯莽賣空者控訴我處心積慮地編演了這個事件，其他人也是這麼認為的。

不記得是一天還是兩天之後，一位棉花市場的大玩家見到我說：「李文斯頓，你編演的戲碼實在太棒了。當你買進那麼多的棉花，我還在猜想這下你可能會虧多少錢。你知道這個市場最多只能接受五到六萬包的棉花，賣盤一超出這個數，價錢立刻崩跌。我一直覺得奇怪，你準備如何脫手多出的數而不失去所有的帳面利潤？我真沒想到你還有這一招，真是不錯！」

「這不是我做的！」我的表情盡量顯得真誠。

但他就是重複說：「做得真棒，小伙子，做得太漂亮了，別太謙虛。」

這個事件後，有些報紙把我稱為棉花王。但就如我解釋過的，我不配這頂桂冠。也許你不相信，想靠花錢或私人關係在《世界報》上弄出這麼一篇專欄是不可能的，但它發生了，給了我超額的榮譽。

我說這個故事，並不是想讓有時被強加於交易者頭上的桂冠更有道德光芒，也不是強調抓住機會是何等重要。七月棉花事件之後，報紙對我的詆毀罄竹難書，我只想申冤。還有，如果不是因為報紙，我就不會見到具有傳奇色彩的著名人物：波西·湯馬斯。

本章重點&給投資人的提醒

這一章講述了期貨市場操作的故事，類似的操縱今天仍不斷上演，大同小異。現在全球期貨的大玩家就是幾家，還有國家屬性，例如全世界有四大糧商，美國有三家，法國有一家，他們控制了糧食期貨。期貨操作往往要配合國家政策，因此期貨市場不是小玩家有把握賺錢的地方，若想小賭怡情就不要看新聞，只看圖操作。操縱者編的新聞常常試圖誤導。從本章可以體會到投機市場的內涵，所謂的市場分析只有一定程度的可靠，操縱者在短期可能是價格的主要推動者。

第 12 章

獨立思考，才能從股市賺錢

虧錢對我而言稀鬆平常，我從沒將虧錢本身當一回事。我注重的是為什麼虧錢，注重操作的失誤和發生的緣由。只有從錯誤中學到教訓，付出的代價才有價值。

我賺錢是因為我用錢賭贏了我的判斷，我從不欺詐對方。如果我用另一種方式賺錢，我會感到羞愧。

我在棉花的七月合約之戰中取得了超越預期的成功。事情結束後，我很快就收到一封信，有人想和我見面，這封信的署名者是波西‧湯馬斯。當然，我立刻回信，告訴他隨時可以來我辦公室。第二天他來了。

我仰慕他很久了，所有棉花的生產商和銷售商對這個名字都如雷貫耳。從歐洲到美國，人們和我談棉花時都要引用兩段湯馬斯的觀點。記得有次在瑞士的旅館碰到一位來自埃及開羅的銀行家，他和過世的英國商人恩斯特‧卡瑟爾（Ernest Cassel）共同在埃及種植過棉花。當他知道我來自紐約，第一件事就是問我有關波西‧湯馬斯的情形，湯馬斯的棉花市場報告是這位銀行家的必讀。

我感覺湯馬斯總是很科學地分析市場。他是位真正的投機作

手，一位富有想像力的思想者，他具有搏擊者的勇氣，同時消息極其靈通。他不僅對棉花交易有理論上的知識，在實踐上也是佼佼者。他願意聆聽，也不隱瞞自己的想法。他對棉花的產銷知之甚詳，也十分了解棉花交易者的心理。他有多年的操作經驗，曾經賺虧過巨額金錢。

自從他的謝爾頓與湯馬斯公司破產後，他開始獨立工作，用不到兩年的時間，奇蹟般地捲土重來。我記得在《太陽報》讀到一則消息，他重新站起來之後的第一件事就是付清舊債，第二件事則是請了一位專家協助他投資手邊的 100 萬美元。這位專家研究了多家公司，最後建議購買德拉瓦─哈德森公司（Delaware & Hudson）的股票。

曾經虧過幾百萬美元，隨後又賺回更多百萬美元，湯馬斯再次在三月的棉花交易被清盤。他這次見到我，直截了當地提出合作的建議：一有任何消息，他會立刻先給我，其次才對外界公布。我的工作是從事具體交易，他說我在這方面有特別的天賦，他自己則較欠缺。

這樣的建議對我來說沒什麼吸引力。我坦率告訴他，我不知道該如何駕駛雙頭馬車，也沒有學習的興趣。他堅持認為這會是十分理想的組合。我最後坦白告訴他，我做交易時不喜歡在暗處操縱。

「如果我犯了錯，」我告訴他，「是我自己倒霉，我會為錯誤付帳，不會有說不清的法律糾紛和煩惱。我一直選擇單打獨鬥，認為這樣最能體現個人的智慧，而且成本最低。我用自己的腦袋和其他交易者比拚，我從未見過這些人，也從未交談過、從未建議買賣，也沒打算認識他們。我賺錢是因為我用錢賭贏了我的判斷，我

從不欺詐對方。如果我用另一種方式賺錢，我會感到羞愧。你的建議對我沒有吸引力，原因在於我只喜歡用自己的方法玩這個遊戲。」[120]

他說，他為令我產生這樣的感覺道歉，但還是試圖說服我接受他的提議。但我拒絕了，不談合作，以後的談話就非常輕鬆。我告訴他，我相信他很快就會東山再起，而且我提議，如果他需要經濟支持而我能夠幫忙，我會非常榮幸。他謝謝我，說他不會接受來自我的貸款。其後他還詢問了我七月的棉花交易，我全部如實相告，包括我怎麼決定入市和買了多少棉花及價錢等細節。我們閒談了一會後，他便離開了。

別相信自己受誘惑的免疫力

我說過，每位投機作手都有一大票敵人，這些敵人很多來自於自己的內心。我對過去犯的很多錯誤都記得很清楚。我了解人很複雜，一個人可以心中沒有邪念，而且一輩子都獨立思考，但這個人在甜言蜜語之前可能缺少抵抗力。以我為例，基本上我對一般的投機病症免疫，比如貪婪、恐懼和希望，但我也是普通人，容易犯普通人的錯誤。

現在這個時刻，我對自己的弱點更應該警醒。因為不久前才發

---

120 每個人都有自己的賺錢思路，股市亦無例外，這和人的認知及歷練有關。每個人的智力水平和成長環境都不同，面對相同事實時產生的解釋和對應方法也不同。在股市，特別重視個人的判讀。

生了一件事，讓我體悟到自己在甜言蜜語之前，是多麼容易做出違反判斷和意願的事。事情發生在哈定的交易廳。我在這裡有一個獨立的房間，沒有我的同意，股市開市時間一般不允許其他人進入。我不想被打擾。由於我的交易規模很大，為證券行提供不少收入，所以我一般不受干擾。

一天，股市剛收市，我聽到有人說：「午安，李文斯頓先生。」

我轉過頭，看到一位完全陌生的人，是一位三十到三十五歲的小伙子。我不知道他是怎麼進來的，但現在他就站在我面前。我記不得和他有過往來，所以什麼話都沒說，只是靜靜看著他。很快地，他說：「我來和您談談沃爾特・史考特[121]。」

他是個書商，氣度普通，口才一般，外貌沒有任何吸引人的地方。但毫無疑問，他是一位有個性的人。他說著，我聽著，但我不明白他在說什麼。我相信我從未明白過他說的話題。隨著他完成獨白，他遞給我一枝鋼筆和一份合約，我就簽了。那是一份購買沃爾特・史考特作品的合約，價值 500 美元。

簽完合約後我才回過神來，我不需要這類書。我沒地方放這些書，也不讀這類書，我甚至找不到朋友送這些書，我卻簽了一份 500 美元的購買合約！這時他已經將合約收進口袋。

虧錢對我而言稀鬆平常，我從來沒把虧錢本身當一回事，我注重的是為什麼虧錢，注重操作的失誤和發生的緣由。我首先尋找自己本身的局限和思維習慣，其次不希望重複犯同樣的錯誤。只有從錯誤中學到教訓，付出的代價才有價值。

我剛剛犯了 500 美元的錯誤，卻不知道問題出在哪裡。我第一次仔細地觀察這個人，如果他不是正微笑看著我，或許我會拿繩子

吊死自己。他一定明白我在想什麼，我覺得不用多囉嗦，便直接問他：「簽了這份 500 美元合約，你可以拿到多少佣金？」

他即刻搖頭。「對不起，我不能這麼做。」

「你可以賺到多少？」我堅持問。

「三分之一，但我不可以這麼做。」他說。

「500 美元的三分之一是 166.66 美元，我給你 200 美元現金，你將那份簽好的合約給我。」為了表明我的誠意，我從口袋裡拿出 200 美元。

「我說過不能這麼做。」他回答說。

「有客人向你做過同樣的提議嗎？」我問。

「沒有。」他說。

「你憑什麼認為我會為這份合約付錢？」

「您這類人不會賴帳。您是第一流的輸家，這使得您成為第一流的生意人，我對您充滿敬意，但我不能接受您的提議。」

「那麼請告訴我，賺到比你可能得到的佣金更多的錢，為什麼不能令你滿意？」

「情況不完全是這樣，您知道，我並不完全在為佣金工作。」他說。

「那你工作的目的是什麼？」

「為了佣金和紀錄。」他回答。

---

121 沃爾特・史考特（Walter Scott, 1771-1832），英國著名歷史學家和劇作家，是浪漫主義的代表人物之一，對歐美文學有舉足輕重的影響力。

「什麼紀錄？」

「我的紀錄。」

「我沒搞懂你在說什麼？」

「您自己只為錢工作嗎？」他反問我。

「是的。」我回答

「不是！」他搖頭。「不是的，您不只是為錢工作，那就少了很多樂趣。您努力的目的絕對不是只想在自己的銀行帳戶中多增加幾塊錢。您在華爾街也不只是因為這裡賺錢容易，您的滿足感不僅僅來自金錢。我的情況也一樣。」

我沒有和他爭論，我問他：「那麼你的樂趣是什麼？」

「嗯，我們都有弱點。」他坦承。

「你的弱點是什麼？」

「虛榮心。」他回答。

「有意思！」我告訴他，「你成功地讓我簽了那份合約，現在我想反悔，我願意付 200 美元作為代價。十分鐘的工作得到 200 美元的報酬，這對你的虛榮心還不夠？」

「不是這樣的，」他回答，「公司整整一組人在華爾街忙了幾個月，連路費都賺不到，他們說產品和地區都不合乎需求，這類書在這裡賣不了。公司派我過來，想向他們證明問題不在書，也不在地區，而是他們不懂銷售。他們的佣金是 25%。我負責的地區在克里夫蘭，我在兩個星期內就賣了八十二套書。我來這裡，責任不僅是要把書賣給從不向圖書經紀買書的人，還要將書賣給那些我同事連面都見不到的人。這也是為什麼他們給我的佣金有 33%。」

「我真的沒搞清楚你是怎麼讓我買了那套書。」

「是嗎？」他的語氣充滿安慰。「我也賣了一套給 J. P. 摩根先生。

「別吹牛了，我才不信。」我說。

他一點都不生氣，只是輕輕地回答：「真的，我賣了。」

「一套沃爾特・史考特的作品給摩根先生？他不僅可能已有印刷精美的版本，甚至可能還擁有原著手稿。」

「請您看看他的簽名，」他將摩根先生簽名的購買合約很快地在我面前晃了晃。這個簽名或許不是摩根先生的，但我當時沒有懷疑，起碼他拿到了我的簽名。我好奇地問他：「你是怎麼闖過大門守衛？」

「我沒看到什麼大門守衛，我直接見到摩根先生，就在他的辦公室。」

「吹牛過頭了吧！」我說，「每個人都知道，空手進摩根先生私人辦公室，比手持類似定時炸彈的包裹進白宮還要難。」

但他表示：「我確實進了。」

「不過你是怎麼進到他的辦公室？」

「我是怎麼進您的辦公室？」他回嘴說。

「我還真不知道，請告訴我。」我回答。

「嗯，我進您的辦公室和進摩根先生辦公室的方法是一樣的。我先和門口的先生談話，他們的工作是不讓我進，然後我就進來了。我讓摩根先生簽名的方法，就和讓您簽名的方法一樣。您不是在簽買書的合約，您只是看著我給您的墨水筆，做了我要您做的事。沒有區別。摩根先生也一樣。」

「那簽名真是摩根先生的？」我問他，心中存疑。

「當然。摩根先生從孩童時候就會寫自己的名字了。」

「故事就這麼多？」

「就這麼多，」他回答，「我很清楚自己在做什麼，這就是祕密之所在。我對您心懷感激，祝您有個美好的一天，李文斯頓先生。」說完他準備離開。

「等等，」我說，「我說過讓你賺足 200 美元。」我從口袋裡拿出 35 美元遞給他。

他搖了搖頭。「不，我不能收，但我可以做這件事。」他從口袋裡拿出合約，撕成兩半遞給我。

我算足 200 美元遞給他，但他又搖頭。

「你不是接受了我原本的提議？」

「沒有。」

「那你為什麼撕了合約？」

「因為您並沒有哀鳴抱怨。如果我們的位置互換，我對您感同身受。」

「但我給你 200 美元也是自願的啊。」我說。

「我知道，但錢不是全部，對吧？」

他的語氣讓我有了領悟。我說：「沒錯，錢不是一切，但你想要我做些什麼？」

「您的反應真快，您真的願意幫我？」他說。

「我願意，但是否辦得到要看你想要我做什麼。」

「請把我帶進哈定先生的辦公室，讓他聽我三分鐘，您就可以離開了。」

我搖頭說：「他可是我的好朋友啊。」

「他是股票經紀人，現年五十歲，對嗎？」賣書商問。

他說的一點也沒錯，我將他帶進哈定的辦公室，就再也沒有聽到他的消息。幾個星期後，我在第六大道的 L 電車站又碰到他，他很有禮貌地對我舉起帽子，我也點頭致意。他走過來對我說：「您好嗎，李文斯頓先生？哈定先生也好嗎？」

「他挺好的，你怎麼會問到他？」我即刻感覺到他或許有什麼故事。

「您帶我去見哈定先生的那一天，我向哈定先生賣了 2,000 美元的書。」

「但哈定先生從沒向我提過。」我回答。

「當然沒有，他這類人不會說這些。」

「哪類人不說這些？」

「那些在交易從不犯錯的人。那類永遠清楚自己需要什麼、不被他人言辭影響決定的人。就是這類人讓我的孩子受到良好教育，妻子永遠風趣快樂。您幫了我大忙，李文斯頓先生。我預料到，當我謝絕您的 200 美元時，您是真心想幫我忙。」

「如果哈定先生沒有跟你買書呢？」

「哦，那不可能，我已經知道他是那一類人，搞定他很容易。」

「如果他就是不買書呢？」我堅持說。

「那我就會回來再賣些其他的東西給您。祝您有個美好的一天，李文斯頓先生。請原諒，我現在要去見市長。」車已到站，他起身離開。

「我希望您能賣十套書給市長，」我說，「不過要小心，市長可是個有暴力傾向的人。」

「嗯，我是共和黨人。」他回答，隨即離開了。他步伐緩慢而堅定，彷彿車子會等他一般。而確實，車子真的等了。

以上我詳述了一位奇人如何讓我買了自己不需要的東西。在我這，他是第一位做到的。我原想應該也是最後一位，不可能有第二位了，但真的有第二位。不要設想這個世界只有一位卓越的推銷員，也不要太相信自己對鼓動的免疫力[122]。

走樣的交易手法

當波西・湯馬斯離開我的辦公室，我想我們的人生軌跡不再有交集的機會，畢竟我已經拒絕他合作的提議。我不確定我們是否會再見面。第二天，他寫了一封很客氣的信，謝謝我願意幫他忙，邀請我到他的地方坐坐。我回信表示會找時間。他又再來信，我就見了他。

我們開始經常見面，和他談話非常愉快。

他知識淵博，談吐幽默，我覺得他是我所認識的人當中最有吸引力的。

我們無話不談，他博覽群書，對很多學科都有深究，而且能把複雜的問題簡單化。他的談話總是充滿智慧，讓人覺得是一位非常值得信賴的朋友。我也聽到不少人說他壞話，包括不夠誠懇等，但我相信他的可信度首先來自他相信自己所說的話，然後再用自己的話去影響別人。

當然，我們的談話也包括對市場的深度探討。我不看多棉花，但他看多；我看不到棉價有上漲的理由，他卻看到了。他讓我看很

多數據，期待改變我的想法，但我不為所動。我也無法反駁，因為數據都是真的。外來數據不足以改變我的信念，而我的信念來自於我對市場的觀察。可是他鍥而不捨，漸漸地我對自己的判斷產生動搖，開始懷疑從交易報告和報紙得到的消息，結果變成我無法用自己的眼睛判斷市場脈動。一個人很難違背自己的信念，卻可能被遊說到六神無主，失去決定力。這表示他已無法充滿信心且輕鬆愉快地交易。[123]

我不能說自己已經完全糊塗，但確實失去了平衡感，或者說我不再獨立思考。我無法一步步列出問題之所在，詳細解釋我如何糊塗到這個地步，以致日後帶給自己巨大的損失。我想，或許是湯馬斯不斷強調他的數據很精確；他的數據來自他自己的管道，而我的數據來自公眾的資料。他不斷地重複資料來源的可信度，這可以透過他和近萬名居住南方的通訊員往來證實，事實也證明如此。最後的結果就是，我完全被他主導，就像我們並肩讀同一本書，要讀哪一頁由他來翻，我們一起讀。他的頭腦同樣相當理性，一旦我接受他的數據，結果就很明顯，我的結論將基於他的數據，結論當然也和他相同。

當我們開始談論棉花市場時，我看空棉花市場，同時賣空棉

---

122 報紙的財經版、電視上的股評家、股票網站的評論員，他們都在鼓動你做某些動作，鼓動你買賣某些股票、期貨或其他金融商品，請不要相信有人會急著要將錢塞進你的口袋，也不要太相信自己對鼓動的免疫力。要常常提醒自己，這些訊息讀讀就好，重要的是自己的獨立思考。

123 股票交易人應該是獨立思考的個體，當交易者從外在尋找交易的指引時，比如股評人的推薦，這表示思考方式已有偏差。

花。慢慢地，我接受了他的數字和分析，我懷疑自己原先的判斷是基於錯誤的訊息。當然，一有了這種感覺，我就平了棉花的空倉。是湯馬斯讓我覺得自己犯了錯！平了空倉，很自然地，下一步就是買入棉花。我的頭腦就是這麼運作的。你知道，我這輩子除了交易股票和期貨，沒做過其他事情。如果看空棉花是錯的，正確的做法當然是看多棉花。看多棉花，當然就要買入棉花。就像我那位棕櫚海灘的老朋友帕特‧赫恩的名言：「你不下注怎麼知道？」我需要證明自己到底是對還是錯，唯一的證明就是月底的盈虧報表。

我開始買棉花，急急忙忙地收齊了我的全額度，大約六萬包。這是我投機生涯中最愚蠢的操作！這次操作不是基於我自己的觀察和推理，我被別人指導操作。愚蠢的操作毫無疑問會得到愚蠢的結果。我不僅在毫無看多棉花理由的情況下買進棉花，也未按照自己的規矩逐步進貨，而是一步到位。我的交易完全走樣。聽從別人的建議，我迷失了自己。[124]

市場沒有按照我的期望運動。當我對自己的倉位有信心時，我從不著急和害怕。但如果湯馬斯是對的，價錢不應該往下跌。遺憾的是，我走錯了第一步，隨即走出錯誤的第二步和第三步，我昏頭了。我不僅沒有停損，反而開始買盤托市。這樣的交易方式有違我的本性，也有違我自己的交易原則。我還是個孩子時在賭館操作也沒犯過這樣的錯誤，我已經不是我自己，我變成另一個人，我被湯馬斯化了。

除了棉花，我當時手頭還有大量的小麥，它的走勢和我的倉位合拍，我已有一大筆帳面利潤。因為我愚蠢地在棉花市場托市，我現在手頭有十五萬包的棉花。我可以告訴你，我現在的感覺已經不

是很對。我不是在為自己的犯錯找藉口，我在陳述事實。我記得我隨後到海邊短暫休息。

在海邊我做了些思考。很明顯地，我的倉位太大。一般來說，我在交易上一向勇敢無懼，然而一旦確認自己的倉位過多、感到擔心，我就決定輕倉。清倉有兩種選擇，輕棉花還是輕小麥？

令人不可置信的是，我已有十二到十四年的交易經驗，我對這個遊戲可說是相當熟悉，但我做出了完全錯誤的決定。棉花虧錢了，我決定保留；小麥賺錢了，我決定賣掉。這個決定荒謬透頂，我所能找到的藉口就是：這不是我自己的交易，這是湯馬斯的交易。投機交易需要避開不少陷阱，其中最大之一就是不要向下攤平。我在棉花上的交易稍後就會證明這個規矩的重要。永遠先出手虧錢的倉位，保留賺錢的倉位，這才是聰明的做法。這個規矩我早就知道，直到今天，我仍對自己當時為什麼會反過來做感到迷惑。

就這樣，我將小麥脫手了，斬斷了利潤。脫手之後，小麥價格每蒲式耳直線上漲了 20 美分。如果不賣，我會多賺大約 800 萬美元。但我決定保留棉花的倉位，隨即買進更多的棉花。

我清楚記得，我每天都在買棉花，買更多的棉花。你猜猜我為什麼要這麼做？我在阻止棉價下跌！這是個超出想像力的愚蠢做法。我投入愈來愈多的錢……當然最後都虧光了。我的經紀人和朋友都不明白我為什麼會這麼做，直到今天也不明白。當然，如果結

---

124 所有的投資人都應該回想自己的經歷並深思：當我們聽從他人建議時，有多少次迷失了自我？

局是歡喜的，我又會被稱為奇蹟。不斷有朋友警告我，不要過於信賴湯馬斯的分析，當時我將這些警告當成耳邊風，還是不斷地買進棉花阻止棉價下跌，甚至還到利物浦買棉花。直到總共收進四十五萬包的棉花後，我才驚醒自己昏了頭。可是太遲了！我將棉花全部脫手。

我過去從股票和期貨上賺到的錢幾乎全虧回去了。雖然還沒被清乾淨，但只剩幾十萬美元。認識湯馬斯之前，我有數百萬美元的財產。這次虧錢又讓我學到一課：朝經驗給你的教訓反向操作還期待致富，是不可思議的愚蠢。

又一個寶貴的教訓是：一個人可以毫無理由地犯大錯誤。我虧了幾百萬美元，明白了投機作手的另一個危險敵人是自己的軟弱，當一位輝煌人物用精明的語言向你遊說時，你常常無法說不。我一直想像，不管什麼錯誤，100 萬美元的代價總夠封頂了；現在我明白，命運從不讓你為自己的學費設限，命運將決定什麼時候你學什麼，以及你的學費是多少；它很清楚無論多少錢，你都要繳。現在我明白自己做了什麼蠢事，我將整件事情畫了句號，和波西‧湯馬斯一刀兩斷。

股市不是幫忙付帳單的地方

我又回到孤身一人，十分之九以上的財產都不見了。我這位百萬富翁才做了不到一年，我賺到百萬美元靠的是頭腦，加上一些運氣。一反過來，錢就送回去了。我將兩艘遊艇賣了，日常生活也減少了奢華。

似乎一次打擊還不夠，運氣真是有夠背。我病了一場，接著又需要 20 萬美元急用。幾個月前這些數字不足掛齒，現在近乎是我所有的財產。我需要這些錢，問題是要到哪裡拿這些錢？我不想從交易帳戶中提出這個錢，因為本金太少就無法正常交易。我要快快贏回虧掉的錢，交易的根基不可以受到損害。看來我唯一的另一選擇，就是從股市提款。

每個人都想從股市提款，若你了解證券行的普通客戶，就會同意我的說法。我說那種希望透過股市來付帳單的美夢，是一般人在股市虧錢的主要原因。如果你堅持不醒，遲早一無所有。

讓我說個故事。有個冬天，在哈定的交易聽，一群豪賭客花了 3 萬到 4 萬美元，試圖從股市賺錢買一件毛皮大衣，結果沒有一位有機會穿到這件大衣。事情是這樣的，一位著名的場內交易員穿了一件鑲了海獺皮的毛皮大衣到交易所，他現在可是世界知名的大人物。在那個年代，毛皮大衣的價錢還沒有高到畸形，類似大衣的價錢僅在 1 萬美元左右。哈定交易廳裡有一位名叫鮑勃·吉翁（Bob Keown）的傢伙，決定也買一件類似的大衣，但想鑲上俄國的紫貂皮。他到上城的皮店問了價，差不多價錢，1 萬美元。

「價錢貴死了。」一位同事反對說。

「哦，公道價，公道價！」鮑勃溫和地回答，「差不多是一個星期的工資。但如果有人把我當成全交易廳裡最可愛的人，願意買下這件大衣作為小禮物送我，那我就更高興了。有人嗎？沒有？那好，沒人願意送大衣給我，我只好請股市付帳了。」

「你為什麼要這件紫貂大衣？」艾德·哈定問。

「像我這種身材的人，穿紫貂大衣特別好看。」鮑勃回答，挺

直了身體。

「你剛才說你準備怎麼為這件大衣付帳？」交易廳裡另一位叫吉姆・墨菲（Jim Murphy）的人問，他最喜歡追問小道消息。

「謹慎地炒短線賺一票，吉姆，我準備用這一票賺的錢支付這件大衣的費用。」鮑勃回答說。

「想法真棒，你準備買那檔股票？」吉姆問。

「不是買，朋友，現在不是買東西的時候。我準備賣空 5,000 股美國鋼鐵公司，它最少會跌個 10 點，我只要從中拿個 2.5 點就夠了。夠保守吧，你說呢？」

「你有聽到什麼消息嗎？」墨菲焦急地問。他長得既高又瘦，一頭黑髮，一副營養不良的模樣。他從不外出吃午餐，生怕失去股市最新消息。

「我聽到的消息是，這件大衣是我想買的東西當中最漂亮的一件。」他隨即轉身說道：「艾德，請以市價賣空 5,000 股美國鋼鐵，請今天完單，親愛的。」

鮑勃是位賭徒，喜歡幽默談笑，他用這種方式表示他有鋼鐵一樣堅強的神經。他賣空了 5,000 股美國鋼鐵，完單之後股價即刻揚升。他的膽子大概不到他吹的牛皮一半那麼大，股價才漲了 1.5 美元，他就頂不住平倉了。隨即向交易廳的同仁表白，紐約的天氣其實挺暖和，毛皮大衣根本用不上；穿毛皮大衣既不健康，也太過招搖。交易廳裡一片嘲笑聲。不久後，另一位交易者買了一些聯合太平洋鐵路的股票，試圖為這件大衣付款，他虧了 1,800 美元之後收手。他的感慨是，紫貂皮放在女人的外套還行，但縫在一位謙虛且睿智紳士的內領上就很不協調。

其後，一位接一位的交易者前仆後繼地試圖讓股市為這件大衣買單。有一天我發話說，我會出錢買下這件大衣，否則這間交易廳裡的人會集體破產。大家都指責我沒有競賽精神，如果我也想要這件大衣，也應該讓股市為它付帳。艾德·哈定十分贊同我的建議，當天下午我到皮衣店想買下這件大衣，發現一個星期前一位來自芝加哥的人已經把它買走了。

這只是故事之一。華爾街的每個人都曾因嘗試讓股市為他的汽車、項鍊、遊艇或油畫付帳而虧過錢。股市拒付的帳單太多了，我將這些帳單的金額加起來，一定可以建蓋一座雄偉的醫院，然後在醫院裡掛滿生日禮物。仔細思考，在所有華爾街的惡魔[125]中，試圖讓股市成為聖母或許是最繁忙的一位，也是最有恆心的一位。

所有惡魔都有其來源。想想，當一個人忽然決定要讓股市支付某些帳單，他會做些什麼？他在希望，他在賭。他會承擔大風險。如果他保守地投機，就不會承擔這麼大的風險，他會冷靜地研究市場狀況，形成自己的判斷，做出邏輯清楚的決定。從一開始，他只看到快錢，他等不了，認為市場必須馬上順從他的意思。在這種情況下，他有五成的勝率就算不錯了，因為他隨時想著的是快快炒短線。比如說，他虧 2 美元就會停損，他其實從一開始就只想賺 2 美元。他在機會各占一半的時候在股市下注，這是投機上需要避免的

---

125 在華爾街會碰到很多魔鬼，都是你自己內心的魔鬼，這個故事說的就是其中一位。請記住，股市不欠我們錢，不是我們可以隨時要錢的地方。我們要等待時機，等待股市不可抗拒的漲和跌，那才是下注要錢的時刻。其他如「不肯停損」也是魔鬼之一，必須隨時警醒自己。

謬誤。我看到有人在這類交易虧掉數以千計的金錢，特別在牛市時高位賭股，一個小小的回檔就坑了你。作為一種交易方法，這是不成的。

我犯了同樣的錯誤。作為股票交易人，這是我買賣股票生涯中所做的另一個頂級蠢事。我又虧了，虧掉了棉花交易失敗後留下的最後積蓄。更糟糕的是，我還不斷交易，也不斷虧錢。我堅定不移地相信股市最後必定會讓我賺錢，遺憾的是，最終結果我的資產歸零。我開始借錢，不僅向我主要的證券行借錢，其他證券行願意減少保證金接我的交易單也行。我不僅僅開始負債，我從現在開始一直負債。

本章重點&給投資人的提醒

　　這一章講述的故事大概在所有投資人身上都發生過。新手開始時會聽從他人指點，這是可以理解，每個人都有學習的過程，但自己應該心中有數，不把股市當成賺錢的地方，虧得愈少愈好，這是學費。到了從股市賺錢的階段，獨立思考是根本。若還想從張三李四身上尋求發財推薦，就表示你還不夠成熟。隨著時間推移，投資人應該明白，若期待仰賴別人的思路在股市發財，根本行不通。從今天開始，從此刻開始，用自己的知識和經驗規畫操作之路。

第13章

從股市學到的人生功課

　　我討厭欠債，不管欠錢債還是人情債都討厭。錢債還可以用錢來還，人情債就需用人情來還。道德上的欠債往往最昂貴，它通常不封頂。

　　我已經選擇做一名專業股票作手，我工作的最基本就是按照自己的判斷操作。

　　我再次破產了。破產很糟糕，更糟糕的是我的交易思路不對。自己感覺全身有病、神經過敏、心情鬱悶、無法冷靜思考等。總之，我現在的精神狀態不適合交易，做什麼都出錯。說真的，我開始懷疑自己是否可能重獲往日的均衡感。我習慣了大手筆交易，比如一出手就買賣 10 萬股的股票。我懷疑若回到小額交易，會讓自己提不起精神，失去判斷力。如果只交易 100 股，就算對了又有什麼意義？習慣了大手筆交易、大數額賺錢，我不確定自己在小額交易時能否正確地把握獲利點，我不知道怎麼描述那種失去武器後的無力感。

　　再次破產，頹廢，負債，失去求勝心，現狀令人唏噓。這些年來，我從勝利走向勝利，偶爾的失敗往往是更大勝利的基石，我被

寵壞了。我現在的情況比在賭館時更糟。這些年我學了很多股市投機的訣竅，但我沒有同時掌握人性的弱點。人腦不可能像機器一樣，所有時間都以同樣的效率工作。我現在明白了自己不可能在人和事都不順的情況下，一如既往地有效工作。

意外的電報

我從不將虧錢本身當一回事。但其他麻煩會讓我感到憂慮。我細細地研究了剛剛發生的災難，問題出在何處十分明顯，時間和地點都清清楚楚。在投機市場，投機者必須充分了解自己才可能成功。了解自己的弱點需要冗長的學習過程。我有時想，如果一位投機者可以學習到一種方法阻止自己得意忘形，那麼無論多高的學費都是值得的。聰明人的大失敗往往可以追究到得意忘形，這種疾病對誰都非常昂貴，但對華爾街的投機人更是致命地昂貴。[126]

我深深責備自己，這讓自己在紐約的心情很不好。我沒有交易的激情，根本不想交易。我決定離開紐約，到其他地方再找一筆賭本。我想，換個環境或許能讓自己回歸正常。就這樣，我再次離開紐約，以一位投機失敗者的身分離開。這次的情況比以前更糟，我欠了不同家證券行超過 10 萬美元。

我到了芝加哥，找到一點本金。金額不是很大，但我有了贏回身家的機會，只是需要的時間可能長一些。以前曾經打過交道的一家證券行對我的交易能力有信心，他們願意在交易量不是太大的情況下，為我的交易擔保。

我非常保守地重新開始交易，如果在這裡待得久一點，我不知

道結果會如何。但我交易生涯中最怪異的經歷即將開始，我很快就會離開芝加哥。這個故事實在匪夷所思。

一天，一位名叫盧修斯·塔克（Lucius Tucker）的先生發給我一份電報。我認識他的時候，他是一家證券行的辦公室主任，我曾給過他一些生意，但並沒有和他保持聯繫。電報中只有一行字：

立刻來紐約。

他一定是從其他朋友口中知道了我的遭遇，因此有些特別事情要和我討論。但此時我手中並沒有閒錢能憑空跑一趟紐約。所以先打了長途電話給他。

「收到了您的電報，」我說，「有什麼事嗎？」

「紐約有一位大銀行家想見你。」他回答。

「是哪一位？」我問，想像不出來會是誰。

「你到紐約就知道了，我不能從電話告訴你。」

「你說他要見我？」

「沒錯。」

「什麼事？」

「見面時他會詳細說。」盧修斯回答。

「那你可以寫信告訴我嗎？」

「不行。」

---

126 戰勝環境容易，戰勝自己很困難，無論對誰都一樣。

「請多告訴我一些細節。」我說。

「不行。」

「盧修斯，老朋友了，」我說，「請說真話，這不是開我玩笑吧？」

「絕對不是，來了一定有好處。」

「給點暗示行嗎？」

「不行，」他回答，「這樣對對方不公平。而且我並不知道他想和你有多大的交易。總之，聽我的，快來吧。」

「你確定是他要見我？」

「除了你沒有別人，快來吧。打個電報告訴我你會搭哪班車，我到車站接你。」

「好的。」我回答，隨即掛上電話。

我不喜歡神神祕祕，但我感受到盧修斯十分友善，他一定有很好的理由，否則不會和我進行那樣的對話。芝加哥的生活很單調，沒有讓我不捨的地方。按照現在的交易規模，想要回到我原先的交易規模需要很長一段時間。

我忐忑不安地回到紐約。路上不止一次懷疑這趟旅行會一無所獲，白白浪費時間和車票。我怎麼都猜不到，我將碰到此生最詭異的經歷。

捲土重來的契機

盧修斯和我在車站見面，他立刻告訴我想見我的是丹尼爾·威廉森（Daniel Williamson）先生，他是知名證券商威廉森─布朗公

司（Williamson & Brown）的老闆。威廉森先生讓盧修斯轉告，他有個對我十分有利的合作提案，相信我一定會喜歡。盧修斯發誓，他不知道提案的具體內容是什麼，但公司聲名顯著，不會要我做非法的事情。

丹尼爾·威廉森是公司的高層之一，這家公司是由他父親艾格伯特·威廉森（Egbert Williamson）在一八七〇年代創立，那時還沒有布朗這位合夥人。早年公司獨立運作了很長時間，在丹尼爾父親的時代，這是一家十分顯赫的公司。丹尼爾繼承了一大筆錢，公司運作基本上也是仰賴老客戶。公司有一位大客戶，一人抵得上一百人，他的名字是艾爾文·馬昆德（Alvin Marquand），是丹尼爾的妹夫。艾爾文不僅是十多家銀行和信託公司的董事，還是切薩皮克與大西洋鐵路公司（Chesapeake and Atlantic Railroad）的總裁。除了詹姆斯·希爾（James J. Hill），他是整個鐵路業最呼風喚雨的人，也是福特·道森（Fort Dawson）銀行集團發言人和決策人。他當時的財產估計在 5,000 萬美元到 5 億美元之間，全看預估人的膽量如何。他過世後，統計出來的數字是 2.5 億美元，全是從華爾街賺來的。你現在明白這家公司都有些什麼等級的客戶。

盧修斯坦誠相告，他剛接受了威廉森—布朗公司的一份工作，這份工作是為他量身定做的，負責對外拓展客戶，公司現在想拓展經紀生意。威廉森先生同意了盧修斯的建議，在不同城市開設分行，其中一家設在芝加哥的一家頂級旅館。我猜測，不知道他們是否想給我一個辦公室主任之類的職位？這類工作我當然沒興趣，但我沒有多嘴，畢竟對方尚未提出，我先說「不」算什麼？

盧修斯將我帶進威廉森先生的辦公室，把我介紹給老闆後就匆

匆離開，似乎怕我們談不攏會很尷尬。我等待對方提議，然後說「不」。

　　威廉森先生看起來十分友善。他是一位真正的紳士，動作文雅，笑容溫暖，可以感覺到他是那種很容易交朋友且能維持友誼的人。當然，他身體健康，充滿幽默感，而且身家豐厚，不會讓人懷疑他和人交友會別有動機。這些素質累加起來，還有他受過良好教育，禮儀莊重，形象斯文，讓人覺得他很友好，願意幫人。

　　我什麼都沒說，也沒什麼好說的。我的習慣是讓人先說，以後才發言。有人跟我說過有關已故詹姆斯・斯蒂爾曼先生的故事。他生前曾是花旗銀行總裁，也是威廉森先生的好友。他有個習慣，與人談生意時，總是靜靜地聽對方說話，面無表情。對方說完話後，他仍盯著對方看，彷彿還在等待對方的下一句。於是對方似乎感受到「再說」的壓力，往往會多說一些。最後結果就是，對方往往做出超出預期的妥協。[127]

　　我保持沉默並非期望對方提出更好的條件，我這樣做是希望完全了解事情的各個方面。不插嘴讓人說話更容易達到目的，可以省去很多時間，也會減少無謂的爭論。到現在為止，所有向我提出的合作建議，我都會用「行」或「不行」作為回答，但不會在聽完故事之前就隨便說出[128]。

　　丹尼爾・威廉森說著話，我聽著。他告訴我，他聽到很多我在股市的故事，對於我在棉花市場的遭遇深感遺憾。也就是因為我在棉市的壞運氣，他才能有見到我的榮幸。他認為我的專長在股票市場，我是為股市而生的，應該專注於股市。

　　「這就是我們想和您一起做生意的理由，李文斯頓先生。」他

愉快地總結。

「怎麼做？」我問他。

「我們當您的股票經紀人，」他說，「我們公司想得到您股票交易的生意。」

「我很願意將這個生意給您，」我回答，「但我不能。」

「為什麼？」他問。

「我沒錢。」我回答。

「別為錢擔心，」他微笑著對我說，「我這裡有。」他從口袋裡拿出支票本，寫了一張 2.5 萬美元 [129] 的支票給我。

「這錢用來做什麼？」我問。

「您可以將錢存入銀行，在我們證券行開戶交易。我不在乎您是賺或虧，如果都虧光了，我會再給您一張支票。所以交易時不要太膽小，如何？」

我知道這家公司很有錢，根本不在乎外人的一點小生意，更別提要給別人本錢到他公司交易。但他是如此客氣，不是只給我信用額度，而是給我現金。唯一的條件僅是交易要在他的證券行進行，而且如果虧光了還會再給錢。真有這樣的好事？看來事情並不簡單。

「請問您為什麼要這麼做？」我問他。

---

127 這是生意談判的訣竅之一，讓別人先說，自己默不出聲，最後往往能得到出乎預料的好結果。

128 讓人把話說完，也是有修養的表現。

129 一百年前的 2.5 萬美元，相當於今天的 250 萬美元。

「是這樣的，我們需要一位比較知名的大客戶。大家都知道您賣空時出手相當狠，我特別喜歡這一點。您可是聲名顯赫的大玩家。」

「我還是不太明白。」我說。

「說實話，李文斯頓先生，我們這裡有兩三位很富有的客戶，他們買賣的手筆都很大。每次有一兩萬股的賣單，我不想讓華爾街瞎猜是否為我們的大客戶在出脫持股。如果華爾街知道您在我們這裡交易，他們就搞不清楚到底是您在賣空股票，還是我的這些大客戶在出脫持股。」

我立刻明白了，他想利用我這個「大玩家」的名號來掩飾他妹夫的交易。正好一年半前，在華爾街的空頭交易讓我賺到人生最大的一筆，華爾街的流言蜚語從此習慣將每次的股價下跌，都歸咎為我的炒作。直到今天，每當股市疲軟，他們都會說是我砸崩的。

不用多想，我即刻看到威廉森先生給了我一個快速捲土重來的機會。我接受了支票，存入銀行，在他的證券行開戶後開始交易。市場很活躍，閉著眼睛都能賺到錢。我原先擔心自己已失去交易的靈感，現在看來，擔心是多餘的。我只用了三個星期，利用這 2.5 萬美元的本金賺了 12 萬美元。

被利用的一顆棋子

我找到威廉森，告訴他：「我來還您 2.5 萬美元。」

「別急，別急！」他對我搖搖手。「不要急，讓你的戶頭變得更大一點。別急著還錢，你的戶頭就交易來說還只是個小帳號。」

這裡我犯了我在華爾街生涯中最後悔的錯誤，這個錯誤讓我其後很多年都痛苦不堪。我應該堅持把錢還了。我當時正走在重振旗鼓的路上，步伐很快，不僅會賺回虧損的錢，還會賺更多。這三個星期裡，我每個星期的回報達 150%。而且從此開始，我的本金更多了，交易規模就會更大。但是我鬼迷心竅，沒有堅持要他收回借款，這使我心中覺得欠了他的人情債還沒還。而且他未從這個帳戶裡取走 2.5 萬美元，我就覺得不該從中移出自己的交易利潤。我對他深懷感激之情。

　　我討厭欠債，不管是欠錢債還是人情債都討厭。錢債還可以用錢來還，人情債就需用人情來還，道德上的欠債往往最昂貴，它通常不封頂。

　　我保留帳號不動，繼續交易。我上手得很快，重新找到自己的平衡點，相信很快就能回到一九〇七年的水準。只要市場走勢能再持續一點點，我相信自己就能將一切虧掉的錢都賺回來。說真的，賺錢與否還不是我最在乎的事，最讓我開心的是，現在我可以屏蔽外在的影響，完全自己決定交易思路，我徹底糾正了盲從的壞習慣。讓別人的想法左右自己曾在幾個月前近乎毀了我，我決定不再重犯同樣的錯誤。

　　就在這時，我轉而看空股市，開始賣空幾檔鐵路股，其中切薩皮克與大西洋鐵路大約賣空了 8,000 股。

　　一個早上，我到了華爾街，威廉森先生把我叫到他的私人辦公室，對我說：「賴瑞，現在別動切薩皮克與大西洋鐵路的股票，你賣空 8,000 股的交易並不合適，我今天上午已在倫敦將空倉平了，而且我還買進一些。」

我確信切薩皮克與大西洋鐵路的股票正在走跌，股價帶給出了非常清楚的訊息，而且我全盤看空大勢。雖然不是急跌，但空頭的氛圍已經到足夠賣空些股票來測試市場。我對威廉森先生說：「您為什麼採取那樣的行動？我看空股市，所有股票都在跌。」

他搖搖頭，對我說：「我之所以那樣做，是因為恰好我知道一些你不可能知道的消息，我給你的建議是，暫時不要賣空切薩皮克與大西洋鐵路的股票，等到我告訴你可以安全這樣做時再出手。」

我能做什麼呢？你不能說那是個愚蠢的建議。他的妹夫是這家公司的董事會主席。威廉森先生不僅是艾爾文‧馬昆德的妻兄，他對我大方慈愛，有再造之恩。他信任我，相信我的每一個字，我對他除了感激，沒有其他。就這樣，我再次讓感情戰勝了理智，我投降了。任由自己的判斷屈從於他人的意見不是我的個性，感激之心是每一位正常人都有的情緒，然而讓自己被感激之心捆綁，不能不說是性格上的缺陷。很快地，我賺來的 12 萬美元全部賠了進去，還倒欠證券行 15 萬美元之多。我感覺糟透了，可是威廉森要我不要擔心。

「我會幫你把虧掉的錢賺回來，」他答應道，「我知道我有這個能力，不過你必須允許我幫助你，讓我幫你交易。你不能自以為是，否則你會把我在你帳號裡做的交易全都倒回來。你就暫時別管股市，給我機會幫你賺錢，可以嗎？賴瑞？」

我再次問自己：「我能做什麼？」我對他的仁慈心懷感激，我不願讓他覺得我是個不知感恩的人。我已經開始喜歡他，他為人非常和藹可親，我從他那裡感受到的只有鼓勵。他不斷地向我保證一切都沒問題。大約六個月之後，有一天他笑著找到我，給了我一張

單據。

「我告訴你我會幫你把錢賺回來，」他說，「看，我說到做到。」我看到他不僅將我欠證券行的債務勾銷了，帳戶內還有一筆正數。

我相信自己可以將那筆金額很快又翻倍，因為大勢相當配合。但他又對我說：「我幫你買了 1 萬股的南大西洋鐵路（Southern Atlantic Railroad）的股票。」這是他妹夫馬昆德控制的另一家鐵路公司，當然也控制著股價的走向。

當一個人得到了類似丹尼爾．威廉森的幫忙，你對這個人除了「謝謝」還能說什麼？就算你對股市可能有不同的看法，就算你相信自己是對的，但股市就如同帕特．赫恩所說：「你沒下注就不知道。」威廉森先生替我下了注，用自己的錢替我下注。

沒想到，南大西洋鐵路的股價跌了，而且是一直跌。我虧了，我忘了虧多少，反正等到丹尼爾將這 1 萬股的股票停損賣出，我欠了他巨額的錢。但你從未見過一位更友善的債權人，從來都看不到壞臉色。你只聽到鼓勵的話，叫你不要擔心。當然，最後這些欠款也以同樣神祕的方法一筆勾銷。

他從來沒告訴過我細節。帳號也是編號，沒有人名。丹尼爾．威廉森只是這麼說：「我們用從其他股票賺的錢填平了南大西洋鐵路的窟窿。」他告訴我，他賣空了 7,500 股其他股票賺了一大筆。說真的，我對自己帳號內進行過什麼交易一無所知，只知道帳號內的欠款最後被還清了。

類似的事情重複了好多次。這下我開始懷疑，開始從不同角度看待這件事。終於，我崩潰了。相當清楚，我被利用了。一想到此

我就非常生氣，而令我更生氣的是，為什麼自己沒有更早察覺？我將整件事在腦海中過濾一遍，即刻下了決心。我找到丹尼爾‧威廉森，告訴他我已經完成與這家公司的合作，隨即離開辦公室。我什麼話都沒說，沒有對他說，也沒有對證券行的其他人說。有什麼好說的？我承認心中充滿憤怒，但我對威廉森─布朗公司的憤怒，和對自己的憤怒一樣多。

違背原則的教訓

我從來不為虧錢悔恨。每次在股市虧錢，我都覺得自己學到了東西；虧了錢，學到了經驗，這些虧掉的錢其實是繳了學費。一個人想成功就必須有經驗，想得到經驗就必須花錢，沒有例外。但這次經歷真正傷了我的心，因為我失去了一個絕好的賺錢機會。虧錢是小事，錢容易賺回來，但那種機會並不是天天都有，失去機會讓人痛心。

要知道，當時的市場太容易賺錢，我對市場的判讀也完全正確，這是個快速獲得百萬進帳的機會。但我讓自己的感激心捆綁了手腳，讓威廉森表面的友善操縱了自己。那是相當愚蠢的合作，比和親戚合夥做生意 [130] 還更加不智。太令人糟心了。

更糟糕的還在後頭。這個走勢過後，有很長時間都沒有賺錢的機會。股市只在區間震盪，情況從不好變得更糟。我不僅又一次虧到一無所有，而且再次負債，欠了比以往更多的債。其後是漫長的飢荒歲月，一九一一、一九一二、一九一三、一九一四，這四年完全沒有賺錢機會，我陷入前所未有的困境。

如果虧錢的方式是糊里糊塗地錢就不見了，心裡或許不會感到特別難受。我的情況正好相反，所以總是無法將思緒從中解放出來。我已經知道，投機者有無數的弱點。作為普通人，我在丹尼爾‧威廉森辦公室的情緒表現是正常的，但作為專業投機人，讓其他因素影響自己的判斷就相當不智，且不可原諒。貴族式義氣[131]雖然可貴，它不應存在於股市之中，股價的走勢從來不講義氣，而且股市從來不獎勵忠誠。但我心裡清楚，就算回到起始，我的選擇大概也不會不同，所以特別無法原諒自己。我已經選擇做一名專業股票作手，我工作的最基本就是按照自己的判斷操作，我怎麼違背了這個原則？

　　這是一段不尋常的經歷。讓我談談我的推測。丹尼爾‧威廉森第一次和我見面時是很誠懇的，每次他的證券行就某檔股票做了幾千股的交易，華爾街都猜測這是艾爾文‧馬昆德在買賣。確實，他是這家證券行的大客戶，也將所有的股票生意託付給這家公司。那時他也是華爾街最棒和最重手的交易者之一，我被當成了煙幕彈，特別為馬昆德先生的賣盤做掩護。

　　馬昆德在我進證券行後不久就生病了，他得了不治之症。威廉森當然比馬昆德本人更早知道這個消息，當時他將我賣空切薩皮克與大西洋鐵路的股票平倉就是因為這件事，他自己當時正在脫手妹

---

130 切記，不要和親戚合夥做生意；投資可以，但不要共管。

131 原文為 noblesse oblige，是源自歐洲的傳統社會觀念，意指從社會取得愈多財富、聲望的人，就須對社會擔負愈多的責任與義務，亦即上層人士有照顧底層人士的義務，但此處指對個人的忠誠。

夫所擁有的股票。

　　毫無疑問，一旦馬昆德去世，他的遺產就要被分割，而他的股票就需要大規模脫手，但那時的股市已經走向空頭。將我雙手綁住，威廉森等於幫了妹夫遺產的大忙。我出手很重，這不是吹牛，我當時看空股市的判斷又非常正確，相信威廉森知道我在一九〇七年的成功細節，讓我這樣的玩家在市場自由發揮是相當危險的事。因為如果讓我自由交易，到了馬昆德去世、遺產股票必須賣掉時，我的賣空盤或許會有幾十萬股之多，馬昆德的遺產繼承人可能要蒙受數百萬美元的損失。馬昆德最後留下了幾億美元的遺產。

　　讓我負點債，再替我把債還了，將我困住，這樣做的代價比任由我在其他地方自由賣空可能對他造成的損害小多了。如果不是在情感上覺得有欠於威廉森，我絕對會將賣空操作做到極致；我當時相當看空股市。

　　我一直把這件事當成我的華爾街生涯中最怪異、又最不幸的事件。如果當成一堂課，學費實在太貴。它將我東山再起的時間拖延了好多年。我還年輕，可以耐心地等待那些溜走的百萬美元再回到身邊，但讓一個年輕人過五年窮日子實在太漫長。不管年輕或年老，受窮都不值得誇耀。沒有遊艇，我只是稍感不舒服，可是股市沒有交易機會實在太煎熬。一生中最棒的賺錢機會就這樣失去了，它像一隻手向我遞來失去的錢包，但我居然沒有伸手接過來。威廉森相當精明，他值得華爾街給他的讚譽——機靈、有遠見、膽識不凡。他是位思想家，富有想像力，一眼就能抓住人性弱點，並冷血地加以利用。他一眼就看穿了我，利用我的弱點制定了行動計畫，成功地解除了我在股市的武裝。他並沒有騙我的錢，在金錢上他其

實對我很大方。毫無疑問，他疼愛他的妹妹，那位馬昆德太太，他盡了全力幫助妹妹。

本章重點＆給投資人的提醒

　　這一章的故事告訴投資人一個教訓：在投機市場操作，一定要完全依靠自己的判讀操作，無論是股票、期貨或其他金融商品，不要在道德上受到綁架。不在道德上被綁架，並非意謂著你可以做違法的事，而是意謂著欠人情有其他的報答方式，用不著在行為上順著對方。投機是很特別的領域，如果行為上受到他人控制，結果必然是悲劇。例如有時你懷疑父母要你做的事情可能不對，但因為不想父母難過而服從，最後可能衍生悲劇。類似的道德綁架常常在婚姻中上演。

第 14 章

面對股市不需要忠誠

　　一位專業投機人需要研究市場情形，需要牢記先例，需要知道大眾心理和經紀人的能力。他還需要徹底地了解自己，控制自己的弱點。

　　沒有人應該對股市的走向有任何忠誠，他唯一需要的忠誠是追隨正確的走向。

　　想要在投機行業成功，了解自己和了解市場一樣重要。

　　離開威廉森一布朗公司的辦公室，我的心情十分懊惱，最好的賺錢機會失去了，其後整整四年，股市完全沒有盈利機會。一分錢都賺不到。如同比利・亨利克茲（Billy Henriquez）的比喻：「這樣的股市連臭鼬都留不下味道。」

　　看來，我的命運正處於低潮，也或許是上帝有意要我謙卑。但我自己並未犯下得意忘形的錯誤，也未犯下一般投資者常犯的錯誤，更沒有進行愚蠢交易。我所做的，或我沒去做的，按照上流社會的道德標準都值得讚揚。當然，根據華爾街的習慣，這類道德標準是荒謬及昂貴的錯誤。這導致了最糟糕的結果：必須沒有人性才能在華爾街生存。

負債的人生

離開威廉森之後，我試了其他幾家證券行，結果處處虧錢。這個結果不令人奇怪，我在試圖強迫市場給我它還不想給的東西。賺錢的時機沒到。我從這些證券行取得信用額度非常容易，他們都對我有信心。你猜他們對我的信心有多強？到我終於收手停止交易時，我欠這些證券行的錢超過 100 萬美元。[132]

問題不是我失去了交易的敏銳，而是在於這四年完全沒有賺錢機會。我不顧外在條件勉強入市，試圖化腐朽為神奇，結果是只增加了負債。我實在不願欠朋友更多的錢，於是停止了自己帳號的交易。我開始替一些人交易賺生活費，他們很崇拜我，相信無論股市多麼沉悶，我都能賺到錢。若偶爾賺到錢，他們會讓我抽成，我就靠它維生。

當然，我並不是總在虧錢，整體來說還賺一些，只是這個數目不夠我償付巨額負債。隨著情況愈變愈糟，我開始覺得心灰意冷，這可是我人生中第一次出現這種感覺。

似乎什麼事都不順心，我的生活從百萬富翁坐遊艇，降級到百萬負翁沒遊艇。我雖然不享受貧窮生活，但也沒有自怨自艾。我沒有死板板地等待上天來改變我的情況，我不斷地反思自己的問題。很顯然，改變現況需要錢，而我只要交易順當，錢就會來。這在以前也發生過，我必須讓它再次發生。我曾不止一次將小小的零星資金變成幾十萬，遲早股市會再給我機會。

我說服自己：所有的錯都是自己的錯，股票市場從來不會錯。那麼這次自己的錯誤到底在何處？這種自我反思已是我這些年的習

慣。我冷靜思考，結論是我主要對負債有很大的思想負擔，這在精神上一直壓抑著我，我必須解脫。問題不僅僅在債務本身，每個生意人在做生意時都會碰到債務問題，我的債務和其他生意債務沒有本質上的區別。我在買賣股票不順當時負債，別人在天氣不好時負債。

　　時間一天天過去，慢慢地，我對這些債務愈來愈不自在。我說過，我欠了超過 100 萬美元的債務，都是買賣股票虧的。我的這些債權人大多很好，不打擾我，但其中兩位找了我麻煩。他們一直盯著我，每次我交易賺了點錢，他們就嚷著要知道細節，要我償債。其中一人的債務只有 800 美元，他威脅著要告我、沒收我的家具等等。我想不透為什麼他會懷疑我隱藏財產，難道我像個即將窮困而死的流浪漢？

申請破產

　　隨著反思的深入，我發現問題不在於我對股市的判讀出錯，問題在於我性格上的缺陷。如果我心裡有負擔，就無法正常交易。而只要我還在負債，我心裡就有負擔！[133] 只要還有債權人在我賺到一筆像樣的本金前不斷嘮叨，我就無法專心。選擇很清楚，我必須

---

132 有時市場是沒有賺錢機會的，無論你是多厲害的高手都沒用。投資人必須記住，碰到這種情況時就休息一會兒。

133 當有心理負擔時，例如夫妻吵架、孩子不聽話或其他令人心煩的事，判斷就很容易出錯，在操作買賣股票時，就要有能力抵擋這些負面影響。

申請破產，才能讓耳根清淨。

聽起來簡單易行，事實並非如此。破產的滋味並不好，我很不喜歡，也不願這麼做。我不喜歡自己被誤解、被看輕。我從沒在乎過金錢，更沒想過用撒謊的方式搞錢，但我知道不是所有人都會這樣認為。當然，只要我再度站起來，一定會償還所有債務，因為我內心的債並未消失。現今面對的問題是，除非我能像往日一樣沒有負擔地進行交易，這百萬美元的負債就不可能償還。

我鼓起勇氣找債權人，這對我而言是件艱難的事。這些債權人大多是好朋友或舊識。

我坦率地將情況向他們解釋，我說：「我不是不想付錢，但我必須將自己放在能夠賺錢的位置上，才有可能償還這些錢，這對大家都有好處。這兩年來我一直在思考這件事，但我沒有勇氣向你們坦白，如果我早些時候這樣做，或許情況更早就改善了。我自己在被這些債務困擾的情況下，無法像過去一樣理性交易。我應該一年前就做這件事，現在鼓起勇氣向你們坦白，這是我申請破產的唯一理由。」

第一位回答的債權人幾乎可以代表所有的債權人，他代表公司回答：「李文斯頓先生，我們非常了解你的情況，我們打算註銷你的負債，請你的律師準備一下相關文件，我們簽署。」

我的主要債權人都做了類似的表態，這體現了華爾街的另一面。這些債權人不是魯莽地在做好人，也不是試圖體現願賭服輸的紳士精神，他們做的是理性的商業決定。他們的決定無疑是最佳的。我對他們的魄力和善意深表謝意。

這些債權人註銷了我欠他們的債務，總額超過 100 萬美元。不

過有兩位小債主不肯簽署，一位就是借了 800 美元的那位，另一位是一家已破產的證券行，欠債金額為 6 萬美元，接手的人不認識我，一直盯著我不放。由於證券行申請過破產，就算它想註銷我的負債，法庭或許也不會批准。總之，我的破產金額僅僅 10 萬美元左右。不過一如我前面說的，我的欠債金額超過 100 萬美元。

消息上報後讓我極度不爽，我一直按時付帳，這個新經歷讓我深感恥辱。我知道自己有一天一定會把錢都還清，但讀報紙的人可不這麼想。我羞愧到不敢出門。不過時間會沖淡一切，慢慢地事情就沉寂了。你想像不到不再被人騷擾是何等令人輕鬆。我從事的工作是股票投機，這是一種需要全身心投入的事業，否則沒有成功的可能。[134]

孤注一擲的機會

我現在可以將全部精力投入交易。負債問題解決了，沒人再來打擾我。下一步是再籌措一筆本金。股票交易所從一九一四年七月三十一日到十二月中旬都關門歇業[135]，華爾街空空蕩蕩，有很長一段時間都沒有交易。我欠所有華爾街的朋友，沒臉再向他們借錢，他們對我一直很友好，我不可濫用他們的友誼。而且我知道，他們也都自顧不暇。

---

134 投資人若想在投機這行取得成功，玩票是不成的，需要全心投入。
135 此時正值第一次世界大戰。

籌措一筆像樣的本金相當困難，證券交易所關門了，找不到經紀人幫忙。我找了其他人，沒什麼結果。

　　最後，我去找了丹尼爾·威廉森，時間是一九一五年二月。我告訴他我已經解決債務問題，現在可以放鬆交易了，就像正常情況一樣。你記得在他需要我的時候，輕輕鬆鬆就開出一筆 2.5 萬美元的支票隨我支配。

　　現在我需要他的幫忙，他說：「你一旦看到交易機會，我擔保500 股的單，在此數額之內，你隨意。」

　　我向他謝謝，隨即離開。他讓我失去了賺大錢的機會，他的證券行從我的交易上賺了巨額佣金。坦白說我有點不高興，他給我的擔保實在太小氣。這次我打定主意會非常保守地開始，如果能有比500 股更大的操作空間，相信我在財務上重新站起來會更容易也更快速。無論如何，小就小吧，這是我捲土重來的機會。

　　離開威廉森辦公室後，我著手研究股市，同時反思自己。現在的股市正處於牛市，在我看來這很明顯，數以千計的其他交易者也不會弄錯。但我的交易被限制在 500 股以內，意謂著我沒有犯錯的空間，我必須一擊就中，第一手就賺到錢。我的第一筆 500 股交易必須是盈利的。我知道除非自己有足夠的本金來安排交易次序，否則我無法充分發揮判斷力。沒有足夠的本金，就無法用冷血無情的態度玩投機遊戲，無法承受在全力下注之前測試市場的可能損失，而我習慣下大注之前測試市場。

　　回頭想想，我當時處在投機生涯中最關鍵的時刻。如果這次又失敗了，真不知道是否還有機會捲土重來？我當時心中很明白，我必須等待，等到那個關鍵的心理關口才入市。

我刻意遠離威廉森證券行。整整六個星期，我沉心讀盤，害怕自己如果離威廉森證券行太近，又有隨意下注 500 股的選擇，我會控制不了自己。我可能會在錯誤的時間交易錯誤的股票。一位專業投機人需要研究市場情形，需要牢記先例，需要知道大眾心理和經紀人的能力。他還需要徹底了解自己，控制自己的弱點。人都有弱點，這用不著自責，我很明白：想要在投機行業成功，了解自己和了解市場一樣重要。我反思了以前自己的一時衝動，思考了股市一活躍就手癢的弱點，對於這些個人特質的反省，不少於我用在分析股票盈利或農產品收成的注意力。

從賺錢走向更賺錢

一天又一天，我口袋空空，急切地想從股市賺點錢。我坐在另一家證券行交易廳的股價板前研究股市，雖然無法買賣，但每個交易都不放過，我等待可以全力下注的心理關口。

按照當時的股市情形，我最看好的股票是伯利恆鋼鐵公司（Bethlehem Steel），時間是一九一五年初。我確定這檔股票會上漲，而且會漲得很高，但我必須一出手就贏，我決定等到股價超越股票面額 [136] 時再行動。

我說過，我的經驗是每當股價第一次躍過 100 美元或 200 美元或 300 美元等整數時，**趨勢是股價會繼續上升 30 至 50 點，而且躍**

---

136 當時的股票面額通常是 100 美元。

過 300 美元的速度會比躍過過 100 美元或 200 美元還快。我第一次嘗試是阿納銅礦，在股價超越 200 美元時買進股票，隔天以 260 美元脫手。我在股價超越股票面額時入手的習慣是從賭館時期開始，那是我的老習慣。

你可以想像我有多麼急著想要回到過去的規模進行交易。我心心念念著，但強力控制自己。看著伯利恆鋼鐵公司的股價一天天往上漲，我確定它還會繼續這個漲勢，但我不讓衝動推動自己，跑去威廉森—布朗的交易廳買上 500 股。我必須讓自己的第一手沒有瑕疵。

股價每漲 1 美元，意謂著我少賺了 500 美元。第一個 10 美元的升幅，意謂著我可以加倍入市，不僅買 500 股，我可以買 1,000 股。能夠交易 1,000 股，意謂著股票每漲 1 美元，我就可以進帳 1,000 美元。但我還是忍著。我將虛幻的信心和希望放在一邊，等待經驗的明燈給我指引。如果手邊有更多本金，當然可以多承擔一些風險；沒有本金，任何風險都是不可承受的奢侈。整整六個星期，我就這樣咬著牙，用理性戰勝貪念。

說實話，當股價漲到 90 美元的時候，我真是快撐不住了，每個毛孔似乎都要噴出血來。想想這一路上我放走了多少錢？我可是從一開始就看多這檔股票。當股價到 98 美元時，我對自己說：「伯利恆鋼鐵公司會越過 100 美元，一旦發生，屋頂都會掀掉！」股價帶給出了同樣的訊息，它用擴音喇叭喊出這個訊息。當股價帶打印出 98 美元的時候，我知道 100 美元的價錢正在交易廳交易；這不是希望或想像，這是讀盤的經驗。我對自己說：「不可以等到股價帶打印 100 美元的時候，現在就必須進場，因為現在已經以 100 美

元交易。」

我急忙跑到威廉森—布朗交易廳，下單買入 500 股伯利恆鋼鐵公司的股票，看到的股價是 98 美元，我的成交價在 98 至 99 美元之間。從此之後，股價飆起，印象中當天的收盤價是 114 或 115 美元，我在收盤前加了 500 股。

第二天，伯利恆鋼鐵公司的股價漲到 145 美元，我終於又有了一筆資本，這可是辛苦錢哪！那漫長六個星期的等待讓我精疲力盡，幸好辛苦得到了回報，現在我又有足夠的本金能在股市下有規模的交易單了。如果我的交易被限制在 500 股，那真看不到出頭的希望。

無論哪個行業，好的開始是成功的一半。伯利恆鋼鐵公司之後，我做什麼都順風順水，你會懷疑這真是同一個人在做交易嗎？毫無疑問，今天的我已不是昨天的我，以前讓我疑難犯錯的地方已經修補，我不再有同樣的疑難或再犯同樣的錯誤。現在也沒有債權人在我旁邊喋喋不休，加上我手邊的資金充足，不再為缺錢而礙手礙腳。我一旦能夠全心傾聽經驗給予的引導，結果就是從賺錢走向更賺錢。

看樣子，我又要發大財了。忽然間，盧西塔尼亞號事件[137] 爆發。人生或許就是這樣，偶爾莫名其妙地太陽穴上會遭人打一拳。這提醒了股市玩家面對現實的殘酷：沒有人有可能在股市中百戰百

---

137 盧西塔尼亞號（Lusitania）是一艘英國郵輪，一九一五年五月遭德國潛艇擊沉，造成一千兩百人死亡，導致美國加入第一次世界大戰。

勝，而不受偶發事件影響。有人說真正的專業投機者不會為盧西塔尼亞號被水雷擊沉之類的消息重傷，他們會在華爾街反應之前採取行動。我可沒那麼聰明，也沒有事先得到消息，加上另一或二次我沒有預見到的事故，一九一五年底，我在券商的帳戶裡只有 15 萬美元。這一年，我大多數時間都判斷正確，交易順利，但最終我只存下 15 萬美元。

第二年的情況好多了。我相當幸運，在一個強悍的牛市中如狂牛般交易。什麼事都順順利利，想不賺錢都很難。這讓我想起標準石油公司前總裁羅傑斯（H. H. Rogers）的名言：「人生好運來的時候，就像暴雨之時沒帶傘出門，想不被淋溼都不成。」股票的走向就像標準的牛市定義，這輩子還沒碰過這樣一路多頭的情況。大家都看得很清楚，英法聯軍的戰略物資搶購已經讓美國成為全球最繁榮的國家。我們有別人缺少的物資儲備，全世界的錢都湧向美國。全世界的黃金都來了。當然，通貨膨脹不可避免，什麼東西都在漲價。

一切都擺在檯面上，清清楚楚，用不著操縱，價錢就咻咻咻地往上竄。以前多頭趨勢確定之前通常會先震盪一段時間，這次連震盪都免了。一同興盛的還包括戰爭新娘熱潮。這次的興盛給全國的各個階層都帶來生氣，一九一五年的股票牛市比以往任何時候都更均勻地將財富分配給社會的不同階層。至於一般民眾是否有及時將帳面利潤轉換成現金，或者他們賺了錢又虧回去之類的話題，如同歷史般不斷重複。在華爾街這個地方，歷史重複的規律性和相似性最為顯著。如果你喜歡閱讀財經類史書，近代的金融泡沫和恐慌與往日相比實在太相像了，無論是股票投機遊戲還是股票投機者，幾

乎沒有區別。投機遊戲沒有變過，投機人性也沒有變過。[138]

對股市走向不必表現忠誠

一九一六年，我順勢而為。我和其他人一樣看多股市，當然，我也隨時密切注意著，知道任何事都有結束的時候，包括牛市，我盯著牛市開始與結束的訊號。我並不注重這個訊號發生的具體時間，我在觀察整體市場。我對股市的方向從來沒有偏好，不管是多頭還是空頭，我一視同仁。有時牛市在我銀行帳戶中增加了筆數，有時熊市對我特別慷慨，我不會對任何一方產生偏好。轉向訊號來了，我就跟著轉向。沒有人應該對股市的走向有任何忠誠，他唯一需要的忠誠是追隨正確的走向。

還有件事必須牢記：市場的頂峰並沒有明確的標誌，市場的低谷也沒有固定的形式。牛市結束前會給出很多徵兆，在股價完全崩盤之前，牛市可能已經很久不漲了。我一直等待的訊號終於慢慢浮現，我注意到那些在牛市中引領潮流的股票會從高處跌上幾點，但和幾個月來的牛市不同，這一跌就回不去了。很明顯，牛市賽跑已經結束。當然，交易策略也需要改變。

牛市意謂著股票價格向上走，這很容易明白。如果一檔股票的運動方向和大多數的股票不同，你會假設這檔股票本身有問題。有

---

138 投機市場的人和事都不斷重複，會重複的東西就可以學習，只要有恆心，一定有成為專家的一天。

經驗的作手不難判斷出有什麼不對勁。股價帶不會講話，它只打印交易價格。你的工作就是從交易價格的變化中讀出「該賣了」的訊號。

一如我說過的，我留意到上一波升勢的領頭羊不再上漲，它們跌上六、七美元後就不動了。同時，其他的股票還像正常牛市一樣上升。由於公司本身並沒有問題，那為什麼股價現在不漲了呢？這些股票在幾個月內一直隨著趨勢而動，現在不動了，雖然大勢還是牛市，可以說這些股票的牛市已經結束，儘管其他股票仍一路多頭走向。

牛市中有些股票不漲並不奇怪，市場還未看到逆流橫行，我也沒有馬上轉為看空股市。讀盤的訊息沒有這樣的指示。雖然可以感覺到牛市接近尾聲，但牛市還在喘息，多頭交易仍有利可圖。我僅僅看空那些不漲的股票，至於那些還在漲的股票則表示多頭還在持續，我有選擇地同時買和賣，雙向交易。

過去領跑的股票現在都不跑了，我賣空它們，每檔股票賣空5,000股。我買入那些新的領頭羊。我賣空的那些股票沒什麼動靜，買進的股票則繼續漲。後來當這些上漲的股票也沒力氣了，我便賣掉它們，同時反手做空，每檔股票同樣是5,000股。幾次來回後，我對大市看空多過看多。很明顯，下一個賺大錢的機會在空頭交易。我相信，熊市的初始在牛市完全結束之前就啟動了，但大空頭的時間還沒到。在股市，忠誠是完全不必要的，更別談過早表示這樣的忠誠。從讀盤中得到的訊息是：現在只有空頭大軍的巡邏隊出沒，主力在後面。這是提醒你要做好準備了。

我同時買進和賣出，持續了差不多一個月，現在的賣空盤大約

有 6 萬股，每檔股票 5,000 股，正好十二檔股票，都是上一個牛市中大眾的最愛，也都是上一個牛市的領跑者。我的賣空盤不是很重，別忘了股市也還未完全走空。

有一天，股市一下子變得很弱，股價整個下跌。當時我賣空的十二檔股票平均每股有 4 美元利潤。這下我知道自己做對了，大盤給出的訊息是現在賣空安全了。我即刻將賣空的股數翻倍。

我建好了賣空盤。在熊市中賣空股票，順勢而行，不需要特別動作，坐等就好。知道股市會順著我預期的方向走，我也等得起。將賣空盤翻倍之後，我很久都沒有交易。就這樣等了七週，我們碰到著名的「洩露事件」，引發股市崩跌。傳說是有人事先從華盛頓得到消息，湯瑪遜・伍羅德・威爾遜（Thomas Woodrow Wilson）總統將發布公告，會迅速將和平鴿帶給歐洲。當時，戰爭新娘熱潮已經進行了一段時間，和平對股市來說可是一個空頭消息。一位華爾街老練的作手遭到控告，說透過內線新聞獲利，他辯解是看到牛市熟過頭了。我自己則是七週之前就已經將空盤翻倍。

新聞造成股市大跌，我很自然地將空盤平倉。那是唯一正確的操作。發生了預想不到的事件，你當然不會放過天上掉下來的好機會。當股市像那天大跌，市場交易量十分巨大，你必須趁機將手頭的帳面獲利轉成現金。記著，就算在熊市，要平倉 12 萬股的股票也不是一件容易的事，買盤會拱高股價，讓你損失相當多的帳上利潤。交易者需要等待這樣的機會，確定他的買盤不會傷害到自己的空盤。

我並未預想到會出現那樣的傳聞，也未預測到股價會崩跌。但記得曾說過，我三十年的經驗給我的啟示是：事情常常順著最小阻

力線發生，當我的倉位順著最小阻力線布置總能得益。另外一個經驗是，想賣股時不要試圖找最高點，最好的賣點是下跌之後沒有出現反彈之時。

無債一身輕

一九一六年，我總共賺了 300 萬美元。牛市時我做多交易，轉頭熊市時則做空交易，成績斐然。我在前面解釋過，一個人用不著像婚姻誓言一樣，執著股市的某個方向到死才分離。[139]

那年冬天我又南行，到了棕櫚海灘，這是我很喜歡的旅程，我喜歡海釣。我手邊還有賣空的股票和小麥倉位，都有不錯的帳面利潤。沒有什麼東西打擾我，日子過得很愉快。當然，除非我去歐洲，否則不可能完全脫離股票或期貨市場。就算在我紐約的家，都有電報專線直通證券經紀人。

在棕櫚海灘，我習慣了時不時到經紀人的辦公室晃晃。我留意到棉花價格的走勢很強，而我手邊沒有棉花倉位。那是一九一七年，很多傳聞指出威爾森總統努力在歐洲商議和平，這些傳聞大多來自華盛頓，要麼出現在新聞報導，要麼登在給證券客戶的私人通訊。因此，有一天我產生了這樣的感覺，市場價格已經體現了威爾森總統將會成功的假設。倘若和平如預想般到來，那麼股票和小麥的價錢還會下跌，但棉花的價錢會走高。我在股票和小麥都已經有倉位，在棉花則尚未動作。

這天下午直到兩點二十分，我手邊一包棉花都沒有，但是我相信和平即將到來。兩點二十五分，我買進第一手一萬五千包棉花。

我打算按照老方法進行交易，逐步建立倉位，建倉的方法前面介紹過。

　　同一天下午收盤後，收到的消息是戰爭全面爆發。什麼都做不了，只能坐等明天開市。記得當晚有個聚會，一位工業界大老試圖以比當日收盤價低 5 美元的價格，出賣美國鋼鐵公司的股票，要多少都行。雖然當時有多位匹茲堡 [140] 的百萬富翁在場，但沒有一位接盤。他們知道明天的大跌會很驚人。

　　果然，第二天早上，期貨市場和股票市場一片混亂。一些股票的開盤價格比前一天的收盤價低了 8 美元。對我而言，這是上天賜予的最好平倉機會。我說過，在熊市，最好的平倉時間是市場突然發生全面崩跌。如果交易量很大，這是唯一能夠快速且不自傷地將帳面利潤變成現金的機會。我當時僅僅美國鋼鐵公司的賣空倉就有 5 萬股之多，當然，我還賣空了其他股票。我看到平倉的機會來了，即刻就抓緊行動。我的利潤大約是 150 萬美元。這樣的機會不能放過。

　　再說棉花，我在前一天下午收盤前半小時買進一萬五千包，第二天開盤低開了 500 點，意謂著我一夜之間損失了 37.5 萬美元。雖然股票和小麥的倉位應該如何處理很清楚，即刻平倉就行，但棉花該怎麼辦我一時想不清。考慮的東西很多，我的習慣是一有虧損

---

139 牛市時跟漲，熊市時跟跌，順勢而為，這道理聽起來很簡單，執行卻很困難，但理念是很清楚的。把持這個理念，隨著經驗增加，慢慢就能做到，在交易中獲利的思路其實很簡單。

140 匹茲堡是美國的鋼鐵大城。

就立刻停損，不過那天早上我不想就這樣虧錢把棉花出手。然後我想明白了，我這次南下是要休息，不是來為棉花的倉位傷腦筋，況且我在股票和小麥的操作上賺了一大筆，就決定在棉花上停損。我安慰自己，這次只賺了 100 萬多一點，而不是 150 萬美元。數字有些變化而已，沒什麼大不了。

如果不是前天收盤前買進棉花，我將省下 40 萬美元。這表示在投機市場裡，一個不怎麼大的倉位可以很快地讓你虧一大筆錢。我在股票和小麥的倉位方向完全正確，雖然後來發生的事和我原先的設想有異，結果卻幫我賺了更多的錢。按照最小阻力線交易再次顯現了它的巨大威力。雖然德國來的消息和預期相反，價格依然順著最小阻力線行進。如果消息一如先前的預測，我在股票、小麥和棉花三方面都會百分之百正確，在那種情況下，股票和小麥價錢都會下跌，棉花價格則會上漲。我將在三種交易上都賺一筆。無論戰爭或和平，我在股票和小麥的交易方向都正確，沒預料到戰爭還幫了大忙。在棉花交易上，我考慮的是一個市場之外的因素，我賭威爾森的和平斡旋會成功。是德國的軍事將領讓我在棉花交易虧了一大筆。

一九一七年初，我回到紐約，將超過 100 萬美元的負債償還了。付清欠債，真是令人神清氣爽。這筆錢我可以早幾個月支付，但我當時交易順利，需要本金。一九一五和一六年，對我和債權人都是個好年，當然要好好利用。我知道我會賺很多錢，讓這些債權人多等幾個月沒什麼大不了。別忘了，這些債權人根本沒想過我會還債。我不願分批還錢，也不願一個一個分別償還，我希望一次就將所有欠債償還乾淨。只要股市有交易機會，我就要以最大的可能

手筆交易。

　　我提議支付利息，但所有簽了免債協議的債權人都拒絕接受。最後收到錢的是我欠了 800 美元的那位老兄，他打攪到我無法安心交易。我讓他等到我已經付清其他債權人的債款後才給他錢，我要給他個教訓，以後別再為幾百美元而要生要死。

　　到這裡，我又重新站起來了。

　　付完債之後，我將餘錢的相當一部分放進退休年金。我打定主意，不讓自己再陷入山窮水盡的欠債炒股窘境。當然，結婚後我把錢放了一部分到信託基金給妻子。孩子誕生後，我也同樣放了些錢到孩子的信託基金。

　　我做這些並不只是害怕股市會再次從我這裡奪走這些錢，而是害怕我日後需要錢的時候會忍不住動用這些錢，放入信託就無法動用。透過這樣的安排，起碼老婆、孩子的生活不會因為我的交易起伏受到影響。

　　我認識的人之中有好多位做過類似的安排，但當需要錢的時候，都請妻子簽名放棄信託，最後又輸到精光。然而我安排的方式是，無論我日後需要本金要還是妻子真想幫我，都不可以將錢移出信託基金。我不想在這裡留個後門。

本章重點＆給投資人的提醒

　　這一章講了兩個主題，一是投資必須心無旁騖，二是心態上不要有偏空或偏多的愛好，追尋順勢而為即可。唯有心中沒負擔，才能夠做出最正確的判斷，所以必須盡量避免那些影響心境的負面情緒。投機市場沒有新鮮事，在操作中順勢而為，股價漲就跟進，股價跌則賣空或離場。只要建立好這樣的信念，你就走在正確的道路上。

第 15 章

永遠為「不可預測」留餘地

　　大錢永遠是正直做生意賺來的。

　　我就此在長長的投機注意事項中多加了一條，時時提醒自己：永遠為「不可預測事件」留餘地。

　　投機活動常常碰到意外，它是投機成功的阻礙之一。「偶然事件」或「不可預測事件」在這類阻礙中名列前茅。想在商業上成功，就一定要承擔風險，無論多麼謹慎，如果一點風險都不承擔就無法成為商人。一般的商業風險並不會大於你出門上街或搭火車旅行。當我買賣股票因為不可預測的事件虧錢，我就當出門意外地碰到一場雷陣雨。人的生命從嬰兒床到墳墓就是一場賭博，如果在自己身上發生了不可預測的事件，我從不當一回事。但在我的投機生涯中，有很多次我判斷正確、做事規矩，卻還是被對手的陰險卑鄙給坑了。

　　對於騙子、懦夫、甚至群眾的不規矩行為，頭腦清楚的生意人總是能夠找到自保的方法。我自己從未面對過赤裸裸的欺詐行為，或許早年在賭館的時候碰過一兩次；即使是賭館那樣的地方，規矩經營也是最高原則。大錢永遠是正直做生意賺來的，如果一個地方

讓我覺得需要留意防範出老千，我是不會光顧的。和騙子打交道實在太令人頭疼。大家都期待公平交易，只有公平交易才能夠長久。我可以告訴你一打有關我被自己的承諾負累的故事，不過這裡就不囉嗦了。

小說作家、教堂牧師和家庭主婦們喜歡將證券交易所的交易廳，當成貪贓枉法者的角鬥場。華爾街正常的生意往來被描寫成戰爭，很具戲劇性，但與現實不符。我不認為自己每天的工作可以被稱為衝突和競賽。我從未和一位或一群投機同僚競鬥，我們僅僅是意見不同而已。換句話說，我們對情勢的判定有差異。劇作家創作的商業戰爭不存在於人類，生意人競賽的是眼光。我注重事實，也只按照事實來安排自己的行動，這也是伯納德・巴魯克[141]給出的賺錢訣竅。有時我並未留意到事實的全部，或沒有更清晰和更早了解事實的全部，抑或沒有理性地思考，我的判斷就會出錯。出錯的代價就是虧錢。[142]

理性的人不會拒絕為自己的錯誤付出代價。當然，誰都不想犯錯，但做對時還虧錢就不爽了。我不是在說有時某些交易所突然改變了規則的情況；我在投機生涯中碰到很多意外，這些意外提醒我：投機的利潤只要還沒有存進銀行，就不能算數。[143]

永遠為「不可預測」留餘地

發生於歐洲的世界大戰開始後，農產品的價格就節節升高，預測這個趨勢很容易。同樣容易預測的是，戰爭會帶來通貨膨脹。隨著戰爭的進行，這個趨勢當然會繼續。你或許記得，我在一九一五

年忙著在財務上東山再起,當時股票一片蓬勃,我當然不放過;我在股市下大注,那個大注風險最小、最容易下、也見效最快,我大獲成功。

到了一九一七年七月,我不僅還清了欠債,手邊還有相當一大筆現金。這意謂著我有閒有錢,有資本同時交易股票和期貨。這麼多年來,我對市場的關注從來不局限於股票,我一直留意期貨市場。世界大戰發生後,美國的農產品漲價 100 至 400% 之間,但有個產品例外:咖啡。原因很簡單,戰爭爆發意謂著歐洲市場關閉,大量咖啡豆沒地方去,只好來美國。美國對咖啡的需求一直很大。隨著時間推移,咖啡豆在美國累積到很大的數量,因此價錢被壓得很低。我開始考慮介入咖啡市場時,價格又比戰前還低。此時另一種情況是,德國和奧地利的潛艇行動愈來愈高效,導致運輸咖啡的商船大量減少,使得咖啡進口愈來愈少。人每天都要喝咖啡,進口一減少,庫存很快就會耗光,於是價格就會往上漲。這個時候,咖啡的價錢一定會跟隨其他農產品上升到更高價位。

市場情況非常明顯,用不著福爾摩斯來破解。但為什麼大家都不買咖啡?我不明白。我決定買進咖啡。我買咖啡時,甚至不認為

---

141 伯納德・巴魯克(Bernard M. Baruch, 1870-1965)是美國金融家與政治家,曾任威爾遜和羅斯福(Franklin Delano Roosevelt)兩任總統的政治顧問。

142 若能得到完美的訊息,決定當然也會很完美。遺憾的是,「完美」在投機市場幾乎不存在,你只能依據手邊的資料進行判斷,以期得到最好的結果。顯然,你需要為不理想的結果做準備,這個準備就是停損計畫。

143 這裡提出了一個一般投資人不太注意的問題:何時停利退場?買賣股票的帳面利潤只要還沒進銀行,就只是帳面利潤而已,你需要在適當的時候將它變成現金。

它是個投機行為，更像是一種投資[144]。我知道這個投資可能需要相當的時間才可能獲利，但有耐心就一定會有好回報。這種操作更像銀行家的投資，不似賭徒的搏殺。

我的買入操作從一九一七年冬季開始，很快地就收集到很大的數量。但咖啡的價格一動也不動，這種不活躍的狀態持續著，並未如我預期般往上升。整整九個月，我就這樣持有咖啡無法動彈，接著咖啡合約到期，我只好平倉。這個操作虧了我一大筆錢，但我相信自己的判斷沒錯，我的錯誤只是時機判斷不對，並非基本面判斷有誤。我相信咖啡價格一定會跟上其他農產品的價格。到期合約的平倉一結束，我就開始重新建倉，這次的手筆是上次的三倍。當然，我這次建倉的合約期盡量靠後，這樣我才有更多時間騰挪。

這次的運氣比上次好，等我建好倉，價格就往上走。市場玩家們似乎忽然明白了咖啡市場的狀況，這下子看來我要賺大錢了。

我所買的咖啡合約的賣家大多是咖啡烘焙商，從這些人的姓氏來看大多原籍德國。他們在巴西買了大量的咖啡豆，認為可以運來美國，可惜找不到運豆船隻。他們現在的情況很尷尬，一方面在巴西的咖啡豆運不過來，另一方面在美國賣了那麼多的咖啡豆給我卻沒貨。

別忘了，我開始對咖啡豆感興趣時，豆子的價錢還停留在戰爭之前，買入後的價錢有大半年時間都沒動，讓我虧了一大筆錢。犯錯的代價是虧錢，正確的回報是賺錢。現在我正確了，而且下注很重，我當然期望這次能好好賺上一筆。我當時存了幾十萬包的咖啡，咖啡價格用不著上升多少，就會賺到一筆令我滿意的數目。我不喜歡談具體數目，由於數目相當大，會讓人覺得吹牛。我按照自

己的財務情況出手，從不勉強，這次出手從數字來說還算是保守。這次之所以重手出擊，是因為看不到失敗的可能。基本面站在我這方，我等了足足一年，這下子因為自己的耐心等待和正確判斷而獲得了回報。我似乎看到利潤滾滾而來。這不是幻覺，只要不眼盲就看得到。

幾百萬美元的利潤似乎撲面而來，速度很猛，可惜還沒碰到我就停了。不是基本面突然改變，市場沒有逆轉情況，咖啡豆也沒有突然湧進這個國家。那發生了什麼事？發生不可預測的事件！沒人經歷過類似的情況，我無從防範。我就此在長長的投機注意事項中多加了一條，時時提醒自己：永遠為「不可預測事件」留餘地。那麼到底發生了什麼事？那些咖啡賣空者，那些將咖啡豆賣給我的烘焙商們，知道自己在市場面對的窘境，於是想出一個全新的耍賴點子。他們到華盛頓尋求幫助，而且得逞了。

奸商的反制之道

你或許記得，戰爭時期，政府通過了很多政策來防止奸商囤積民生用品獲利。你也知道這些政策如何實施。那些虧了錢的咖啡豆賣家跑到華盛頓，向物價管理委員會申訴，請求保衛美國人的早餐。他們聲稱有些專業的投機商人，尤其是勞倫斯・李文斯頓，壟

144「投機」的英文是「speculation」，通常是指對不確定的結果下注；「投資」的英文是「investment」，通常被認為是對比較穩定的回報投入金錢。

斷了咖啡的價錢。如果不制止他的企圖，他將利用戰爭獲利，美國人民將不得不為每天喝的咖啡付出天價。這些烘培商賣了大量的咖啡豆給我，但找不到船隻來運送，現在他們聲稱自己是愛國者，無法容忍一億美國人民不得不額外付錢給這些冷血的投機商，而他們是正當的咖啡交易商，不是咖啡賭博者，他們願意幫助政府打擊這些不正當的盈利手段。

我現在面對著一大群喋喋不休的失敗者，我不想暗示物價管理委員會沒有在努力制止囤積居奇和鋪張浪費，但我必須說，這個委員會對咖啡市場的特殊情況並不了解，他們訂出了咖啡豆的最高價，並要求在一定的時間範圍內平倉所有的咖啡期貨合約。當然，這個決定意謂著咖啡交易所可以關門大吉。我現在沒有選擇，唯一能做的就是賣掉手中所有的咖啡，我只能照辦，那幾乎確定的幾百萬美元獲利就這樣在眼前消失。我對奸商透過囤積民生用品盈利深惡痛絕，然而當物價管理委員會對咖啡限價時，咖啡豆的價格其實比戰前的平均價還低，而其他農產品的價格都上升了 250 至 400% 不等。我看不到當時對咖啡限價的理由。咖啡價格一定會漲，原因不是黑心的投機商人在囤積，而是不斷減少的進口供應導致咖啡短缺，這又可以歸咎到德國潛艇對航運商船的損毀。這個委員會在咖啡價格起漲之前就踩了剎車。

在我看來，停止咖啡交易作為政府政策和如此迫切實施這一政策，都是錯誤的，讓咖啡交易所關門不合時宜。如果政府不管，咖啡價格會如前述的理由上漲，而這個上漲和被壟斷毫無關係。高的價錢（當然不是高到讓普通人無法負擔）會像磁鐵般吸引咖啡進入這個國家。我聽到巴魯克先生說過，戰爭企業管理局會考慮物價的

適宜性，以確保供應的暢通。依照這種思路，一些對農產品的限價根本不公平。一段時間之後，當咖啡交易所終於又開始運作，咖啡的價格上漲多達 23 美分。美國人民不得不支付那個價錢，原因就是供給中斷了，咖啡價格被訂得太低，而海運費用很高，沒人願意進口咖啡。

我一直覺得，在咖啡上的交易是我所有期貨交易中最公正的一次，我把買咖啡當成投資，而不是投機。我持貨時間超過一年。如果這個咖啡交易中有人賭博，也是那些德國裔的烘焙商所為，他們在巴西買了咖啡，試圖賣到紐約。物價管委會將唯一沒有漲價的咖啡限價了，其他漲價的農產品卻放任不管。他們保護消費者，但在物資漲價前就開始限價達不到目的，最後價格還是漲了起來。當生咖啡豆的價錢在 9 美分時，烘焙咖啡豆的價格和其他農產品一樣在漲價，最終得利的是那些咖啡烘焙商。如果讓生咖啡豆的價格每磅漲 2 到 3 美分，我的利潤會有幾百萬美元之多，而且日後咖啡的價格不會漲得那麼厲害。消費者最終受到更大的損失。

通常來說，投機失敗後的自我剖析是浪費時間的，它沒有引導功能。但這次交易很有教育價值：走勢相當清楚，升勢非常確定，做出的判斷也非常理性，我相信絕對可以賺上幾百萬美元。然而結果是，什麼都沒得到。

以前曾發生過兩次因為交易所臨時改變交易規則而令我虧錢的情況，這兩次交易雖然在順勢上方向正確，商業上的確定性就比不上這次咖啡交易。在投機這行，沒有絕對正確這回事。前面發生的事讓我將「不可預測事件」加入了投機注意事項之中。

正常下跌還是虛張聲勢？

　　咖啡事件之後，我在其他農產品的交易極其成功，賣空股票也賺了一大筆。這下子我變成了八卦新聞的熱門人物。無論是華爾街的行家還是報社編輯，都把我當成每次股票下跌的元凶。不管我是賣出持股或賣空股票，我的賣出行為都被描述成不愛國行為。我的操作之所以被誇大到這個地步，猜想是因為公眾有為每次股價漲跌找理由的強烈需求。

　　我已經重複說了一千次：沒有任何操縱能夠壓低股價且永遠讓股價停在低位。道理很簡單，任何人花半分鐘思考都能明白。假設一位作手突襲一檔股票，將股價壓低到它本身具有的價值之下，猜猜會發生什麼事？這位作手碰到的第一個敵人會是公司的內部人士，他們知道公司的價值為何，一看到賺便宜的機會，誰都不會放過。如果內部人士在這種情況下也不進場，那往往意謂著外部情況並不友好，也就是說，外部的大勢不是牛市。當我們談到股價襲擊時，大家通常認為這樣的行動是不對的，是犯罪的，但將股價壓低到它的價值之下是十分危險的投機操作。要明白，倘若某檔股票遭到打壓，但反彈不起來，也沒有內部人士進場買入，常常是這檔股票被高估了。如果不是正常的下跌，內部人士首先會進場買股，股價也不會長久待在低位。讓我這麼說吧：百分之九十九所謂的突襲打壓，其實是正常的下跌，有時下跌的速度比較快罷了，這樣的下跌通常不可歸咎於專業作手的操作。

　　市場上流行的那種股價突然大跌一定是大戶突襲的傳言，這大約是發明出來給股市賭徒在虧錢時自我安慰用的。經常被股票經紀

人或財經八卦人士掛在嘴邊的股票被突襲的藉口，可能是很好的反向指示。請記住：空頭交易的建議當然是建議賣空，如果股票不可解釋地突然下跌，讓人摸不著頭腦，它可能是反向指示，意思是千萬不要跟風賣空。當股票突然大跌，直覺是停損快跑。股價不會突然就隨意大跌，通常跌有跌的理由，只是當下不知道而已，快跑是理智的。如果大跌是因為投機者的突襲，那麼被嚇出場就不理智了，因為一旦投機者停止操作，股價會即刻反彈。這就是反向指示的意味。

本章重點&給投資人的提醒

　　本章故事描述因政府的介入，主人翁在咖啡的投機失敗了。當所有基本面分析都是正確的，卻未料到政府會介入，這一故事也說明了投機市場的不確定性。市場有基本面、有情緒面，而政府也是一面，也是不確定性的因素。文中也對價格操縱做了解釋，在投機市場，雖然短期有人為因素，但最終決定價格的還是基本面。

第 16 章

內線消息操縱者的心機

華爾街很多玩家給消息的時候，表現得像完美的慈善家，恨不得盡快將 100 萬塞進你的口袋，無論你是他的朋友、舊識或陌生人都一視同仁。這類慈善家在華爾街數不勝數，你要多個心眼。

我有個發財絕招，我按照自己的絕招操作，想不賺錢都很難——我從不在最低處買股，且我老是賣得太早。

在我看來，依據內線消息買賣股票實在愚蠢無比。

內線消息！所有人都渴望得到它，也等不及去傳播它。人會這樣做通常是因為貪念加上虛榮心。有時你看到很聰明的人對這也念念不忘，會感覺很滑稽。給消息的通常不在乎消息的真假，問消息的其實對消息的真實性也不在乎，只要有消息就行。如果事後證實消息為真，那太棒了；如果不真，就希望下次好運。這是證券行的普通客戶常有的心態。有一類股市操縱者專門利用這種管道散布謠言，因消息的獲得者幾乎沒有例外地成為消息的傳播者，層層外傳成為最好的訊息傳播鏈。這些操縱者相信，如果謠言能合理地傳播出去，沒人可以抵抗，他們藝術性地研究這類訊息的傳播學問。[145]

失算的多頭操控

　　我每天都收到數百條內線消息，提供者的背景各異。我這裡說個婆羅洲錫礦公司（Borneo Tin Company）的故事。還記得這家公司是什麼時候上市嗎？就在牛市的頂峰。持股人聽取了一位銀行家的建議，選擇將公司股票直接向大眾公開售賣。而正常程序是找投資銀行按部就班地上市。銀行家的建議不錯，但唯一的問題是，管理層經驗不夠。他們不知道狂熱牛市中的股市特性，本身思維也缺乏變通。他們將股票的上市價訂在相對的高位，有經驗的華爾街老手和投機商會對此價位猶疑再三。

　　由於定價很高，正常情況下股票可能會砸在手裡。但在狂熱的牛市中，他們的貪婪居然還變成保守。只要有人推薦，股民就橫掃一切，根本沒人在乎投資理念。大家都想要賺快錢，都想賭短線。當時還有黃金從四面八方湧進美國，用來購買戰爭物資。股票發行商發現大眾對股票的需求十分強烈，將股票上市價在公開交易之前提升了三次。

　　公司事先找了我，希望我能加入承銷團隊。我當時做了認真考慮，但決定婉拒。因為要做任何股市操縱，我喜歡自己動手，只按照自己獲得的資料和交易方法操作。婆羅洲錫礦上市後，我知道這些承銷商的計畫和他們的辦事能力，也明白大眾的瘋狂會有什麼表現，我在股票正式上市交易那天的第一個小時就收進了 1 萬股。上市開盤相當成功。承銷商看到市場的反應如此熱絡，甚至後悔一下子賣了太多股票。他們知道我一開盤就買了 1 萬股，同時發現自己或許能將股票上市價再提高 25 到 30 美元也不愁賣，我那 1 萬股的

利潤等於分走了他們應得的利潤，這讓他們不爽。原先上市後的操縱計畫是將股價再拱高，現在他們改變主意，反過來打壓股價，希望能強迫我停損出場。我當然是安坐不動。一段時間後，看到無法強迫我出場，也怕股民對股票失去興趣，他們只好再次推高股價。

他們看到其他股票的漲幅，自己的發財目標就膨脹到幾十億。當婆羅洲錫礦公司的股價漲到 120 美元時，我將股票賣還給他們。這個動作挫了挫股價的漲勢，也讓承銷商停止拱高的操作。股市的下一個上漲波浪來了，他們試圖再多賣一些股票，也出手了不少。但股價實在很高，結果不盡理想，最高將股價拱到 150 美元。終於牛市的榮景結束了，他們只好將手邊的存貨以低價賣給喜歡撿便宜的小散戶。這類小散戶認為，股價曾經漲到 150 美元，跌到 130 美元就便宜多了，再跌到 120 美元等於是大拍賣。為了賣出股票，承銷商散播了各種消息，先散播到場內交易員，再散播給證券行，任何能幫忙賣股票的小動作都不放過。問題是，多頭操縱的時機已經過去，股市傻瓜上過當，這次不上鉤了。婆羅洲錫礦公司的操縱者失算了。

最富藝術性的內線消息操縱案

我和妻子在棕櫚海灘度假。有一天，我交易格力德里公司

---

145 喜歡打聽消息是菜鳥投資人共同的特性，此段文字旨在說明：市面流傳的消息通常沒有價值。

（Gridley）的股票賺了一筆，回家後給了太太 500 美元零花和她分享快樂。相當巧合，當天晚上，她在晚餐的宴席上碰到婆羅洲錫礦公司的總裁威森斯坦先生（Mr. Wisenstein），他也是股票私募的負責人。一段時間後我們才得知，這是威森斯坦的刻意安排，以期在宴席上坐在我太太旁邊。

他在宴席中對我太太十分客氣，說話幽默風趣。在宴會尾聲時，他悄悄對我太太說：「李文斯頓太太，我現在準備做一件以前從未做過的事。相信您會很樂意知道是什麼事。」他停下來，看著我太太，似乎在確定她會保守祕密。我太太從他的表情看出了他的想法，她回答：「當然。」

「是這樣的，李文斯頓太太，能見到您和您丈夫相當榮幸，為了表達我的榮幸，我將告訴您一個祕密。我希望日後能與您們做朋友，經常見到您們。我要告訴您的事情，當然您會答應保密？」然後他低聲說：「如果您買一些婆羅洲錫礦公司的股票，您會賺很多錢。」

「您真的這麼認為嗎？」她問。

他回答：「我離開旅館之前收到一些電報，內容在幾天內是不可能為外界知曉。我打算盡全力買進股票，如果明天早上開盤時您也買一些，您的進價會和我的一樣。我保證婆羅洲錫礦公司的股價會上漲。您是我唯一告知消息的人，絕對是唯一的一人。」

我太太向他表達謝意，同時表白自己對股票投機完全外行。他向我太太表示，這完全不需要對股票有任何認知，只要按照他說的去做就可以了。為了確定我太太會如實照辦，他又重複他的推薦。

「您所需要做的，就是買進婆羅洲錫礦公司的股票，能買多少

就買多少。我保證您絕對不會虧一分錢。我這輩子從未向任何人推薦過股票，不過這次我相信，股價不漲到 200 美元絕不會停止，我希望看到您也賺點錢。您知道，我不可能買光市場上所有的股票，與其讓陌生人從股價上升中得益，我寧願得益者是您。真心如此！我悄悄告訴您這個祕密，相信您會保守祕密。相信我，李文斯頓太太，買進婆羅洲錫礦不會錯。」

他是如此誠懇，讓我太太印象深刻。她立刻想到我下午給她的 500 美元可以拿來做什麼了。那 500 美元是我額外給她花用的，沒有特定的使用目的。換句話說，運氣不好虧掉就算了，沒什麼大不了。但這位先生保證她一定會賺，如果能靠自己的本事賺上一筆，事後再向我炫耀一番，那就太好了。

第二天股市開盤之前，她跑到哈定的交易廳對經理說：「哈雷先生，我想買些股票，但我不想在我的常用帳號執行這筆交易，因為不想讓我丈夫知道，我想賺到錢後再告訴他。你能幫忙嗎？」

哈雷回答：「哦，當然，我們可以將交易放在特別帳戶。請問您想買什麼股票？要買多少？」

她將 500 美元遞給經理，對他說：「聽我說，我最多只能虧這麼多錢，我不想欠你們錢。還有，我不想讓李文斯頓先生知道我的交易。請在股市開盤時盡可能地用這筆錢買進婆羅洲錫礦公司的股票。」

哈雷拿了錢，答應不會對任何人說一個字，開盤時替她買了 100 股的婆羅洲錫礦公司股票。我想她的進價是 108 美元。股票在那天的交易非常活躍，當天收盤時漲了 3 美元。她對自己的探險一開局就有好成績感到興奮不已，忍著不告訴我。

恰巧當時我看空股市，婆羅洲錫礦公司的不尋常活躍狀況引起我的注意，我不認為任何股票在這樣的大勢之下會上漲，更別說是大漲，因此決定那天開始進場做空操作。我選擇的股票恰好是婆羅洲錫礦公司，我賣空了 1 萬股。那天如果不是我賣空，我想股價會漲個 5 到 6 美元，而不是僅僅 3 美元。

第二天開盤時，我又多賣空 2,000 股，收盤前又多賣了 2,000 股，股價跌到 102 美元。第三天早上，哈雷焦急地等著李文斯頓太太，她通常會在早上十一點左右到交易廳晃晃，觀察交易行情。

哈雷將她帶到一旁，對她說：「李文斯頓太太，如果您還想持有那 100 股婆羅洲錫礦公司的股票，您需要多給一些保證金。」

「但我沒錢了。」她說。

「我可以將股票轉到您平常的交易帳戶裡。」他說。

「不行，」她大聲反對。「這樣我丈夫會知道。」

「但帳戶已經是負數了……」他算給她聽。

「我告訴過你，我不要虧損超過 500 美元，我甚至連 500 美元都不願虧！」她說。

「我知道，李文斯頓太太，可是我不想沒得到您的允許就把股票賣掉。現在除非您授權我繼續持股，否則我就得把它賣了。」

「我買股那天的行情那麼好，真想不到會變化這麼快，是嗎？」

「我也沒想到，」哈雷回答說，「我真的沒想到。」交易行的員工都很熟悉外交語言。

「到底發生什麼事，哈雷先生？」

哈雷知道我在賣空，但不能告訴她，否則有違客戶隱私條款，客戶的生意對證券行來說是最為神聖的。於是他說：「我並沒有聽

到什麼特別的消息，股價就這樣跌下來，現在的股價處在低點。」他指向股價板。

李文斯頓太太盯著不斷下跌的股價。「天哪，哈雷先生，我不想虧掉這 500 美元，我該怎麼辦？」

「我也不知道，李文斯頓太太，但如果我是您，我會問問李文斯頓先生。」

「哦，不行，他不讓我瞎搞。他告訴過我，如果我想交易，他會幫我買賣。我從沒瞞著他做過任何交易。我不敢告訴他。」

「沒事的，」哈雷安慰地說，「他是位很棒的作手，他知道該怎麼做。」看到她還是拚命搖著頭，他接著說：「這樣吧，您再給出一兩千美元做保證金，婆羅洲錫礦公司的股票就別賣了。」

要加錢的現實讓她愣住了，她在交易廳裡惶惶打轉。當天股市一直下跌，她受不了了。她終於找到我，說有事情要和我談。我們進入我的私人辦公室，她將整個故事告訴我。我只是對她說：「你這個傻女孩，別再碰這檔事了。」

她答應我不再摻和。我另外給了她 500 美元，她就歡歡喜喜地離開了。那時的股價剛好是 100 美元。

我可以想像整件事的來龍去脈。威森斯坦是位相當敏銳的人，他猜想李文斯頓太太一定會把內線消息告訴我，而我第二天一定會留意這檔股票。他知道活躍的股票一定會吸引我的注意力，而且我一出手都是重手，我猜他認為我會買上 1 萬或 2 萬股。

這是我所知道的安排中最精彩、最富藝術性的內線消息操縱案之一。雖然編排得棒極了，可惜執行時出了問題。首先，女士那天正好收到從天上掉下來的 500 美元，她正盤算怎麼冒險找刺激，她

想靠自己賺點錢，戲劇性的賺錢過程對她具有不可抗拒的吸引力。她知道我對一位門外漢貿然到華爾街做股票投機的態度是什麼，她根本不敢把事情講給我聽。威森斯坦對她的心理狀態一無所知。

他對於我的交易方法也猜錯了。我從不聽內線消息，而且我當時看空整個股市。他用交易活躍加上股價漲了 3 美元的盤面希望引我入局，但這種布局在當時的大市情形之下，恰恰是我選了婆羅洲錫礦公司作為首筆賣空的指引，我當時已經決定要全力做空操作。

聽完太太的故事，我知道可以強力賣空婆羅洲錫礦公司。每天早上開盤和下午收盤時段，我都視情況下一筆賣空單，直到我看到平倉的機會全部買回，實實在在地大賺了一筆。

別像酒鬼尋求內線消息

在我看來，根據內線消息買賣股票實在愚蠢無比。或許我的身體構造和那些喜歡內線消息的玩家不同，我有時覺得，尋求內線消息的人就像無可救藥的酒鬼，控制不了自己的酒癮，永遠在尋找酒杯，認為只有酒杯才能令他幸福。讓各種消息流進耳朵方便極了，按照別人告訴你的去做，並藉以找到快樂，當然很輕鬆。有時並不是因為貪婪使人眼盲，是懶得動腦的習慣讓人無可救藥。[146]

不要認為只有華爾街的外人才會沒完沒了地找尋內線消息，紐約證券交易所交易大廳的專業交易員很多也有同樣的習慣。我就常常聽他們傳聞李文斯頓說了什麼，但我自己從未說過那些話，因為我從來不給任何人建議。如果我告訴一位普通人「賣空 5,000 股美國鋼鐵公司」，毫無疑問他會即刻照辦；但如果我說我看空股市，

並告知我看空的理由，他往往無法集中注意力，還會在我說完後瞪我一眼，像是怪我浪費他的時間；為什麼不像其他華爾街玩家一樣，具體告訴他買賣些什麼；華爾街很多玩家給消息的時候，表現得像完美的慈善家，恨不得盡快將 100 萬美元塞進你的口袋，無論你是他的朋友、舊識或陌生人都一視同仁。這類慈善家在華爾街數不勝數，你要多個心眼。

每個人在內心深處都有期待奇蹟的遐想，那些時不時為尋求奇蹟出現而坐立不安者是典型的樂天派。尋求內線消息的股市玩家都有類似的心理特徵。

我有位朋友是紐約證券交易所會員，他認為我自私冷血，因為我從不給朋友任何建議，不給發財推薦。多年前，有一天他和報社記者聊天，那位記者隨口說他有個可信管道，G.O.H. 這檔股票會漲。這位經紀人朋友馬上買進 1,000 股，但股價隨即下跌，他停損時總共虧了 3,500 美元。第二天他又見到那位記者，滿肚子委屈。

「你給我的消息就像地獄。」他抱怨道。

「哪條消息？」記者問，他已經不記得了。

「有關 G.O.H.，你說你的來源可信。」

「哦，沒錯，一位公司的財務董事告訴我的。」

「這位董事叫什麼名字？」經紀人心裡忿忿不平。

「你真的想知道？」記者朋友回答說，「就是你的岳父，韋斯

---

146 這裡指出一個嚴肅的思維陷阱，那就是喜歡尋求小道消息操作股票並不完全出於貪婪，可能是因為懶得動腦筋。

萊克先生（Mr. Westlake）。」

「天哪，你怎麼不早告訴我！你這下子讓我整整不見了 3,500 美元。」經紀人朋友大聲抱怨。他知道岳父的消息不能當真，他不相信家族任何人所給出的內線消息，他們都是華爾街成員，消息來源離華爾街愈遠愈可信。

反向操作的智慧

老韋斯萊克先生是一位富有且成功的銀行家和股票推銷人。有一天他碰到約翰・蓋茲，蓋茲問他有什麼好消息。老韋斯萊克回答：「如果你按照我說的做，我就告訴你，否則我可不想浪費口水。」

「當然我會採取行動。」蓋茲愉快地回答。

「賣空雷定鐵路！最少會有 25 點的跌幅，或許更多。但可以保證 25 點。」韋斯萊克聲情並茂地說。

「真是太謝謝了！」以「賭 100 萬」聞名的蓋茲熱情地和他握了手，便轉頭走向他的經紀人辦公室。

韋斯萊克和雷定鐵路有特殊的關係，他了解公司的方方面面，並和所有管理階層都是朋友，所有雷定股票的內線交易對他而言都不是祕密，人人都知道這一點。現在他建議這位西部來的大賭徒賣空這檔股票。

不過雷定鐵路股票一路上漲，沒有停過，幾個星期上揚了大約 100 點。有一天老韋斯萊克又在華爾街碰到蓋茲，但他假裝沒看見而繼續往前走。蓋茲追上他，微笑著向他伸出手，老韋斯萊克茫然

地握著他的手。

「我要謝謝您推薦雷定鐵路給我。」蓋茲說。

「我沒有給過你任何小道消息吧。」韋斯萊克皺著眉頭說。

「當然您給過，而且是非常棒的推薦，我賺了整整 6 萬美元。」

「賺了 6 萬美元？」

「沒錯，您真的不記得了嗎？您告訴我賣空雷定鐵路，所以我就買進了。我按照您的推薦反向操作每次都賺錢，韋斯萊克。」蓋茲愉快地說，「每次都賺。」

老韋斯萊克盯著這位虛張聲勢的西部人，語音中不乏羨慕的滋味。「蓋茲，我如果也有您這樣的頭腦，我也會是個超級富翁。」

帽子的指示

有一天我碰到威廉‧艾倫‧羅傑斯（William Allen Rogers），他是位相當著名的卡通畫家，所畫的那些有關華爾街的卡通特別受到經紀人的喜歡。他在《紐約先鋒報》（New York Herald）有個專欄，每天都帶給成千上萬人歡樂。他跟我說了一個故事，發生在美國與西班牙的戰爭之前。他和一位經紀人朋友共度了一個傍晚，離開時，他從帽架上取下自己的圓頂禮帽，至少他認為那是他的帽子，因為形狀和大小都一樣。

華爾街當時的話題都圍繞著美西戰爭。會開戰還是不會？如果戰爭爆發，股市就會跌，原因不在於美國人賣股，而是歐洲的持股人會降低持股。如果戰爭不發生，毫無懸念應該買股，股市已經因戰爭的渲染而重跌。羅傑斯先生講了以下故事。

「我那位經紀人朋友第二天站在交易廳，掙扎著下一步操作，是買或賣？他仔細衡量買賣的各自優劣，但沒辦法決定。股市消息中到底哪個是事實、哪個是謠言，誰都說不清。市場上沒有可以確認的消息作為指引。一會兒他覺得戰爭一定會發生，一會兒覺得戰爭不可能。想來想去，體溫都升高了。他取下圓帽擦汗，無法判斷到底該買股還是賣股。

「他恰巧看了看帽子，帽子裡有三個英文字母『WAR』。戰爭？這下夠了，這是他唯一需要的。是上天透過帽子給我的指示嗎？他隨即全力賣空股市。很快地，美國和西班牙各自宣戰，股市大跌，於是他平了倉，賺了一大筆錢。羅傑斯最後苦笑說：「我最終都沒有將自己的帽子拿回來[147]。」

華爾街專業交易員的對話

我知道很多類似的故事，值得一提的一則是有關紐約證券交易所一位很受歡迎的會員——胡德（J. T. Hood）。有一天，另一位大廳交易員伯特・沃克（Bert Walker）告訴胡德，他幫了西南鐵路（Atlantic & Southern）的一位董事一個大忙，作為回報，那位充滿感激之心的董事告訴他一個內線消息，讓他盡自己所能買入西南鐵路的股票。這位董事正在策畫一個內線操作，股價至少會漲高 25 美元。雖然公司董事並未全部同意和參與這項策畫，但時機到的時候，大多數的董事一定會投票贊成。

沃克的推想是公司大概會提高紅利。他將這個消息告訴胡德，兩人就各自買進了幾千股西南鐵路的股票。他們買股票之前和之後

的股價一直很疲弱，但胡德說這種交易情形符合內部人士想囤積股票時的情況，想必沃克的那位董事朋友正忙著囤貨。

　　一直到下個星期四的收市之後，傳來消息指出西南鐵路的董事們會了面，決定停發紅利。第二天開市時，西南鐵路股票在六分鐘之內跌了 6 美元。這是星期五的早上。

　　沃克像隻受了傷的小狗，他跑去見那位對他深懷感激之心的董事。董事很感傷，說非常抱歉，他忘記曾建議他買入公司的股票，否則他會打電話告訴他情況的變化，這個變化源於公司大多數董事另有盤算。深懷歉意的董事決定另給一條內線消息作為補償。他解釋有幾位同僚想便宜買進一些股票，所以採用這種粗糙的做法讓股價稍跌。他只好讓步，否則日後不好相處。現在他們都已經買足了貨，股價除了上漲之外，沒有其他路可走。現在買入西南鐵路近乎保證會賺錢。

　　沃克當然原諒了這位董事朋友，**還感激地與他握手告別。**很自然地，他將消息傳給胡德，這下子他們相信會狠賺一筆。他們首次得到買股推薦，到現在股價已經跌了 15 美元，股價看起來很便宜，他們開了聯名帳戶，決定買進 5,000 股。

　　他們的買單似乎就像敲鐘，鐘一響股價就往下掉，這次很明顯賣盤來自內部人士。兩位股票大廳交易員證實無誤。胡德即刻下單出手賣掉這 5,000 股。當交易完畢，沃克對他說：「如果不是這個

---

147 經紀人拿錯了帽子，他拿到的帽子是羅傑斯的，帽裡的字母「WAR」是羅傑斯的全名縮寫。

混蛋前天去了佛羅里達，我會把他的胃酸都踢出來。但也不能這樣放過他，你跟我來。」

「去哪裡？」胡德問。

「到電報房，我要給那隻臭鼬發一封讓他永遠不會忘記的電報。我們走。」

胡德跟著沃克到了電報房。沃克滿肚子怒火，他們的 5,000 股虧了不少錢。沃克挖空心思寫了一篇激昂的謾罵雄文，他將雄文讀給胡德聽，最後說：「這就是我對那個混蛋的看法。」

沃克正打算將稿件遞給客服，胡德說：「等等。」

「怎麼啦？」

「如果是我，我就不發這篇東西。」胡德誠懇地說。

「為什麼不？」沃克反問。

「這會讓他極度憤怒。」

「這不就是我們要的嗎？」沃克奇怪地望著胡德。

胡德搖頭，嚴肅地對沃克說：「如果你發了這封電報，我們就不可能再獲得他的內線消息了。」

明白了嗎？以上是華爾街專業交易員的對話。想想看，若你對華爾街的門外漢說內線消息可能有害，會有用嗎？會有人聽嗎？

一般人喜歡內線消息並非因為他們是混蛋，而是他們喜歡內線消息帶來的希望。巴隆·羅斯柴爾德（Baron Rothschild）爵士在投機中賺錢的祕訣最具實用價值，有人問他在證券交易所賺錢是否很難，他的回答是：「很容易。」

「那是因為您很富有。」詢問者反問。

「這和有沒有錢無關。我有個發財絕招，我按照自己的絕招操

作，想不賺錢都很難。如果你想知道，我就告訴你：我從不在最低處買股，且我老是賣得太早。」[148]

投資客看到的事實

投資者是不同種的動物，他們喜歡數字、各種各樣的庫存、盈利等，似乎數字就是事實，就是確定性。他們把人的因素放在微不足道的地位。很少人喜歡和別人合作做生意。但我所認識最聰明的投資者是位來自賓州的德國裔，他後來到了華爾街，和羅素‧賽奇合作多年。

他是位很棒的調研者，孜孜不倦，一切親力親為，只相信自己的眼睛，想找他的錯誤相當不容易。故事發生在多年前，當時他手中有不少艾奇遜鐵路的股票。他聽聞公司的管理有問題，該公司總裁約瑟夫‧萊因哈特（Joseph W. Reinhart）並不如傳說的那麼傑出，平時大手大腳花錢不計後果，公司已經一片混亂，看樣子公司末日不遠了。

這類傳聞就像是為那位賓州德國人量身定做，他即刻趕赴波士頓，找萊因哈特問幾個問題，調查這些傳聞的真實性。

萊因哈特先生當然否認這些傳聞，更進一步用數據說明那些傳聞都是低劣的謠言。他詳細地列出數字，說明公司的財務狀況，精

148「賣得太早」是按英文直譯，此處要表達的是，有了一定的利潤就出手，而不是等到趨勢完全結束，也就是香港企業家李嘉誠所說的：不賺最後一個銅板！

細到每一分錢。

　　這位賓州德國人謝過萊因哈特後便回到紐約，即刻賣掉手中所有艾奇遜公司的股票。一個禮拜後，再將手中餘錢重手買入德拉瓦鐵路（Delaware, Lackawanna & Western）的股票。

　　多年後，我們恭喜他換股換得很及時，運氣好極了。他解釋了自己換股的原因。

　　「知道嗎？當萊因哈特總裁寫下數字時，他從桃花木桌子的文件格裡抽出幾張紙，那是極為昂貴的鑲邊布紋紙，印著雙色圖紋。這種紙張十分昂貴，簡直到了奢侈的地步。他寫上幾個字，說明公司各部門的盈利情況，以及如何要求各部門減少費用等，然後就將這張昂貴的紙丟進垃圾桶。過一會兒他想進一步說明公司的財務安排，為了讓我印象深刻，他又抽出一張昂貴的雙色布紋紙，寫了幾個數字後丟進垃圾桶。錢就這樣被毫不珍惜地浪費了，這坐實了公司奢侈浪費的傳聞，因此我立刻就把艾奇遜的股票脫手了。

　　「碰巧的是，幾天後我有機會拜訪德拉瓦，公司總裁是位名叫山姆‧史龍（Sam Sloan）的老先生。他的辦公桌靠近門口，門總是敞開著，每位進入總公司的人都會看到總裁坐在他的辦公桌上。任何人在任何時間都可以上前和他談論工作上的事。報社財經記者常對我說，史龍老先生總是直話直說，從不拐彎抹角，無論股市情況如何，你的問題都能得到對或不對的率直答覆。

　　「當我走進公司時，史龍先生正忙著。我一開始以為他在開信封讀信，走近才看到他在做什麼，後來才知道這是他的習慣。公司每天都收到很多信，打開後的信封不會丟掉，他會將空信封收集起來，在閒暇時一一拆開這些空信封，利用空白一面當稿紙。他會將

這些空信封疊成的稿紙送到不同科室，讓員工在不重要時塗鴉用，就像萊因哈特用雙色布紋紙時的情況一樣。既不浪費空信封，也不浪費總裁的閒暇時間，一切利用到極致。

「如果公司有這麼節省的總裁，由他盯著各部門精打細算，公司有錢準時支付紅利就不奇怪了，公司資產俱是上乘也毫不奇怪。我當然盡力買進德拉瓦公司的股票。到今天，股票價格已經從我當年的買入價翻了很多倍，每年收到的紅利等同於我當年買進股票時的價錢。我仍然持有德拉瓦公司的股票，一股都沒賣。當年自我賣出艾奇遜鐵路的幾個月後，它就破產了。公司總裁為了證明自己精打細算，將一張張昂貴的雙色布紋紙畫幾個字就丟進垃圾桶的情形，總在我的眼前晃悠。」

這個故事發人深省，它是個真實的故事。那位賓州德國人無論用什麼其他分析方法，都找不到一家比德拉瓦更值得投資的公司。

本章重點＆給投資人的提醒

本章的故事也是一般買賣股票的人經常碰到的。當你聽到所謂的內線消息時，你真有有辦法確定這個「內線」消息不是有心人的刻意散布？主人翁不斷用自己的親身經歷告誡讀者：你想在這行生存，必須要能獨立思考。最好的消息來自於自己的雙眼，自己的眼睛不會欺騙。

第 17 章

經驗是在股市賺錢的根本

經驗告訴我，無論是熊市或牛市，在多空相互轉換的時候，通常是將帳面利潤變成現金的最好時候。這並不是什麼盤感或第六感，這是經驗。

你可以有強大無比的計算能力、超乎尋常的觀察能力，但若沒有經驗和記憶來支撐，同樣可能在投機遊戲中失敗。

我交易多年，結論是經驗才是從投機遊戲不斷賺錢的根本，觀察則是最好的消息來源。股票本身的運動軌跡往往是最好的交易指引。

一位和我很親近的朋友總喜歡講些和我的預感有關的故事，他認為我有超越分析能力的第六感官，並宣稱我盲目地依照神奇的感覺行事，總能在恰恰正確的時間逃離股市的危險。他喜歡說個故事，有次早餐的時候，一隻黑貓給了我賣股的啟示，得到啟示後我全身不舒服，直到將所有股票都脫手後才放鬆下來。我出手的價錢恰好是最高價，這讓他堅信我有特別的預感。

真實的情況是，我當時到華盛頓嘗試說服一些國會議員，要他們不要對華爾街課徵過度的稅金。因此我無法分心股市的操作，決

定暫時離開股市。我非常倉卒地賣出股票，結果遭朋友誤解。

　　我承認自己有時會產生在市場進行某種操作的衝動，不管手邊倉位是持股或空股，不平倉就覺得不舒服。我自己的推想是因為看到很多危險訊號。[149] 一般來說，單獨一個訊號並不足以讓我產生非要進行某種操作的衝動。或許老派作手如詹姆斯·基恩（James Keene）所宣揚的「盤感」是有局限的。坦白說，我覺得「盤感」常常只對短期預測有效。但這次賣股真的沒有什麼啟示，黑貓和賣股完全沒關。他說我早上起床心緒不寧，或許可以歸咎於我的失望，因為我知道自己並未說服國會議員，他們對華爾街的稅收問題和我的看法不同。我沒有試圖逃稅或不繳稅，只想從一位股票作手的角度解釋什麼才是股票交易的合理稅收。我不想政府殺死一隻在正常情況下會不斷下金蛋的鵝。我的失敗不僅讓我心裡不舒服，也讓我對即將面對不公平稅務的股票業感到悲觀。我將告訴你們到底發生了什麼。

帳面利潤變現金的時機

　　在牛市的起始，我對鋼鐵和煉銅兩大行業特別看好，當然我看多這兩大行業的股票。看好就買股。我首先買進 5,000 股的猶他銅礦（Utah Copper），但很快就收手了，因為股票的運動不是很對；換句話說，股票的運動情況讓我覺得買這檔股票或許不正確。當時的買價是 114 美元左右。我當時以大約同樣的價錢開始買入美國鋼鐵公司，第一天就收進了 2 萬股，因為股票的運動正常。我買進的方法以前介紹過。

美國鋼鐵公司股票運動正確，我不斷加股，最後總共收進 7.2 萬股。但是猶他銅礦仍只有 5,000 股，第一次買入之後就沒有再動作，因為它的運動情況不如預想。[150]

　　市場的狀況是我們剛經歷了一波大牛市。我知道股市還在走多頭，基本面也支持這個走勢。股價升了很多，我手上股票的帳面利潤已經相當驚人，讀盤得到的訊息是：牛市還沒結束！牛市還沒結束!! 我到了華盛頓，讀盤得到的訊息也是一樣。雖然我還是看多股市，但沒有加碼的衝動，覺得牛市就算沒結束也差不多了。市場運動和我倉位預期的方向吻合，我沒必要整天坐在股價板前，每小時都在尋求賣股的訊號。除非發生天災，股市不會突然改變方向，它會給出方向改變的訊號，給你時間準備，然後才吹響後退的號角，那時再退還來得及。[151] 這也是我有精力和國會議員們纏鬥的原因之一。

　　隨著價錢不斷升高，牛市的尾聲更為接近。我沒有試圖去推測牛市會在哪天結束，我沒有那種能力，但我確實在留意牛市結束的訊號。關注股市是我的工作。

　　我很難說清楚到底是什麼讓我決定出脫股票，毫無疑問，看到股票的價位讓我想到手頭的帳面利潤和擁有股票的數量，心裡覺得

---

149 投資人都會時不時地產生買股或賣股的衝動，這通常是經驗所給予的指引，比如看到好消息或壞消息、技術圖形是否漂亮等。

150 留意此處的操作手法，即運動正常時加碼，運動不正常時就不動作。

151 個股的轉向可以很快，大勢的變動不可能一下子就出現，一百年前如此，到了今天也一樣。

很玄。我無法說服議員們不要對股票交易加稅也讓人覺得沮喪。或許這一切在心裡埋下了賣股意識，整晚纏繞著自己。第二天早上到辦公室時，我並沒有盯著看股價有多高、自己賺了多少錢。我留意到的是交易量很大，市場的容量很大，賣股很容易。當一個人全力入市時，他需要關注何時將帳面利潤轉成現金，且在這個過程中不會因為自己的交易而損失過多。今天的市場提供了完美的機會。經驗告訴我，無論是熊市或牛市，在多空相互轉換的時候，通常是將帳面利潤變成現金的最好時機。這並不是什麼盤感或第六感，這是經驗。[152]

那個早上，我看到可以安全無損地將帳面利潤轉成現金的機會，當然不會放過。當你賣股時，賣 50 股或 5 萬股在勇氣上沒什麼區別，不過執行上可不一樣。即使在最清淡的市場，賣 50 股也毫不費力，不會砸崩股價。但賣 5 萬股就完全是兩碼子事！我手頭的持股可是 7.2 萬股的美國鋼鐵。或許你認為那不是什麼太了不起的盤，但通常你不可能出手這麼大的量而不砸崩股價，損失掉相當的帳面利潤。利潤不管是在帳面還是在銀行，不見了總是令人心疼。

這個操作賺了整整 150 萬美元。我不僅買對了，也抓到了出手的好時機。將股票出脫本身沒什麼了不起，然而市場證明我出手的時機相當精準，這很令自己開心。我全部 7.2 萬股美國鋼鐵的出手價，比當天的最高價只低了 1 美元，當天的最高價也是這次牛市中的最高價。我不僅出手時機對了，而且對到以分鐘計。但當天同時出手猶他銅礦就沒那麼幸運，股價被砸低了 5 美元才將 5,000 股出手完畢。還記得嗎，我同時買入兩檔股票，還聰明地將美國鋼鐵的

持股從 2 萬股增加到 7.2 萬股，而且同樣聰明地沒有增加猶他銅礦的 5,000 持股。我之所以沒有更早賣出猶他銅礦，是因為我看好銅礦市場，股市也處在牛市，而持股量並不大，就算沒賺什麼錢也不在乎。若問第六感[153]，那還真沒有。

股票作手的養成與特質

　　股票作手的養成就像醫學教育，醫生需要長時間地學習解剖、生理、藥物等科目的學問。他學習理論，將自己的一生專注於實踐。他將病理學的各種現象進行觀察和分類，學習診斷。如果他的觀察正確，那麼他的診斷也會正確，對病情的預後也較正確。當然，沒有百分之百的事情，會有例外，也會發生錯誤。隨著經驗增加，他不僅知道如何正確處理問題，還知道處理問題的緩急，因此別人就會覺得他處理問題時有預知能力。這一切並不是自動發生，是經驗的累積。他已經在自己的職業生涯中觀察過許多類似案例，知道診斷的結果，知道下一步怎麼做最好。知識可以傳授，你可以將知識寫在紙上，但經驗無法傳授。在股市，你可能已經知道該做什麼，但若沒有及時做，你一樣會虧錢。[154]

---

152 這些段文字對散戶來說或許用不著，但對資金管理人如何找時機出售手中持股，此處說明熊市與牛市轉換的時候通常是好時機。

153 股市的第六感通常來自經驗，因此要尊重自己的第六感。

154 這也告訴我們，只靠讀書是學不會買賣股票的。知識可以傳授，經驗無法傳授。但有了知識，經驗的積累就容易多了。

觀察、經驗、記憶、計算,這些是成功的股票作手應該具備的素質。他不僅需要進行敏銳的觀察,還須牢記觀察結果。無論自己的信念何等強烈,都不可隨意下注,也不能依未發生的可能下注。他必須用機率的思維來思考問題,預期下一步的可能性,並以此決定如何下注。不斷地學習、記憶、操作,結果就是無論發生的事件是在期待之內或期待之外,你都知道如何立刻應對。

　　你可以有強大無比的計算能力、超乎尋常的觀察能力,但若沒有經驗和記憶來支撐,同樣可能在投機遊戲中失敗。和那些必須追隨科技最新發展的醫生一樣,聰明的股票作手必須追隨經濟趨勢的進展,研究它們可能對不同交易市場的影響。經年累月下來,這一切成為很自然的習慣,需要交易時,他的動作是自動的。這就是珍貴無比的專業直覺,這種直覺讓他能在投機遊戲中成為常勝軍。我要強調一下,專業作手和業餘作手的區別是極其巨大的,他們的區別就在於專業直覺。我自己的體會是,記憶和數學給我的幫助十分巨大。讓我在這裡強調一下:華爾街的利潤來自於股價變動,華爾街只注重事實和數字。

　　當我說一位投機作手必須讓自己對市場情形有精確的把握,並具備專業心態應對變化,我是在強調所謂神祕的預感和盤感等等與成功的關係不大。很多時候,一位有經驗的作手反應極快,他無法一一列出這麼做的理由,但他的行動都是有依據的,而他的依據在於多年的行業經驗,在於有能力從專業的角度看待整體,一切訊息都即刻成為決定的參考。讓我解釋一下什麼是專業心態。

賺錢的祕訣

我一直留意期貨市場，這是多年的習慣。你或許留意到，政府的報告指出今年冬麥收成與去年相當，春麥的情況好過一九二一年。今年的天氣特別好，收成時節將比平時來得更早。當我得到這些訊息，便從數字上開始盤算收成的情況。我也立刻想到煤礦工人在罷工，鐵路運輸工人也在罷工，我沒法不去想這些和小麥似乎無關的事，因為它們最終可能影響小麥的市場價格。全面的鐵路罷工必將對小麥市場價格有負面影響，我的推測是，罷工基本上癱瘓了鐵路運輸，冬麥上市的運輸必受影響。當罷工可能結束時，春麥上市的時節又到了，這意謂著一旦鐵路運輸恢復正常，它要同時把兩季的小麥送進市場，遲滯的冬麥和早收的春麥將一道入市，意謂著會有大量的小麥一舉上市。這是相當可能發生的情況，那麼和我想法類似的期貨作手會有同樣的推論：短期內不是買入小麥的時機。除非小麥的價格跌到接近或低於成本價，買入小麥值得長期持有，否則他們不會進場買入。沒有買盤，小麥的價格除了下跌沒其他的路。這裡說的是思路，但思路是否正確，只有用錢證明。就像老帕特・赫恩的名言：「不下注怎麼知道結果？」對專業人士而言，看空市場必定出手賣空，不會遲疑。

經驗告訴我，市場本身的運動是極好的指引，操作者只要跟隨就好 [155]。觀察市場就像醫生測量病人的體溫和脈搏，以及觀察眼

155「順勢而為」一直是現今交易股票的指南，而這正是前輩們一代又一代的經驗總結。

球顏色和舌苔。

　　按照現今市場的交易容量，普通人可以在差價 ¼ 美分的價格區間買賣大約 100 萬蒲式耳小麥。我首先賣空 25 萬蒲式耳小麥測試市場，交易單將價錢壓低了 ¼ 美分。這樣的波動幅度說明不了什麼，我立刻又試著賣空 25 萬蒲式耳小麥。我留意到這次接單的都是小手筆，比如 1 萬至 2 萬蒲式耳的規模，而不是常態交易時二至三手就將 25 萬蒲式耳的交易單接走。而這筆 25 萬蒲式耳的交易單將價錢砸低了 1¼ 美分。從市場承接我的賣單和價格超乎尋常的下跌來看，結論很明顯：大買家已經消失了。接下來該做什麼很清楚，當然是重手賣空。按經驗行事偶爾也會摔跤，但有經驗不追隨就是傻瓜。我立刻出手賣空 200 萬蒲式耳，價錢跌得更低了。幾天後，市場波動情況等於在強迫我加碼，於是我再追加賣空了 200 萬蒲式耳小麥，此刻價格還在跌。再過幾天，小麥價格一下子崩跌了 6 美分之多，之後小麥價格仍繼續螺旋式地下降，伴隨偶爾的短期小反彈。

　　就這個操作，我沒有第六感，也沒有聽人建議。我能賺錢，是因為我按照多年期貨交易經驗獲得的專業感覺來安排交易。我不斷地觀察市場，這是我的工作。價格走勢告訴我操作正確，專業規矩是此時加碼，我照做。這就是我賺錢的祕訣。[156]

別碰不跟漲的股票

　　我交易多年，結論是：經驗才是從投機遊戲不斷賺錢的根本，觀察則是最好的消息來源。股票本身的運動軌跡往往是最好的交易

指引。你首先觀察，經驗會讓你從不同的選擇中找出最有勝算者。舉例來說，我們都知道不同的股票有各自的運動步調，有升有跌，並不一致。但相同類股的運動方向通常是一致的，這種現象在投機市場是常態。所以無論是自己決定買某檔股票，還是證券行向客戶推薦買入某檔股票，最常用的理由就是這檔股票落後於同類的另一檔股票。按照這個邏輯，美國鋼鐵公司的股價漲了，可以假設其他同一類的公司股票如格魯鋼鐵（Crucible）、共和鋼鐵（Republic）或伯利恆鋼鐵都應該跟著漲，只是遲早而已。由於大環境類似，同一類的公司運作也應該相似，若有盈利也是大家都有份。無論理論探討還是實際情況，股市中同類公司股價雖然運動步調會有差異，但遲早歸於一致，大眾會追買 A 和 B 鋼鐵股票，原因是 C 和 D 鋼鐵以及 X 和 Y 鋼鐵的股價先行漲了一步。

如果一檔股票在牛市時沒有表現出多頭態勢，我是不會碰的。[157] 我有時在大市多頭時買入某檔股票，卻發現同類股票沒有表現出多頭行情，就把股票賣了。為什麼呢？經驗告誡我，和類股走勢反向操作沒有好結果。在投機這行，「確定」二字是不存在的。依「確定」操作不具可行性。可行的是依機率來思考，依機率來指導行動。一位老證券經紀人曾對我說：「如果你在鐵路上行走，看到對面有一列火車以每小時六十英里的速度迎面駛來，你會怎麼辦？你會先讓開，等待火車走後再上軌道繼續。這種面對風險的應對無

---

156 學習市場，累積經驗，依照經驗給予的指導操作，這就是成功的密碼。
157 在股市操作，買便宜貨並不是好策略。

關聰明謹慎，是理所當然。」

去年，在牛市的後期，我留意到有檔股票沒有跟著類股而動，但整個類股在隨大勢而動。我當時持有大量黑木汽車（Blackwood Motor）的股票。這家公司的生意很大，股價每天漲 1 到 3 美元，愈來愈多散戶買進這家公司的股票。很自然地，這使得汽車類股愈來愈受到注意，生產汽車的公司股票整體開始上漲，唯獨切斯特汽車（Chester）的股價就是不動。其他公司都往前走了，它仍留在後頭，不久大家開始留意這檔股票。和黑木汽車公司股票的強勁與活躍相比，切斯特汽車剛好相反。按照類股同步理論，切斯特汽車股票遲早會趕上汽車類股走勢和股票大勢，股市的推薦愛好者開始喋喋不休，散戶們忍不住開始買入切斯特汽車。

散戶買入量雖然不大，可是不但沒讓切斯特汽車的股價上揚，反而更跌了。就現在的情形，要將股價炒起來並不費勁，畢竟同類股的黑木汽車是牛市的有力領跑者，汽車的需求也相當旺盛，生產一直在破紀錄。

很明顯地，切斯特汽車公司的內部人士並未在牛市時做一般公司內部人士常做的事，原因可能有兩個：其一是內部人士欲等價格低一些再收進股票，不過如果分析一下股票的交易量和股價運動，這種可能性不大；第二個可能是內部人士根本不想碰自家公司的股票。

如果最應該買股的人都不買，我當然不會當傻瓜。我的結論是，不管其他汽車公司的股票如何活躍，我應該做的就是賣空切斯特汽車的股票。我的經驗是：不可以買進那些不跟隨類股領頭羊的股票。

我的調研是，不僅僅內部人士沒有趁低價吸股，他們還在**繼續賣股**。還有其他不應該買進切斯特汽車股票的徵兆！我認為它和市場的不和諧就足以構成是不可買入的理由，股價運動的軌跡已經給了我足夠的提示。我開始賣空切斯特汽車。過了沒多久，有一天股價突然大跌。事情發生後，我們才從官方得到消息。沒錯，公司管理層不僅沒有買進股票，還一直在賣股票。由於公司的經營狀況實在不樂觀，這些消息是在股價大跌後才披露出來，但股價會下跌的訊號早就被股價帶預告了 [158]。我並沒有預期股價會突然大跌，我留意的是危險訊號。我並不知道切斯特汽車有什麼問題，也沒有第六感，只是從股價的不正常運動察覺到這家公司有問題。

檯面下的交易細節

　　前幾天發生圭亞那金礦（Guiana Gold）的股價大跌，報紙用「驚心動魄」來描述。這家公司的股票一開始是在交易所外的馬路邊以 50 美元左右的價錢交易，其後進入交易所交易。在交易所的起始交易價約在 35 美元，一路走低，終於跌破 20 美元。

　　我不會將這次的股價崩跌用「驚心動魄」四個字來形容，因為這家公司的股票下跌是不可避免的。公司的歷史廣為人知，只要去問就會有人告訴你。我聽到的版本是這樣的：有六位相當知名的工業家和投資銀行組成一家私募，其中一位是貝爾島探勘公司

---

158 讀盤是買賣股票的基本功，這種時候就發揮了作用。

（Belle Isle Exploration）的經理。貝爾島探勘公司向圭亞那金礦投資 1,000 萬美元，換到 1,000 萬美元的公司債券以及 25 萬股的公司股票；圭亞那金礦的全部股票共有 100 萬股。圭亞那金礦開始分發紅利，這被大力宣傳，股價當然也上漲。貝爾島探勘公司的股東們見狀就想出脫手中的 25 萬股股票，他們找投資銀行家辦理，以每股作價 36 美元賣給投資銀行。這些銀行家答應了，他們自己手上也有一些股票，想一併出手。他們首先找了專業作手辦理這事，若這 25 萬股能以 36 美元以上的價格賣出，那麼 36 美元以上賣價的三分之一歸專業作手所得。我知道合約都準備好了，但在簽名的前一刻，這些銀行家後悔了，他們想要自己操作，省下專業作手的費用。這些銀行家找來公司股東弄了一個私募，以每股 36 美元收進 25 萬股，再將這些股票以每股 41 美元掛牌找買家。換句話說，這等同於公司股東們付給銀行家每股 5 美元的利潤。至於股東們是否明白這個內情，我就不清楚了。

對銀行家來說，這個操作非常簡單。股市正值興盛的牛市，圭亞那金礦所屬的黃金類股正好又是牛市的領頭。公司正賺大錢，按期給付紅利。加上承售的投資銀行在華爾街屬於著名的老字號，推薦這家公司的股票適合長線投資。我得到的消息是他們一路往上，以最高 47 美元的價格總共賣了 40 萬股之多。

黃金類股還是十分強悍，但圭亞那金礦的股票開始下跌，它跌了 10 點。如果是私募在操縱倒還好，但很快地市面上傳言公司資產並不如承售商吹噓的那樣，那麼股價大跌就有理可據。在流言傳出之前，我就從股價變動看出端倪，著手測試這檔股票。圭亞那金礦的股價變動情況和切斯特汽車有點相似。我賣空，股價就跌，我

賣空更多，股價跌得更多。圭亞那金礦股價的情況和切斯特汽車及其他我記憶中的十幾家公司情況很相似。讀盤得到的訊息是這家公司內部有問題，內部人士在逃離這家公司，他們當然更清楚為什麼牛市時不買自家公司的股票。至於散戶則不知道底細，他們看到曾經賣 45 美元的股票現價 35 美元，有時更低，而且公司還在支付紅利，他們覺得是在撿便宜貨，不斷地買進。

消息終於來了，當然，重要的市場消息我總能比公眾更早得知。消息是圭亞那金礦探測沒有找到金脈，只有石頭。這對我來說當然沒有意外，也為之前內部人士的賣股給出了緣由。我並沒有在收到消息後再到市場賣空，我早就賣夠了，早就遵循股價變動給出的指引賣空。我沒有想太多，沒做什麼哲學性思考；我是個股票作手，關心的指標是有沒有內部人士在買股。我得到的訊息是沒有！我不追究股價下跌時為何內部人士不便宜買股，他們沒計畫讓股價上漲就說明一切，這已是賣空的足夠理由。場外的散戶買入了近 50 萬股的股票，股票所有權的變換大概只是從停損的人群換到還在做發財夢的人群手裡。[159]

說這些故事，並不是試圖對股民的買股虧錢或我的賣空賺錢做任何道德上的自我解脫，我在強調研究群體行為的重要性。群體思維經常被交易者忽視，這十分要不得。從股價帶上表現出的群體思維，不僅僅在股票操作上給你警訊，在期貨操作也起了同等作用。

---

[159] 此處說明了基本面分析的缺陷。基本面分析用的是過去的數字，但股價預測了未來公司的情況。如果只看基本面，很可能會因為股價下跌買便宜貨，而就這個故事來看，若買便宜貨就糟了。

用經驗和記憶賺回虧損的錢

　　我在棉花上還有個有趣的經歷。我看空股票，所以有相當的賣空盤。我同時也賣空棉花，我的空盤是五萬包。我在股票上的獲利可觀，竟然忘了棉花倉位。當我再次留意時，五萬包棉花的空盤在帳面上虧損達 25 萬美元。我說過，我在股票的操作相當有趣和成功，也賺了大錢，根本不想將腦筋從股票移出來。每次記起棉花就對自己說，等棉花小跌就把空倉平了。有時價錢下跌一點點，在我還沒來得及反應時就回頭又創新高，我就對自己說再等等，小跌之後再平倉，然後又把注意力放回股票。最後我平了股票的倉位，入袋豐厚，我就到佛羅里達的熱泉度假，好好休息一下。

　　這下子，我有時間思考如何對付虧錢的棉花。雖然好多次看似有機會反虧為盈，可是都有沒實現。交易的方向錯了。我留意到每次有人強力賣空，價格就會跌下來，但隨即來個反彈，棉價再次創新高。

　　在熱泉過了幾天，我在棉花空盤上的虧損接近 100 萬美元，而且棉價走勢還在向上。我不斷地反思自己的作為，終於下了結論：「我錯了。」對我而言，知道錯誤到改正錯誤已經沒有任何心理障礙，我即刻將空盤平了，吞下約 100 萬美元的虧損。

　　第二天一早，我去打高爾夫球，什麼都不想。棉花操作結束了，我錯了，我為錯誤付出代價，此時棉花和我再也沒有關係。當我回到旅館吃午餐，在經紀人辦公室瞄了一眼市場概況，我看到棉價跌了 50 點。這不算什麼，讓我心動的是，這次棉價下跌並未像前幾週一樣即刻反彈。當價格像彈簧一樣壓力一走就反彈，意謂著

最小阻力線方向朝上，逆著這個方向而動讓我虧了 100 萬美元，難過到我都不想看棉價。

現在，棉價不再小跌即刻反彈，讓我吞下 100 萬美元虧損的理由不再存在。我即刻賣空一萬包棉花並觀望情形。很快地，價錢又跌落了 50 點，我等了一會兒，沒有反彈。此時我覺得肚子很餓，便到餐廳點餐。在午餐送來之前，我突然跳起來，等不及地又跑到經紀人辦公室，看到棉價還是沒有反彈，我再賣空了一萬包。我等了一會兒，欣喜地看到價錢又跌了 40 點，這表示我的交易是正確的。我回到餐廳吃完午餐，又跑去經紀人辦公室觀察。當天棉價沒有反彈。這天晚上，我離開熱泉。

打高爾夫球當然很放鬆，但是我早些時候賣空棉花賣錯了，平倉的時機似乎選得不對。我現在要回到自己能夠靜心的地方輕鬆操作。棉價的波動給了我賣空第一個一萬包棉花的指引，同樣的指引讓我再賣空一萬包。第二個一萬包的空單在市場引起的反應，讓我確定棉價的轉向到來了。棉價的變動方式改變了。

到了華盛頓，我跑去經紀人辦公室觀察行情，我的老友塔克（Tucker）還是經理。當我在辦公室逗留時，棉價又跌了一點，這下子我更確信自己對了。對了就加碼，我下單賣空四萬包的棉花，棉價因為這個賣單又跌了 75 點，這意謂著棉花在這個價位已經沒有支撐。當天，棉花的收盤價收在更低位，往日的強悍買盤都不見了。雖然沒人知道那些買盤何時會跑出來，但我這次對自己的操作更有信心。第二天早上我離開華盛頓，開車去紐約。我優哉游哉，好整以暇。

抵達費城時，我拐進經紀人辦公室看看市場情況。我看到的是

棉花買盤完全消失不見，棉價跌到慘不忍睹，棉花市場正發生小規模恐慌。我沒有等回到紐約就打了長途電話給我的經紀人，讓他把我棉花的空盤全平了。收到交易報告後，我發現我虧損的 100 萬美元全賺回來了。從這裡回去紐約，我一路上心情輕鬆，沒有再去查看棉價。

直到今天，在熱泉陪著我的朋友仍喜歡談論我如何從午餐桌上跳起來去賣空第二萬包棉花。讓我再說一遍，那不是預感，是衝動。那個跳起來的衝動，來自我從價格變動中得到可以賣空棉花的結論。雖然剛剛因賣空棉花虧了大錢，但過往的錯誤和現在沒有關係，我必須抓住現在的機會。我跳起來是因為機會來了，或許潛意識幫助我得到這個結論。在華盛頓做出賣空的決定完全是觀察的結果，我多年的交易經驗告訴我，最小阻力線的方向改變了，已從向上改為向下。

我對棉花市場削了我 100 萬美元沒有抱怨，也沒有恨自己為什麼犯這麼大的錯誤！我同樣沒有為自己聰明地在費城平倉，將虧了的錢賺回來而沾沾自喜。我唯一關心的是自己的交易是否正確。我想我可以公正地說：因為我已具備足夠的經驗和記憶，所以我能將虧掉的錢賺回來。

本章重點&給投資人的提醒

　　每一位有了一定經驗的投資人，通常都會有想買某檔股票的衝動。毫無疑問，這樣的衝動來自經驗的累積，因為類似的情況發生了很多次，你期待重複。這一章旨在強調經驗的珍貴。在具體操作中，賺錢或虧錢通常不該是衡量交易的指標，而應該如同主人翁的思考：「我唯一關心的是，自己的交易是否正確。」

第 18 章

專業投機作手的勇氣

你有事實做同盟軍，你有了最強大的合作者。

當有基本面做同盟者，你很容易變得既勇敢又有耐心。一位專業投機者必須對自己和自己的判斷力充滿信心。

交易人的工作是按照看到的事實交易，不是去猜測別人的想法。

在華爾街，歷史不斷重複。還記得我說過一個故事，有關斯特拉頓壟斷玉米市場、而我如何機智地平了空倉？同樣的手法我也用在股市上。這檔股票是「熱帶貿易公司」（Tropical Trading），我操縱股價，買空賣空漲跌兩頭賺。這檔股票的交易很活躍，是喜歡冒險的股票投機者的寵兒。報紙一直指責公司管理層不去鼓勵外界對股票做長期投資，自己卻參與了股價的操縱。熱帶貿易公司總裁是穆里根（Mulligan），有位相當能幹的經紀朋友告訴我，就算是伊利鐵路（Erie）的丹尼爾·德魯（Daniel Drew）或蔗糖公司的哈夫邁爾都玩不過他。很多次，穆里根和他的同夥鼓動喜歡賣空的交易人賣空熱帶貿易公司，自己卻在後面壟斷市場，抬高股價，以不斷升高的股價迫使賣空者停損平倉。看著賣空者掙扎，他們享受報復

的快感。

很自然地，不少人對熱帶貿易的股價操縱表示厭惡，但我認為這是他們被軋空後的情緒反應。看看交易廳裡的交易員，他們每天面對著內部人士的坑害矇騙，但為什麼他們還對遊戲樂此不疲？因為他們從股價的上下波動找到參與的滿足感。毫無疑問，熱帶貿易這檔股票的股價波動夠瘋狂，交易這檔股票絕對不會無聊。這檔股票可以毫無理由地漲跌，沒有任何徵兆地漲跌，似乎隨時都有交易機會，市場容量也大到足夠你隨意下單。當然，若賣空盤夠多時，就會有人壟斷股市進行軋空。喜歡這種遊戲的人相當多。

內部人士的股價操縱

不久前我在佛羅里達度寒假。我快樂地釣魚，遠離了股市也不想股市，相當放鬆。我偶爾會在看報紙時瀏覽一下股票專欄。一天早晨，當報紙送來時，我瞄了一眼股票版，看到熱帶貿易公司的價錢是 155 美元，記得上一次看到這檔股票時是 140 美元，當時我已開始看空股市，正等待著出手賣空的時機。但時間還早，不急。這是我現在悠閒釣魚、遠離股市的原因。真正的下手時機到來之時，我會回到紐約專心操作。反正走勢開始之前，無論我做什麼或不做什麼都不會影響大市。

那天早上報紙登出的股價走勢，是股市操縱的典型案例，它讓我堅定了熊市即將來臨的判斷。大市這麼疲軟，熱帶貿易公司的內部人士卻在此時將股價炒起來，期望吸引下家，我認為這麼做相當愚蠢。貪念有時也需要收斂，股價操縱太露痕跡不是好習慣。在我

看來，此時將熱帶貿易公司股價炒高是嚴重的錯誤。在股票市場，任何人犯了那麼大的錯誤卻不受懲罰是不可能的。[160]

看完報紙後，我回去釣魚，心裡揣摩著熱帶貿易公司內部人士盤算的操作計畫。我相當篤定他們一定會失敗，就像一個人從二十樓躍下不用降落傘一定會粉身碎骨一樣。我想來想去心裡放不下，釣魚沒了趣味，於是放下釣竿，向經紀人發了一封電報，請他以市價幫我賣空 2,000 股熱帶貿易公司。下完這個單我才感到輕鬆，繼續釣魚，當天釣魚的成績相當不錯。

下午收到交易報告，經紀人替我賣空了 2,000 股熱帶貿易公司，價錢是 153 美元。看來一切順利。在熊市賣空股票，順勢操作沒有錯誤。[161] 但此時我已失去釣魚的耐心；我離股價板太遠了，看不到股價的變動，失去了對股票的感覺。我一直猜想，為什麼熱帶貿易公司會在熊市時逆勢上漲？內部人士有何盤算？沒有盤感無助於判斷現況。我終止了釣魚，回到棕櫚海灘，在那裡我可以很便捷地觀察和交易。棕櫚海灘有直線電報直達紐約。

在棕櫚海灘，我看到熱帶貿易公司的內部人士還在試圖撐高股價，我賣空了第二個 2,000 股。沒有意外，當交易報告傳回時，我再賣了 2,000 股。股票運動正常，我的賣單讓股價跌了。看到事情進展得很順當，我就到外頭坐了一會兒搖搖椅，不過總覺得心裡放不下，只賣空這麼一點點實在不夠味，於是又回到交易廳再賣空

---

160 股價在一定程度上是可能被操縱的，而有這種能力的人有時會沉浸在操縱股價的愉快中，最後不得不承擔後果。這種情況也常常發生在其他行業。

161 隨時評估自己有沒有在做正確的事，是投機專業的好習慣。

2,000 股。

　　只要賣空那檔股票，我就有快感。一賣再賣，一眨眼手頭有了1 萬股的空盤。這下有事可做了，我決定返回紐約，釣魚的事就以後再說。

　　回到紐約，我先研究了公司的基本面，公司生意的方方面面，包括現在情況和未來預測，研究結果強化了我原先的預想：公司內部人士在熊市下強行哄抬公司股價，完全是瘋狂行為。公司的盈利狀況也不支持這樣的股價。

　　雖然我認為股價操縱者的做法邏輯混亂且時機錯誤，但股價的揚升確實為股市帶來一批跟風者，強化了操縱者持續瞎搞的信心。我和他們對做，愈是抬高股價，我就愈多賣空，直到對方收手。我按照以前的老方法測試、加碼，我的空盤最後有 3 萬股之多。此時熱帶貿易公司的股價是 133 美元。

投機者的勇氣

　　有人警告過我，熱帶貿易公司的內部人士知道誰在賣空以及賣空規模，他們本身就是行家，知道華爾街的眉眉角角。這些人是非常精明的操縱者，和他們反向操作是不智之舉。但事實就是事實，你有事實做同盟軍，你有了最強大的合作者。

　　熱帶貿易公司的股價從 153 美元跌到 133 美元，賣空盤增加了。喜歡便宜貨的散戶也一如既往地大聲爭論：據說這檔股票 153美元時適合買入，現在 133 美元當然更適合買入，便宜了整整 20美元。同樣的股票，同樣的紅利，同樣的管理層，做同樣的生意，

多好的便宜貨！¹⁶²

　　散戶的買盤減少了股票的流通數量。內部人士知道，交易廳的專職交易者大都在賣空股票，他們認為軋空的時機到了。股價一路又漲到 150 美元，我相信有不少人平了空盤。我繼續守盤不動。我當然不肯平倉，我從 153 美元一路賣到 133 美元的理由都還在，或許比之前更強烈。操縱者或許試圖強迫我平倉，但只靠抬高股價這一招並不足夠。當有基本面做同盟者，你很容易變得既勇敢又有耐心。一位專業投機者必須對自己和自己的判斷力充滿信心¹⁶³。

　　已故的前紐約棉花交易所總裁迪克森‧瓦茲是著名的《投機的藝術》一書的作者，他在書中說道：「投機者的勇氣，就是將頭腦裡的決斷付諸實踐。」¹⁶⁴

　　對我而言，我不怕犯錯，除非證明錯了，我從不認錯。但如果犯錯而沒有從錯誤中學到教訓，我會極不舒服。市場的短期波動並不能證明我判斷的對錯，證明我買賣對錯的只有價格的運動模式，它可以是漲的模式，也可以是跌的模式，給出對錯的最終結論。我因知識而成長，如果我跌倒了，那一定是犯錯了。

　　從 133 美元到 150 美元的上漲沒有讓我嚇到平倉，因為它的運

---

162 此段文字描述了一般散戶的心態。一般散戶常用衣服價錢來比擬股票，價格低了就是減價，但股票定價並不是這麼回事。記住，股票的價位在短期是完全隨機且可以操縱的，它是沒有價格底線。

163 一件衣服要價 100 元，但你知道它只值 3 元，就會有耐心地等價錢跌下來，這就是基本面給予的信心。

164 不過對一般投資人來說，不要太相信自己的決斷，如果股價走勢和自己的判斷相反，就必須及時停損。

動模式很老套。一如我的預料，股價又開始跌了，一直跌到 140 美元才看到內部人士出手撐市。他們買股的同時，市場上出現很多股價多頭的傳聞，包括公司非常賺錢，正考慮增加紅利；還有股票空盤很多，公司正考慮對看空的賣空者來一場世紀軋空，尤其針對那些過度賣空的交易者。傳言很多，無法一一列舉，只是一轉眼，股價又漲了 10 點。

　　這類股價操縱在我眼裡稀鬆平常，但當股價漲到 149 美元時，我覺得再不出手干預，散戶可能真的會把傳聞當真了。當然，無論是我還是其他人，只靠嘴巴說話沒什麼效用，那些被嚇壞的賣空者和容易被騙的散戶都不會當真。說服力最強的只能是股價帶打印出的白紙黑字，人們只相信這些數字。他們不相信局外人說的話，更不相信一位有著 3 萬股賣空盤的投機人。我採取的策略和當年斯特拉頓壟斷玉米市場時一樣，當年我靠壓低燕麥的價錢，使得交易者看空玉米。經驗和記憶又一次發揮作用。

與內部人士唱反調

　　當內部人士炒高熱帶貿易的股價、試圖恐嚇賣空者平倉，我並沒有直接打壓熱帶貿易的股價。我已經有了 3 萬股的賣空盤，占了流通在外的股票總數相當大的比例，我覺得夠了。第二次的漲幅就像是特別的邀請函，等著我自投羅網，我當然不會照辦。我採取的行動是，當熱帶貿易公司的股價漲到 149 美元時，我就賣空大約 1 萬股的赤道商業公司（Equatorial Commercial Corporation），這家公司本身持有大量熱帶貿易公司的股票。

赤道商業公司不像熱帶貿易的交易那樣活絡。如同我的預計，1萬股的賣單一下子重挫了赤道商業的股價，我的目的達到了。無論是專業交易人或業餘散戶，他們聽著熱帶貿易給出的多頭消息，卻看到股價漲後伴隨著大量賣盤，很自然得到一個結論：多頭的消息是掩護內部人士賣股的煙霧彈。內部人士炒作熱帶貿易的股價，卻從赤道商業脫手賣股，而赤道商業是熱帶貿易最大的持股者。在他們看來，當熱帶貿易的股價如此強悍，外人不可能有膽量賣空赤道商業的股票，所以賣股的人一定是內部人士。很自然地，他們快速脫手自己手中的熱帶貿易股票，有效阻止了股價的漲勢。熱帶貿易的內部人士看到賣盤大量湧入，自己也不願意接手，股價隨之下跌。熱帶貿易股價的下跌影響了赤道商業，使其股價也跟著下跌。此時我將赤道商業的空盤平倉，賺了點小錢。從一開始，我就沒有打算在赤道商業的賣空操作上賺錢，只打算用它來阻擋熱帶貿易的漲勢。

　　一而再，再而三，熱帶貿易的內部人士和他們的公關人員四處散布公司的好消息，試圖抬高股價。每次熱帶貿易的股價上漲，我就賣空赤道商業，壓低它的股價，連帶阻止熱帶貿易的升勢。股價一回檔，我就平倉赤道商業。我的操作令熱帶貿易操縱者大感洩氣，股價跌到125美元。此時，空單累計到相當的數量，若將股價向上拉抬20至25點，就會擠壓出很多的平空單停損，出現這樣的操作不可避免。雖然我看到一波漲幅即將來臨，但沒有平倉的打算，我不願失去自己的倉位。在赤道商業的股價還沒跟上熱帶貿易的漲幅之前，我一如既往賣空了一大票的赤道商業，結果也和以前狀況類似，它使得熱帶貿易因股價上漲帶來的多頭氣勢黯然消失。

此時大市已經相當疲軟。前面說過，我之所以會在釣魚途中急急忙忙賣空熱帶貿易，就是因為我覺得大市處於熊市。除了熱帶貿易，我還賣空了其他股票，但最讓我上心的是熱帶貿易。終於，外部環境的壓力使得操縱集團失去了逆流而動的勇氣，熱帶貿易的股價雪崩式地暴跌。它首先跌破多年的支撐價位 120 美元，接著是 110 美元，然後跌破股票面值，而我仍然不肯平倉。有一天，整個股市大跌，熱帶貿易跌破 90 元，在一片恐慌中，我平了空倉。原因和以前一樣：當大市疲弱、賣家多過買家的股市恐慌時候，是買入的最好時機。我不是自誇，我買進 3 萬股熱帶貿易的價錢是整個走勢的最低點。我並沒有嘗試在最低價平倉，只是試圖將帳面利潤在最小的代價之下轉換成現金。

對交易判斷的堅定信心

整個操作過程我沒有恐慌與遲疑，因為我知道整個操作沒有錯誤。我沒有逆大市而動，沒有逆基本面而行，我順勢操作。也正是這些判斷，讓我確定熱帶貿易的幕後操縱最終會失敗。他們嘗試的這一套以前很多人試過，結果都以失敗告終。整個過程雖然股價不時來個大反彈，但這嚇不了我，我知道這是遊戲的一部分。我知道安坐不動到最後的結果，會好過試圖低買高賣搶波段。這一次我確定自己對了，就安坐不動直到收尾，算總帳收益超過 100 萬美元。這個操作沒有第六感給我暗示，沒有神祕的讀盤技巧，沒有說不明白的勇氣，有的只是我對自己判斷力的堅強信心。我沒有讓小聰明或虛榮心影響自己的判斷。知識就是力量，這股力量在面對虛假應

無所畏懼。就算這個虛假是從股價帶打印出的數字，也不該動搖這股力量，否則你很快就會退縮。[165]

　　一年後，熱帶貿易又被拉抬到 150 美元，並在那個價位小幅波動了幾個星期。大市不間斷地上漲了好長一段時間，正等待來一個回落。我之所以知道是因為我做了測試。熱帶貿易所屬類股生意疲軟，我看不到這個類股裡的股票價格有什麼理由會漲，更何況大市似乎也失去了上漲的動力。我又賣空熱帶貿易，這次準備賣空 1 萬股。股價在我的空單之下崩潰。我看不到股價有任何支撐，突然間，買盤表現異常。

　　我不想讓自己聽起來像個天才，但我確實感受到支撐股價的買盤入市。股票的內部人士沒有道義責任保證股價只漲不跌，這讓我警覺到他們在熊市時突然重手吸股必然有原因。這些人既非傻瓜也不是慈善家，也沒有投資銀行在邊上等著拱高股價賣股。股價突然頂住了我的賣空，也頂住了其他的空盤，一路向上。股價到了 153 美元時，我平了 1 萬股的空倉；升到 156 美元時，我開始跟勢買入，因為此時最小阻力線的方向朝上。我看空大市，但此時的情況是投機的特例，這檔股票有了自己的個性。股價一路上揚，超過了 200 美元，這波行情成為全年股市最受關注的事。有報導說我在這波行情慘遭軋空，虧損了八、九百萬美元之多。傳言真讓我受之有愧。事實是，在股價上升途中，我並沒有放空，而是一路做多，我

---

165 這段文字將整個操作的思路描述得清清楚楚，讀者再看一遍他在股價漲跌過程的思考，這就是一位專業作手在正常操作情況下的思路。普通股民通常買漲不賣空，但思路一樣。

一直在賺錢。這次買入操作在賣股時遲了些，導致失去了部分的帳面利潤。想知道我為什麼這麼做嗎？原因是我猜想如果我是熱帶貿易的內部人士，我會怎麼做？他們也會這麼做嗎？我的思考方式犯了錯，我不該去猜測別人怎麼想。交易人的工作是按照看到的事實交易，不是去猜測別人的想法 [166]。

本章重點&給投資人的提醒

　　這一章講了一個很具體的操作過程和思路，此思路正是專業操作的思路，當你修練到一定地步，就該用這個思路來指導行動。文中將此思路寫出來，你讀明白了，將有助於縮短修練的過程。讀者不妨將自己的操作過程和本章描述的過程做比較，以檢視自己的不足之處，這就是所謂站在巨人的肩膀之上。

---

166 所有投資人都應該謹記這句話，要按照自己的判斷操作，不要去猜測別人想什麼。

第 19 章

股票操縱有技巧

　　股票投機能夠成功基於一個假設，那就是人會重複犯同樣的錯誤。

　　我不知道從什麼時候開始、是什麼人，將量稍大一些的正常股票買賣說成「股價操縱」。當然，若買股時做了手腳，將股價刻意壓低，確實可以稱為「操縱」，但這和正常買賣是兩碼事。非法的事當然不好做，但在股市想讓人認為你的操作完全乾淨並不容易。請問在牛市時，如何能大量買股卻又不讓股價上漲？這個問題有解嗎？想回答不容易，外界因素太多。如果一定要回答，可以說：透過精明的操縱或許能辦到。其實，最好回答是：看情況。

人性就是會重複犯相同錯誤

　　我對自己的專業相當專注，不僅自己總結經驗，也學習他人的經驗。但任何人想在收盤後到經紀人辦公室，透過聽故事來學習操作股票，就完全是天方夜譚。大多數被你知道的手段和方法早已失效，再試一次通常沒用，更糟的是可能非法。證券交易的規則已經

改變。老一輩作手如丹尼爾・德魯、雅各布・利特爾（Jacob Little）或傑伊・高爾德的故事聽聽就好，他們的手法在五十或七十五年前行得通，現在已經過時。今天的作手想透過學習他們的操作來改進自己的技能，就像西點軍校學生想透過學習射箭來研究砲彈彈道一樣不切實際。[167]

但是，研究人的特性很有好處。人總是傾向於相信讓自己感覺良好的事物，很容易被貪婪操控，對小錢斤斤計較。恐懼和希望不會改變，研究投機者的心理具有永恆的價值。無論是紐約證券交易所或殺戮戰場，武器一直在進步，戰略卻沒有變化。我認為湯瑪斯・伍德洛克（Thomas Woodlock）的描述非常精確：「股票投機能夠成功基於一個假設，那就是人會重複犯同樣的錯誤。」

牛市來了，散戶們蜂擁入市，閉著眼睛大家都賺錢，卻忘記了小心謹慎，也不再討論投機或操縱，就像下雨時討論同一屋頂的雨滴有何差異一樣毫無意義。傻瓜總想不勞而獲，牛市最容易激發他們貪婪的賭性，他們無法忍受身邊有人賺錢而自己落單。那些試圖賺容易錢的民眾遲早要付出學費，最後學會一個道理：這個世界沒有容易賺的錢。早年，我在分析過往的一些老故事時，覺得老一輩的人更容易上當受騙，一八六〇至七〇年代的人比一九〇〇年代的更笨。現代人精明多了，但今天我還是不斷從報紙上讀到新的的龐氏騙局[168] 不斷出現，千百萬美元靜悄悄地消失不見。

軋空操縱的悲劇

我早年來到紐約時，股市不斷討論「對沖」（wash sales）、「對

敲」（matched orders）等洗盤行為，這些操作現在已被證券交易所禁止。這類洗盤手法用來操控散戶其實相當笨拙。每當有人試圖操縱股價的起落，經紀人都會說：「洗衣房在全力運作[169]。」以我在賭館的親身經歷，如果股價突然股價跌了 2 或 3 點，那是用來坑害那些保證金不夠的小賭徒。這種跌就稱為「賭館跌」（bucket-shop drives），貨真價實的股價操縱。至於對敲，經紀人總會找合理藉口，如協調困難、統一操作等，這些現在都已不被允許。多年前，有位著名的股票作手在對敲時撤了賣單，但忘了撤買單，無辜的經紀人在幾分鐘內將股價彈高 25 點之多，一旦他的買股結束，股價就以同樣快的速度跌下來。對敲操作的原意是試圖創造交易活躍的假象，但這種操縱方法並不是好方法。現在就算你還想這麼做，也找不到願意配合的經紀人，除非他不打算保留紐約證券交易所的會籍，而且最新稅法也使得這類操作比過去昂貴多了。

標準的操縱定義包括股票軋空。軋空可能是操縱的結果，也可能是買家眾多的結果。舉例來說，北太平洋鐵路在一九〇一年五月九日發生的軋空情況，無疑就不是因為操縱。斯塔茲汽車（Stutz）的軋空讓所有相關人士灰頭灰臉，不僅虧了錢，還虧了名聲，不過

---

167 由於今日的證券管理相對嚴格，欲像早年的作手一樣操作且不觸法近乎不可能，這經歷了量變到質變的過程。今天美國的法規要求內部人士必須披露持股，不允許像以前一樣偷偷買賣來操縱股價。

168 本書已出版超過一百年，龐氏騙局還流行，儘管是一百年後的今天，龐氏騙局依然存在，只是換了名字。

169 中文的「洗盤」譯自英文，英文是 washing，洗衣服也是 washing，這裡的「洗衣房在全力運作」意指「操縱在進行」。

這都與操縱無關。

現實的情況是，很少人為的軋空讓軋空者賺到了錢。成功的例子有范德比爾特（Vanderbilt）兩次軋空哈林鐵路（Harlem）都賺了大錢，這位大亨能從那些試圖欺詐他的賣空者和不誠實的政府議員口袋中榨出幾百萬美元，相當成功。失敗的有高爾德在西北鐵路的軋空操作。迪肯‧懷特在拉克萬納公司的軋空賺了 100 萬美元，但詹姆斯‧基恩在漢尼拔和聖喬伊鐵路（Hannibal & St. Joe）的交易中虧了 100 萬美元。想從軋空操作賺到錢，需要將股票以比進價更高的價錢出手，這在相當程度上取決於有多少賣空者。

股市大亨的虛榮心

我曾經對於為什麼半個世紀前會有這麼多股市大亨喜歡軋空操作感到不解。他們都是能力高強、經驗豐富、頭腦清楚的人，知道從股市的其他玩家口袋裡掏錢並不容易，但他們屢敗屢戰，樂此不疲。一位老經紀人告訴我，所有一八六〇至七〇年代的大作手都有一個夢想，那就是搞一次股票軋空。之所以會這樣，大多數情況是因為虛榮心作祟，也有部分原因是為了復仇。一個人成功軋空了一檔股票，就意謂著精明、勇敢，還有財富，讓操縱者有傲慢的本錢。當周圍向他喝采時，他可以高昂地抬著頭，而不需懷疑別人是否只想討好他，他已掙得這些喝采。他們無所不用其極，不完全是為了錢。對這些冷血的操縱者而言，虛榮心勝過一切。[170]

那是個狗咬狗的年代，他們不僅互咬，還很享受互咬。我曾說過，我不只一次逃過被軋空套牢，不是因為神祕的預感，是我能感

受到買盤的表現不對勁，即刻平倉空盤。這是經驗的累積，古今皆同。老一輩作手丹尼爾‧德魯喜歡時不時地軋空那些年輕作手，讓他們為賣空伊利鐵路股票付出代價。他自己卻同樣在伊利鐵路上被范德比爾特這隻更大的狗咬了一口，被軋空到喘不過氣。當老德魯請范德比爾德手下留情時，老范引用老德魯自己的名言調侃他：

「誰賣了不屬於自己的東西，要麼買回來，要麼進監獄。」

　　華爾街似乎沒有多少人記得老德魯這位作手，他曾引領了整整一個世代。他最終沒被華爾街遺忘，可能是因為他的名字和一種傑作聯繫在一起：「摻水股票」[171]。

　　艾迪生‧傑羅姆（Addison Jerome）是一八六三年春季公認的薦股天王。有人告訴我，他當年的推薦就像銀行現金一樣值錢。用所有的標準來評判，他都是一位優秀作手，從華爾街賺進過數百萬美元。他揮金如土，在華爾街擁有一大票追隨者。直到有一天，一位號稱「沉默威廉」的亨利‧奇普（Henry Keep）軋空老南方鐵路的股票，把傑羅姆的百萬身家都軋光了。順道一提，奇普是當時紐約州州長羅斯威爾‧佛勞爾（Roswell P. Flower）的妻弟。

　　在大多數的軋空大戰中，操縱者通常不讓對方知道自己正在悄

---

170 一個人達到一定程度的成功時，虛榮心也往往跟著膨脹。身在股市若被虛榮心控制，不幸的結果基本就注定了。

171 摻水股票（watering stock）是指將股票價格以高過公司價值很多的情況下公開發行，是一種欺騙民眾的行為。

悄買進流通股，但引誘對方盡量賣空股票。由於業餘散戶大多對股票賣空持負面看法，不喜歡參與，所以軋空操作的對象主要是專業作手。過去讓這些作手放空股票的理由，和今天新一代作手的理由沒什麼不同。一些政治人物因為理念的原因賣空某些股票，如范德比爾特操作的哈林鐵路軋空案。作手們賣空股票通常是認為股價太高，而他們判斷股價是否太高的標準之一，就是股價從來沒有這麼高過。股價創新高了，股價太貴，買不下手。很自然地，買不下手就賣，邏輯很正常。這些人想的是價錢，范德比爾特想的則是價值[172]。多年後，華爾街出現了一個描述貧窮的新詞彙——哈林股票賣空者。

冷酷的華爾街百態

　　許多年前，我恰巧有機會請教高爾德的經紀人。他崇敬地向我保證，高爾德是位非比尋常的人。老德魯曾用「誰碰就得死」來尊稱對手，相較於同輩和前輩作手，他都顯得卓爾不群。毫無疑問，他是位財經天才，紀錄完美無瑕。即使隔了一代，我仍能感受到他那種改變自己以適合新環境的能力，這種能力的價值無限[173]。無論進攻或防守，他輕鬆地依據情況不同來改變行為方式，行雲流水，隨心所欲。一般人投機的是股票，他投機的是企業。他操縱著投資方向而不是股市漲跌。他很早就看到大錢在擁有鐵路公司，而不是在操縱鐵路股票；當然，他透過股票市場擁有鐵路公司。他之所以會這麼做，在我看來，還是因為股票市場是錢來得最快的地方。他總是需要更多的百萬，就如同老杭亭頓（Collins Huntington）

的金錢需求總是比銀行願意借出的多了 2,000 萬到 3,000 萬美元。眼光加沒錢意謂著頭疼，眼光加有錢意謂味著成就；有了成就便有力量，其後就有錢，接著更有成就，周而復始。

當然，那個時代的操縱並不局限於大人物，小人物也喜歡插一腳。我還記得一位老經紀人給我說的故事，反映了一八六○年代初期華爾街的常態。故事是這樣的：

「我最早的華爾街記憶是第一次參觀金融區。爸爸有些生意要談，帶著我一起前往。從百老匯大道往南走，在華爾街拐彎，順著華爾街走到百老街或拿索街（Nassau Street），轉角處是銀行家信託公司（Bankers Trust）大廈。就在那個轉角，我看到一群人尾隨著兩個人。第一位向東走，裝出一副無所謂的樣子；第二位緊跟在後，他滿臉通紅，一手拿著帽子，另一手高高在天空揮舞，聲嘶力竭地大喊：『帥洛克（Shylock）！帥洛克！』我可以看到許多從窗戶探出的人頭。那個年代還沒有摩天大樓，我擔心住在二、三樓的好奇者將頭伸出這麼多，不小心整個人會跌落。爸爸上前詢問發生什麼事，有人向他解釋，但我沒聽到。我當時緊握著爸爸的手，不讓擁擠的人群將我們分開。人群開始四處流動，我覺得相當不舒服。目露凶光的男人從拿索街跑過來，奔向百老街。華爾街的東西兩個方向都人潮洶湧。當我們終於擠出人群，爸爸告訴我狂喊『帥

---

172 當股票價格創新高，不代表股票的價值在價格之下，這也是現今所謂「價值分析」的觀點。

173 無論做人或做事，改變自己來適合環境是永恆的真理。年輕人總喜歡尋求改變環境來適合自己，這是他們痛苦的主要根源。

洛克』的人叫什麼。我把名字忘了，但記得他是紐約市股票圈最大的作手，他賺到或虧損的錢可能排名第一，除了雅各布‧利特爾之外。我之所以會記得雅各布‧利特爾，因為這是一個奇怪的男人名字。上面說的帥洛克是一位惡名昭彰的現金囤積者，他的全名我記不得了，只記得他高高瘦瘦，臉色蒼白。在那個時代，現金囤積者常常到銀行借光所有現金，然後囤積起來，這樣證券交易所的作手們就借不到錢，於是他們少了對手。他們借錢時甚至不提現金，只要一張現金支票。當然，這也是一種不正當的小動作，是股市操縱的一種，起碼我是這樣認為。」

我同意老經紀人的感嘆：往日那些令人驚嘆的操縱手法，到今天已不再行得通。

本章重點＆給投資人的提醒

本章回憶了主人翁對股市的觀察，講述了一些華爾街的老故事。一百年後的今天，看看我們的周遭，發生的故事是否相似？歷史不斷在重複，我們可以推斷還會繼續重複下去，這也是投機的魅力所在。

第 20 章

炒股的技術與藝術

　　如果操縱的目的是向股市出手一筆數量可觀的股票，方法是先將股價操作到市場可能接受的最高點，然後在股價下跌的途中逐漸出手。

　　我自己從未和這些在華爾街聲名卓著的操縱者說過話。我說的是股票操縱者，不是一般的股市大戶。這些操縱者比我早了一輩。我剛到華爾街時，詹姆斯・基恩還如日中天，他算是上一輩操縱者中最偉大的一位。我當時還很年輕，正試圖在正式的證券行複製我在賭館的成功經歷。基恩忙著操縱美國鋼鐵公司，那是他操縱生涯的傑作。

　　那時我還不知道什麼是股票操縱，沒有這方面的知識，沒有相關經驗，也不知道其價值何在。因為無知，就沒有尋求這方面的知識。如果問我，我或許會認為操縱就像街頭的騙人遊戲，有人在桌面轉動著三個杯子，要你猜花生米藏在哪個杯子之下。我在賭館的經歷只是操縱遊戲的低級層次。我當時聽到有關操縱的一切傳言大多是臆想、是懷疑、是猜測，不是精明的分析。

華爾街的操縱專家

不只一位熟悉基恩的朋友告訴我，他是華爾街有史以來最優秀的操縱專家，這個讚譽得來不易。華爾街一代新人換舊人，一日明星多如恆河沙數，只有極少數人可以經受時間和成績的檢驗，讓自己的名字成為歷史的一部分。基恩是位成功者，從各方面檢視，他都是時代的佼佼者，他生活的年代充滿激情。

他了解華爾街，充分利用這些知識換取金錢。當哈夫邁爾兄弟請他操作蔗糖公司股票時，他發揮了自己的經驗和天分。當時他手頭拮据，否則他不會幫人操作。他喜歡承擔大風險，接單操作蔗糖公司股票給了他機會發揮天賦，將這檔股票炒作得風生水起，搞到股票供不應求。此後，單子接二連三都是請他操作私募。傳說當他操作這些私募時，從來不直接收費，只要求和其他私募成員一樣有錢賺了分一份紅。當然，怎麼操作由他說了算。操縱股票這種生意很容易讓合作雙方互相懷疑，因為太容易背叛。他和惠特尼─雷恩（Whitney-Ryan）私募的爭議就肇因於此。一位操縱者很容易被合作者誤解，在邊上看別人操縱覺得很簡單，但操縱者自己可是絞盡腦汁。這一切，我都親身體驗。

基恩最偉大的傑作是一九○一年春天的美國鋼鐵操縱案，可惜他沒有留下完整的紀錄。就我所知，基恩從未與摩根談過這檔股票。摩根的經紀人是塔博‧泰勒公司（Talbot J. Taylor & Company），基恩也借用塔博的辦公室作為總部。塔博‧泰勒是基恩的女婿。我相信基恩把工作的樂趣當成報酬的很大部分。那年春天，他把整個股市都炒熱起來，自己也賺了數百萬美元。他親口告訴過我的一位

朋友，在那個大牛市，他自己就在市場賣出了超過 75 萬股的新股。有兩點讓人印象十分深刻：第一，這是一家比較新的公司，而其市值超過當時全美國的國債數額。第二，市場的其他大亨如雷德、李茲、莫爾兄弟、亨利‧菲浦思、弗里克等鋼鐵大亨，也各自趁著基恩炒熱市場的機會，賣了幾十萬股股票給散戶。

當然，股市基本面站在基恩這一邊。公司生意很好，股市情緒熱絡，加上他有近乎無窮無盡的財務支持，這些都提供了他成功的保障。當時不僅是個普通牛市，而是個大牛市，回頭看看那樣的股市熱可能不會再出現。當然，暴漲之後緊跟著的是恐慌，一九〇一年，基恩將美國鋼鐵公司的股價炒到 55 美元，一九〇三年時跌到 10 美元，一九〇四年跌到只剩 8⅞ 美元。

我們無法詳細分析基恩當年的操縱手法，找不到他的任何帳冊，連詳細些記錄都沒有。舉例來說，如果能看到他是怎麼炒作聯合銅礦公司（Amalgamated Copper），那會很有意思。股市大亨羅傑斯和洛克菲勒曾試圖脫手持有的股票卻辦不到，他們找到基恩請他幫忙，他同意了。別忘了，羅傑斯當年可是華爾街最能幹的作手之一，洛克菲勒更是標準石油財團內最能幹的投機商。就華爾街的股市操縱遊戲，他們不僅經驗豐富、聲譽卓絕，而且要錢有錢、要人有人，有近乎無窮盡的資本。但他們最後都不得不找上基恩。我之所以提這些，是因為有些工作確實需要專家才做得了，並不如一般人想像的那麼容易。現在，在檯面上的是一檔活躍的股票，公司有美國最偉大的資本家做後盾。但除非給出巨大的股價折扣，否則無法大量推向市場，而大折扣不僅帶來金錢損失，還有損公司聲譽。羅傑斯和洛克菲勒明智地找到基恩。

基恩即刻著手工作。當時股市正好處於牛市，他以 100 美元左右的價格賣出 25 萬股。他賣掉內部人士的持股後，散戶的熱情未減，將股價又拱抬了 10 點之多。那些內部人士一方面慶幸手頭的股票高價脫手，看到市場上的熱情如此之高，又興起了貪念，看多股市。有傳聞羅傑斯建議基恩買入聯合銅礦，很難相信羅傑斯是在試圖將手邊股票賣給基恩，這擺明是坑人。像羅傑斯這樣的聰明人，不會把基恩當成好欺負的綿羊。基恩的操作手法一如既往，將股價拱高之後，在股價下落途中不斷賣股。當然，具體的操作會隨市場情況而有差異。股市就如戰場，戰略目標不變，戰術的實施需視戰場情況。

　　基恩有位好友是我所認識的最棒的飛桿釣魚手。前些日子他告訴我，在聯合銅礦的操作過程中，基恩有一次發現自己手邊沒有股票了，第二天買回幾千股，第三天賣出一些，之後便什麼都不做，看看市場會如何反應。當真正想出手存貨的時侯，基恩的手法如同我先前所說的，他會拱高股價後一路往下賣。散戶總是期待股價會有個反彈買便宜貨，賣空者賺到錢了想平倉，這些人就會接手他的賣盤。[174]

　　基恩最親近的助手告訴我，在聯合銅礦操作中，基恩幫助羅傑斯和洛克菲勒賣出 2,000 萬到 2,500 萬美元的股票，羅傑斯寫了一張 20 萬美元的支票謝謝他。這讓我想起一個故事，一位百萬富翁的太太給了大都會歌劇院清潔婦人 50 美分，以答謝她幫忙找到遺失的價值 10 萬美元的珍珠項鍊。基恩非常客氣地退還了支票，還附了一張紙條說自己不是股票經紀人，非常高興能為他們服務。他們留下了支票，回信表示希望下次還能合作。此事過後不久，羅傑

斯非常友好地給了基恩一個推薦：在 130 美元左右的價錢買入聯合銅礦。

基恩是一位卓越的股票作手，他的祕書告訴我，操作順利時，基恩會很暴躁，言語充滿冷嘲熱諷，讓聽者久久無法忘懷；但當操作不順時，他會謙恭有禮，滿口格言警句，幽默風趣。

基恩具有一位成功投機者所應具備的素質，最高等級的素質。他從不和走勢爭拗，他無所畏懼但從不蠻幹。當他發現自己錯了的時候，從不找藉口，即刻改正[175]。

基恩的時代已經過去，和他的時代相比，今天的交易規則已然改變，執法也更加嚴格，股票的買賣還要繳交很多稅。總之，遊戲規則已經有了變化。在基恩的時代可以使用的手法，很多在今天不再可行。此外，華爾街向我們保證，其道德水準已進步到更高層次。無論如何，基恩處在任何時代都會是優秀的投機作手，他具備所需要的素質，對遊戲有深刻的了解。他在他的時代取得了屬於那個時代的成功。如果有機會，他可以在一九二二年取得恰如一九〇一年或一八七六年同樣的成功。一八七六年，他首次從加州來到紐約，兩年內賺了 900 萬美元。這世界總有些人充滿匪氣，無論在什麼時代，遲早成為土匪頭子[176]。

---

174 這就是今天大基金的賣股方式。
175 這是所有交易人追求的終極心態，永遠不和走勢作對，犯錯就認錯，不心懷僥倖。
176 領袖通常是天生的。

操縱的技術

　　華爾街的改變並不如想像的那麼快速，而且改變的回報也沒有那麼豐厚。改變不是創新，它所能獲得的回報是不及創新的。如果將討論的領域局限於投機，我只能說，今天的操作某些方面比以前更容易，某些方面比以前更困難。

　　毫無疑問，宣傳是一項藝術。股票投機就是透過向外公布股價的形式達成宣傳的目的。股價帶打印出來的，是操縱者希望讀者讀出的訊息。故事愈像真的，讀者就愈相信；讀者愈相信，就表示宣傳愈成功。今天，多頭操作的操縱者不僅要讓股票看起來很堅挺，還必須讓股票真的很堅挺，所以操縱也必須基於基本面和堅實的交易原理。這讓基恩看起來像是位超級優秀的操縱者，他從一開始就近乎完美。

　　「操縱」一詞聽來很邪惡，也許需要換個名字。我自己認為，將股票賣給大眾的行為並沒有什麼見不得人，當然，先決條件是沒有蓄意造假。毫無疑問，操縱者找買家時會把注意力集中在市場投機者之中，投機者試圖為資本尋找更高的回報，願意承擔更多的風險。我對投機者虧錢不表同情，他們知道風險何在，那就請願賭服輸。投機者贏錢趾高氣昂，虧錢時責怪對方是騙子、是「股市操縱者」。聽起來，似乎「操縱者」等同於賭錢時在撲克牌上做記號，但實際情況並非如此。

　　通常，操縱的目的是試圖將相當數量的股票以比較舒心的價格賣出去。有時一個私募可能發現市場情況並不如所願，除非給出很大的折價，否則無法脫手股票。此時他們或許會找專業人士做這些

事，讓整個操作順暢 [177]。沒人想要虧錢。

你或許留意到我沒有提到另一種操縱，也就是試圖以盡可能低廉的價錢大量收買某檔股票。這種買股可能是為了控制某家公司，但這種情況現在已經不多了。

當年高爾德試圖牢牢地控制西聯匯款公司，決定買進一大批股票。多年不見的華盛頓・康納（Washington E. Cornor）突然出現在西聯匯款的交易亭，他是高爾德的經紀人。他開出買單，其他交易員就著他的買單給他股票，要多少給多少。那些經驗豐富的交易員暗地裡嘲笑著：你以為擺明高爾德想買股票，股價就會漲嗎？沒這回事！這個行動可以算是操縱嗎？我只能說既「是」也「不是」。

我說過，大多數「操縱」的目的是以最好的價錢將股票賣給公眾。在這裡用「賣」不是最貼切，用「分配」可能更恰當。毫無疑問，公司股票有一千位持股人好過只有一位持股人，起碼一千位持股人能夠維持更好的流通性。所以股票出手時，需要考慮的並非只有價錢，還需要考慮對象。

如果股價被拉抬到很高的價位但公眾不肯接手，當然就意謂著操作失敗。在華爾街，經驗不夠的操縱者炒高了股價卻找不到人接手，老手們就會對他說：「你可以將馬帶到水邊，但你無法強迫牠喝水。」在這裡，我想重複一下基恩和他的前輩總結的經驗：「股票需要拱到可能的最高點後，在股價下跌途中，才是向大眾賣股的

---

177 今天新股票上市必須經過層層審查，早年這種幾個操縱者就可以呼風喚雨的時代已經過去。

好時候[178]。」

　　讓我們回到原點。假設一家投資銀行或一家私募或一位大亨，有大宗股票想以好價錢出手，股票在紐約證券交易所上市，最好的市場當然是公共市場，最好的買家是市場的散戶。整個賣股操作由一個人負責。再假設這位負責人試圖賣股但不成功，這讓他明白自己的經驗和能力都不足。在他認識的朋友當中，有些進行過類似的操作而且成功了，他會怎麼做？他會找朋友幫忙，就像生病會找醫生一樣。

　　假設他找到我，知道我是行家。我假設他已經對我相當了解。他打電話給我，想約個見面時間談談。當然，我應該對股票和公司情況都相當了解，這是我每天的工作。我靠它吃飯。他告訴我他想做的事，請我幫忙。

　　輪到我說話，首先我會搞清楚他具體想要我做什麼。我會判斷股票的價值和市場對股票的接受程度，還會判斷大勢所處的情形，綜合判斷若由我操作執行，成功的機會有多少。

　　如果我的分析讓我對整個操作成功的可能性感到樂觀，我會接受挑戰，同時提出我的條件。如果對方接受我的條件，我就會著手進行。

　　我常常有大宗交易的需求，有時是我想買賣，有時是別人找我買賣。在大宗交易的情況，我認為逐級定價的方式對雙方最公平。價錢從市價之下往上加，比如有人想從我這裡買 10 萬股的股票，市價是 40 美元。那麼交易價商量著辦，幾千股在 35 美元，幾千股在 37 美元，接著幾千股在 40 美元，再來是 45、50 美元，一直到 75、80 美元。

如果我專業努力的結果，或說我操縱的結果，是使得股價升高，而且在高價的時候還有相當的需求，那麼我會將股票出手。我和客戶都賺錢，大家都高興。客戶為我的專業技能付出代價，這是他們的回報。有時候不幸操作虧了錢，當然那是我操作不當。今年我就有一或兩單操作沒賺到錢，之所以沒賺錢有其原因，後面有機會再談。

拉抬股價就要創造多頭走勢

想要將股價不斷拱高，第一步是創造多頭走勢。聽起來很傻，是嗎？其實不傻，你仔細想想就能明白。想令股票讓人覺得很耀的最好方法，就是把股票拱成很有漲勢的樣子。無論你說什麼、給出什麼數據，最好的多頭廣告還是股價帶，上頭打印出的數字說明了一切。我不用給公眾一大堆文字描述，也不需要提供報紙訊息說明股票的價值，當然也無需和財經雜誌合作指明公司的發展前景，這一切都可以透過讓股票交易活躍輕鬆取得。只要股票交易量大且活躍，所有媒體都會嘗試為這個活躍給出解釋、找出理由，這是媒體的工作，甚至用不著我來配合。

股票交易活躍是所有交易廳作手的期待。只要交易活躍，市場深度足夠接納一定的交易量，這些作手會買賣任何股票，無論價位如何。這些人的財力豐沛，出手時買賣個幾千股毫無困難；作為整

---

178 早年的做法是這樣，到今天一樣沒變。

體，他們的能量相當驚人。這些場內作手是股市玩家的第一批接盤手，他們會一路順股票走勢跟隨，在所有的階段，他們都可以成為你推股的助力。我知道基恩習慣性雇用一些交易廳的活躍作手替他下單，一方面可以隱匿真正作手的身分，而且這些作手是最好的消息散播者。他經常口頭上給這些場內作手們下個高於市價的買單，他們就能夠以市價買股賣給他，擺明讓作手們賺些錢；這些作手會在背後做很多工作，讓股價漲起來。

　　以我的經驗，只要我能想辦法讓股票的交易活躍，這些專業的交易人很自然就會跟著我交易，他們要求的只有「交易活躍」這一項。當然，別忘了交易廳的作手們買賣的目的是賺錢，他們並不要求單一筆賺很多錢，卻要求能夠快速將股票倒手賺到快錢。

　　我想吸引這些場內作手們注意的時候，就會有意地炒高交易量，理由前面解釋過。我買的時候他們會跟著買，我賣的時候他們也會跟著賣。當你手邊還有想出手的股票時，你不希望賣壓過早出現，你不需要急著賣股。你讓股票買壓看起來強過賣壓，散戶們就會追隨。這並不需要場內作手的特別操作。這個買強賣弱的情況就是我賣股票出手的時機。如果漲勢操縱得好，我在低價時累積的股票就可以毫無困難地出手，或許還有餘力賣空一些股票。由於還有幕後私募接盤，我賣空的股票沒有風險。當然，如果我無法從散戶中找到買家，股價就不會漲，那麼我會等待。

　　假設股價不漲了，市場很疲軟，整個市場可能一下子沉寂下來，那些我一直認為很敏銳的股市作手便不再買股，還可能賣股，他的擁護者一併跟隨。不管什麼理由，我的股票開始往下跌，我的動作將是買股，我會支撐股價，讓股票看起來堅挺。而且我還能用

不增加股票存貨的方式來支撐股價，也就是用在高位賣空的股票在此時平倉。早時股價在高位時，利用市場強盛而賣空的股票這時發揮作用。這些都試圖向股市的專業和業餘作手們傳遞一個訊息：股價雖然下跌，但支撐很強。結果就是限制了那些賣空的專業作手，並且安撫了被嚇壞的散戶。當股價下跌時，市場上最多的賣家就是這兩類人，如果沒有支撐，他們的協作往往是股價跌到慘不忍睹的主要動力。在股價下跌過程中，那種空盤平倉的交易也被稱為穩定交易。

股價一路向上，我會隨著升幅賣空股票，但不會賣到將升勢都逆轉的程度。這是我平衡股價的措施之一。結果是股價緩緩上升。不讓股價急升而是緩緩向上，我將鼓勵那些保守的投資者入市，同時減少那類激進賺快錢的交易廳作手，畢竟市面上保守的投資者占大多數，而且在這過程累積的空盤，在不可避免的股價疲軟期間能起到支撐作用。股票操縱時用空盤的平倉作為股價的支撐，不會為自己的財務帶來額外的風險。賣空點的選擇我也有自己的規矩，我通常讓股價升到我已經有了利潤，才會慢慢累積空盤。有時我會在還沒有利潤的低點賣空幾股，目的是人為創造出所謂的無風險買盤，這在日後股價疲軟時用得著。我的生意不僅僅是撐高股價、替客戶賣股賺錢，我也想為自己賺錢。我從來不要求客戶為我的操作提供財務支持。我的收費也完全依據盈利。

以上描述的操作方法當然不是一成不變，我沒有固定的操作體系，也從未完全依照死板板的規矩操作。我隨機應變，依據環境和情況而隨時改變。

時刻記得作手的身分

如果操縱的目的是向股市出手一筆數量可觀的股票，方法是先將股價操作到市場可能接受的最高點，然後在股價下跌過程中逐漸出手。我一再重複這個規則，因為首先這是常用的方法，其次在於大眾通常認為操縱時的賣股是在高點進行。有時股票被灌了水，怎麼折騰股價都起不來，那就別管什麼高點低點，能賣就賣了再說。你賣股的時候，股價下跌會比預期的來得更猛，但你通常可以慢慢地將股價扳回來。如果我正在操縱的一檔股票在我買股時上漲，我就知道路子對了，我會用自己的錢多買進一些股票，如同我正常操作股票的情形。我知道這是正確的做法，因為我正隨著最小阻力線交易。你一定還記得有關我依最小阻力線交易的理論，最小阻力線一旦建立，我會順著那條線操作；我並不是在操縱，這是股票作手的規則，我從來都是一位股票作手。

若我的買盤無法令股價上漲，我會停止買股；我會反手賣空。這種交易方式和我是否在操縱這檔股票無關，正常情況就是這樣操作。你現在已經知道，將股票推向市場的主要歷程發生在股價下跌的過程中，你會相當震驚地發現，你竟然能在股價下跌過程中賣出這麼多股票。

讓我重複一下：在股票操縱過程中，我從沒忘記自己是位股票作手。無論是在操縱股價還是在正常買賣，處理問題的方法其實都一樣。當一位操縱者無法讓股價按照預想的方向運行，就應該即刻收手。永遠不要和走勢作對。不要試圖收回失去的利潤，該放手時就放手，這不僅最正確，代價也最小。

本章重點&給投資人的提醒

　　這一章描述了當年股票操縱是怎麼進行的。有些操縱手法今天已不被允許，但如何操縱股民情緒及如何順勢操作，在一百年後的今天仍然無異。股民要記住的是：無論是早年的操縱者還是今天的操縱者，手頭有一大筆股票要出手時，手法都是將股價哄抬到可能的最高點，然後往下賣出。讀完本書只要記住這一點，並力行實踐，你買這本書的投資將獲得豐厚的回報。

第 21 章

別和經驗與常識作對

有經驗的股票作手不會讓自己暴露在無底線的風險中。

我從不主動發表意見，我也從不給買賣推薦。

一個人總是先失去了自己的控制力，其次再失去自己的金錢。

　　我知道泛泛而談十分枯燥乏味，大道理總讓人昏昏欲睡。如果我能給出一個具體例子，或許會讓你印象深刻。我要說個操縱的故事，有關我如何將一檔股票的價格炒作上揚 30 點之多，而期間我只買入 7,000 股股票，同時將交易量增高到近乎可以吸收無限賣盤的程度。

一檔缺少激情的股票

　　這檔股票名稱是帝國鋼鐵（Imperial Steel）。這家公司股票上市的管道正規，投資銀行的聲譽良好，公司的資產被認為極具價值。大約百分之三十的股票由散戶擁有，發行的證券行也很正規。遺憾的是，股票上市後沒什麼交易量，也沒人關注這檔股票。偶爾有人詢問公司情況，公司管理人也時不時披露營運良好，前景光

明。一切都不錯，但股價就是不動，一副要死不活的樣子。從投機的角度來看，這家公司缺少題材；從投資的角度看，則股票的穩定性和公司的盈利紀錄都不確定。總之，這是一檔缺少激情的股票，公司有好消息時不怎麼漲，公司有壞消息時也不怎麼跌。

帝國鋼鐵的股票一直這樣要死不活地掛在那。這類股票跌也不容易，一是沒人賣，二是沒人喜歡賣空持股人不多的股票；賣空這類股票，可能招致公司控股人的軋空襲擊。同理，股票要漲也不容易。找不到買股的理由。對投資者來說，股票風險太大；對投機者來說，這是檔死股票，沒有炒買炒賣的價值，資金容易被套牢，日後再碰到好機會就少了本金。

有一天，帝國鋼鐵的最大股東代表來見我，股東們控制了公司百分之七十的股票，希望能夠讓股票交易活絡起來。他們預估過如果自己動手出脫持股的話能賣多少錢，希望透過我賣出更好的價錢。他們希望知道在什麼條件之下我能夠接受這項工作。

我告訴他會在幾天後給予答覆。我開始調查公司，找了一些專家到公司的各個部門調查，包括製造、營運、財務等都進行了解。他們給了我公正的評估報告。我沒要求他們尋找公司正面或負面的訊息，我只要真實的數據。

報告顯示，這是一家具價值的公司。如果買家有點耐心，以現在的市場價買入股票，就可以期待股價上漲。按照現金值法估算，股價低了，股價最可能的運動方向是向上。我看不到不接受這項工作的理由，我有信心把帝國鋼鐵的股價炒高。

我向那位先生轉達了我的意願，他隨即來到我的辦公室討論細節。我告訴他，我提供的服務不要現金支付，但要求 10 萬股股票

的看漲期權，期權的履約價格從 70 美元到 100 美元。我的收費看起來不便宜，但考慮若內部人士自己操作，根本不可能以 70 美元的價格賣出 10 萬股，連 5 萬股都賣不出去，因為股票沒有交易量。那些股市流傳有關公司獲利何等之好、前景何等之妙的消息，並沒有吸引到多少買主。我的收費是在客戶先賺上數以百萬利潤後才開始，這個收費並不是佣金收費，只能算是利潤分成。

我知道股票相當有價值，而且股市的大勢向上，帶給所有股票向上的推力。我覺得這次的勝算很大。客戶對我的判斷相當贊同，即刻同意了我的要求，整個合作的開始讓人感覺良好。

漲勢引來買盤與賣盤

我首先採取防範措施。內線團體控制了百分之七十的流通股，我要求他們將這些股票全部信託，這樣他們不可能在股價誘人的時候私自出售。我將大部分的流通股鎖住了。剩下的百分之三十分散在不同的散戶手裡，這些風險我必須自己掌握。有經驗的股票作手不會讓自己暴露在無底線的風險中 [179]。從股票的交易情況來看，所有的流通股被股民同時拋棄的機會並不大，如同人壽保險的買單人很少會在同一天的同一小時死亡。股市風險也有類似於人類壽命的機率分布。

將內線團體的控股加以信託，我防範了這類操作的固有風險，

179 做生意的基本規則其實都差不多，不要讓自己暴露在無法承受的風險之下。

現在我準備開始動作了。如果想讓我的期權有價值，我就必須先將股價炒高。除此之外，還必須讓股票交易活躍，唯有交易活躍，才能將股票出手，我至少必須賣出 10 萬股，我自己的期權就有這個數量。

我首先尋找的是，如果股票上漲，大約會出現多少賣盤？要找到這個數據不難，只要找經紀人就行，他們可以從莊家的本子中看到在現行交易價及稍高範圍的賣盤。帝國鋼鐵現在的股價是 70 美元，但這個價錢可能連 1,000 股都賣不出去。我看不出在 70 美元或稍低一些有任何像樣的接盤，只能請經紀人去查詢這檔股票的買賣盤各有多少。

摸了底，我開始買股，我悄悄地指示經紀人將標價 70 美元和稍高些的股票收入囊中。這些都是散戶的賣盤，那些內部人士的股票已經如前所說被信託了。

我用不著買很多股票。而且一旦走勢建立，我知道會有其他買盤跟隨。當然，也會有賣盤。

我沒有四處宣揚帝國鋼鐵的股價會看多，我用不著這樣做。我的工作是讓股價帶做宣傳工具，以引導股民的情緒。我不是說媒體宣傳推薦沒用，媒體宣傳完全合法，有時也是個好方法，就像你可以透過媒體推薦毛衣、鞋子或汽車一樣，只要給大眾的資料是正確可信即可。要達到我的目的，只要讓股價帶將訊息傳遞出去就足夠了。我以前提過，每次股價有特別的變動，報紙的財經版就會找理由解釋這個變動，它就是新聞。讀者知道了股價變動，他們也想知道股價變動的理由。所以，根本用不著幕後的操縱者動一根指頭，財經記者自己就會找出公司的所有消息和市場傳聞，同時代為分析

公司盈利和前景，將這些打印出來，給讀者解釋股票上升的緣由。若有記者或朋友問我對股票的看法，只要我確實有看法，從來不吝於相告。我從來不主動發表意見，也從來不給買賣推薦，但讓自己充滿神祕也沒什麼好處。我的經驗是：最好的宣傳工具和最具說服力的推銷員，是股價帶打印出的數字。[180]

　　一旦將 70 美元和略高的賣盤收購，我就稀釋了這價錢附近的上漲阻力，這讓帝國鋼鐵可以輕鬆地建立一條股價向上的最小阻力線。當這條最小阻力線建立了，市場的作手們很自然就假設股票開始漲勢。雖然不知道漲勢的終點何在，但他們知道現在是買入的好時機。透過股價帶打印出的數字創造出股價向上的漲勢，作手們一旦觀察清楚便開始買股。我會滿足他們的需求，在 70 美元左右買入的股票剛好賣給他們。當然，我的賣股是審慎進行的，不擾亂股票的走勢，也不讓股價漲太快。如果這個階段就把手邊的 10 萬股股票賣掉一半，那就沒意思了。我的工作是將股價好好地炒起來，然後再把手中股票全部出脫。

　　雖然我賣股進行得小心翼翼，股票很快地因為沒有我的支撐而變得疲軟。隨即散戶買盤也消失了，股價停止上漲。一旁的作手看到升勢停滯，看多的作手開始失望賣股，觀望的也不進場。股價開始下跌。我在等著這個時刻，在下跌過程中，我一點一點地買回先

---

180 在學校所學的金融知識基本上是價值分析，透過近百年的完善，這個體系已經相當完備。但股票的運動不完全遵循價值分析，本益比低不表示股價一定上漲，我們所讀到的本益比都是過去的數字，未來的本益比仍是未知數。所以讀盤還是很重要的技能，透過讀盤可以斷定短期股票的買賣盤。

前稍高時賣出的股票。我的買盤支撐了股價，一旦股價不跌了，其他賣盤也消失了。

我再次重施故技。我收購賣盤，逐步托高股價，這個過程是緩慢漸進的。股價第二次慢慢上漲，起點比上一次的 70 美元略高。別忘了上次下跌有批作手後悔沒有在高點賣股，現在跌了 3 到 4 點他們就撐著，他們發誓只要股票再有漲幅，一定會抓住機會讓錢落袋為安。這批人會在股價走勢變換中不斷改變主意。還有些短線作手一有機會就平倉獲利，這些人也會在上漲時出手賣股。[181]

我所需要做的，就是重複這個過程；不斷地買賣，將交易價慢慢往上推。

有時，當你將掛出的賣盤都掃乾淨了，不妨操縱股價來個突然跳升。我們稱之為「小牛瘋」。這是極好的廣告，讓股票成為華爾街的談資，會吸引更多專業、業餘和喜歡波動的作手關注股票。我認為很有效。我在帝國鋼鐵的操縱中也玩這招，突然出現的買盤我都會滿足。我的賣股總是控制著不讓漲幅過急，也不讓股價起伏的波幅太大。股價下跌時我買入，股價上升時我賣出，這個過程不僅一步步撐高股價，還擴大了帝國鋼鐵的交易參與群。

自從我開始帝國鋼鐵的操作，我提高了這檔股票的活躍度，股民們可以買賣相當數量的股票，不致引起股價的大幅波動。買家不怕被套牢，賣家也不怕被軋空[182]。慢慢地，市場上的專業和業餘玩家都認為，這是一檔值得長期關注的股票，它的走勢是可以預測的，也否定了另一些人對於股票的疑問。自從我親自參與買賣了數以千計的股票後，我終於慢慢地將股價拱到百元的價位。股價一旦達到這個價位，市場對於股票的需求就更高了。為什麼不呢？大家

的共識就是這是一檔好股票，還有很大的升值空間，股價一直在漲的事實就證明了下一步的股價會更高，不是嗎？股價可以從 70 美元漲到 100 美元，為什麼不可以再漲個 30 點呢？很多人就是這樣推論的。

將股價從 70 美元推到 100 美元，算總數我總共只買了 7,000 股。這 7,000 股股票的平均進價是 85 美元，意謂著我在這 7,000 股上不僅沒有付出代價，還有 15 點的利潤。當然，我的其他利潤更大，雖然還是帳上利潤，股票未脫手都不算數，起碼帳面上賺到錢了。我要強調這次的帳面利潤是安全的，因為交易已經相當活躍，我若要賣股，隨時可以找到下家接盤。如果再好好操縱，股價可以更高，我自己的利益是從 70 美元到 100 美元的 10 萬股期權。

股票市場總有意外

一個意外導致我沒有按部就班完成計畫，讓我將帳面利潤在股市變成現金。這次的操作相當完美，完全合法，沒有任何可挑剔之處；這麼完美的操作，結果當然只能是成功。這家公司的資產十分有價值，就算處於現在的高股價，公司總值也沒有被高估。意外的是，帝國鋼鐵的大股東之一突然有了想法，要買下整家公司；該股東是一家大銀行，錢不是問題。一家生意興隆且前景光明的企業，

---

181 走勢就是在不斷的買賣交易中建立，呈現波浪狀上漲。
182 一個清楚明白的漲勢會帶給投資人順勢的信心。

例如帝國鋼鐵，若有大銀行作為後盾會更值錢。倘若後台老闆只是個人，會讓人覺得單薄。公司就我的期權給了一筆無法讓我說不的價錢，那可是一筆大錢，我接受了。只要價錢合適，我很樂意一筆過結帳，我對這次操作的報酬相當滿意。

在我放棄 10 萬股期權之前，我得知銀行雇用了一批專家，對公司資產進行了更完整的評估，這份報告給了我對公司更強的信心。我保留了投資在公司的數千股股票，這是準備長期投資不賣的。

帝國鋼鐵的整個操作過程非常正規，也很專業。我買股時股價漲，我就知道路子對了。這檔股票沒被人灌水，否則想拱高股價並不容易。股票被灌水的事經常發生。當你買股時股價沒有適當的上漲反應，不需要其他理由，你可以賣股出逃了。在股市，一檔股票具有價值，加上大勢適合，若細心操作，股價就算跌了 20 點也會再回來。在帝國鋼鐵的操作過程，我沒有碰過類似的麻煩。

在股票的操縱中，我永遠遵循基本的交易原理。或許你會有疑問，為什麼我一直強調我總是順勢而行？我從不和股市鬥氣，就算股市不如我願，也從不發怒。你一定有這樣的想法：「那些精明的生意人在自己的專業賺了數百萬美元，來到華爾街又操作成功，這些人一定知道怎麼平心靜氣地玩股票遊戲。」事實可不是這麼回事。請別驚奇，許多華爾街的成功作手在股價走向和他們的目標相悖時會像暴怒的婦人，他們認為股市怠慢了他。一個人總是先失去了自己的控制力，其次再失去自己的金錢。[183]

石油製品公司股票操縱紀錄

市面上流傳著我和約翰・普蘭提斯（John Prentiss）作對的八卦，大家被誤導了。似乎我和他在一項股票交易上出了問題，我們相互背叛了對方，結果有人虧了數百萬美元。大家都在期待好戲，事實並非如此。

我和普蘭提斯是多年好友，這些年來，他給了我不少賺錢的訊息，我獲益良多。我也給了他很多建議，但不知道他有沒有聽從。如果有，起碼省了不少錢。

他主持一家名為石油製品（Petroleum Products）的公司，這家公司股票成功上市之後，市場情況發生了改變。公司的股票半死不活，有違股東的預想。當市場有了改觀，普蘭提斯即刻籌組私募進行股票操作。

我不知道他是怎麼操作的，他從未告訴我，我也沒問過。雖然他有華爾街的經驗，也相當聰明，但現況是他的努力沒有成效，私募無法出脫手中股票。他一定試了所有手段最後無可奈何，否則一位私募操盤手不會認輸而去找外人操作，一般人都不會心甘情願地認這種輸。總之，他最後找上我，友好地談了一會兒後，請我負責操作石油製品的股票，幫忙出手私募的持股，數量大約是 10 萬股多一點，當時的股價在 102 至 103 美元之間。

情況讓我覺得很可疑，我謝絕了他的請求。他不斷堅持，後來

---

183 每個行業都有自己的特點，投機這行比較特別，但基本的投機原理永遠需要遵循。

再加上個人擔保，我最終同意接受這項工作。從我個人的角度，我不喜歡把自己的名字和那些連我都沒信心會成功的企業連結在一起，然而我也認為自己對朋友有一定的責任。我告訴他我將盡力而為，同時也表示自己對這項操作不太有信心，我將可能碰到的困難一一列舉出來。普蘭提斯安慰我，他說並不要求我一定要替私募賺多少個百萬。他強調，如果我肯出手，無論什麼結果都不會挑剔。

就這樣，我開始工作了，開始進行有違本意的操作。我發現事情相當棘手，一方面咎因於普蘭提斯自己操作時的失誤，最棘手的是時間。我堅信我們已經處於這波牛市的尾聲，剛剛在市場出現的小漲幅，可能是這波牛市的最後一浪。我害怕整個股市在我完成操作之前會轉為空頭。無論如何，我既然答應了，就盡力而為。

我開始拉抬股價，取得小小的成功。我將股價推到 107 美元左右，我在這個過程算總數甚至還賣了一些股票。雖然賣出的股數不多，還是為自己不至於增加私募的持股而高興。一大批散戶等著股票小漲後兌現，我的出現就像他們的救星。如果大勢更好，我或許能取得更好的成績。不過很可惜，他們沒有更早來找我。就現在的情況來看，我覺得最好的選擇已不是用私募的持股來賺多少錢，而是以最小的虧損把股票賣掉。

我找到普蘭提斯，將我的想法坦誠相告。但他反對我的判斷。我向他解釋我是如何判斷的，我說：「普蘭提斯，我可以感受到股市的脈動。你的股票沒有人跟進。只要留意我操縱時公眾是如何反饋，就可以得到這個結論。聽我說，當石油製品公司以最好的面貌呈現給股市作手時，你也全力給了股價支持，經過這些努力，你發現公眾還是對股票不感興趣，你可以相信一定有什麼地方不對。就

現在的情況，不是股票不對，是大市不對。想要強行與大市作對，是不會有好結果的。你若強行為之，結果只能是失敗。私募的操盤手只有在有跟盤時才買股票，如果他自己是市場上唯一的買主，那就是自作傻瓜了。如果我買進 5,000 股的股票，要確定最少有 5,000 或甚至更多的跟盤。現在我根本就不想買股，勉強去做會累積一大堆不想持有的股票。現在唯一可行的操作就是減持，執行這個操作就是把股票賣了。」

「你是說不管價錢就把股票出手？」普蘭提斯問。

「沒錯！」我回答。我可以感覺到他準備表達反對。「如果試圖將私募的股票就現在的情況出手，基本上可以確定股價會立刻跌破 100 美元，之後會跌到何處？我無法判斷！」

「哦，不行！絕對不行！」他有點歇斯底里，如同我邀請他參加自殺俱樂部時的表情。

「普蘭提斯，」我對他說，「股票操縱的最基本原則就是將股價抬高後出手。但是你不能在股票上漲過程中賣股，這不合適。賣股主要在從高點向下的過程中進行。[184] 我沒有能力將股價拉抬到 125 或 130 美元，我希望能夠做到，不過沒辦法，所以你只好從現在的股價水平賣股。就我看，現在所有的股票都在跌，石油製品公司也不會例外。反正都是跌，最好現在由我們私募出手賣股造成這個跌勢，而不是下個月被別人的賣盤砸低股價。無論如何，這股票

---

184 投資人必須謹記這幾句話，有時股票在高位又突然漲了一大段，第一直覺要懷疑可能是有大戶要賣一批股票。

是跌定了。」

我覺得自己說的並不是什麼悲慘的事情，是就事論事。但他的哀嘆在中國都聽得到 [185]。他根本不會接受類似的建議，他受不了。這樣做會造成股票的不良紀錄，可能影響股票在銀行抵押的貸款行情，還有其他可能的後遺症。

我再次向他強調，以我的判斷，石油製品公司的股價不可避免地會跌 15 到 20 點，因為整個股市都以這個比率在下跌。我重複提醒他，股市整體大跌，期待自己的股票會例外是荒謬的想法。遺憾的是，我的談話沒有結果，他還是要求我去支撐股價。

他是一位精明的生意人，一位成功的股票操縱者，他從華爾街賺了數百萬美元，對投機遊戲的了解遠勝一般股民，卻堅持在熊市初始支撐一檔股票的股價。不錯，股票是他的，但同樣不錯的是，這是壞生意。這個要求簡直違反常理，我再次和他爭論。但爭論沒效，他堅持放進買單支持股價。

結果不言而喻，大勢愈來愈弱，所有的股票都在跌，石油製品當然不會例外。我在私募的操作不僅沒有賣股，還買進了股票。當然，這是普蘭提斯的要求。

唯一可能的解釋是，普蘭提斯根本不認為熊市就在眼前。我自己相信牛市已經結束，我測試了這個推測。我不僅僅測試了石油製品，還測試了其他股票。我自己的賣空交易開始了，不會等到熊市宣布「我來了」之後才行動。當然，我的賣空盤沒有石油製品；我賣空的是其他股票。

除了順勢操作，還要有跟隨者

　　石油製品的私募集團緊抱著手頭的股票，還收進了賣盤來阻止股價下跌。然而這一切在熊市面前都是徒勞的。他們最後不得不出脫所有的股票，價錢遠遠低於我當初建議他們賣股時可能得到的價錢。這個結果不會例外。但普蘭提斯仍然認為他是對的，他的行動也對。他說我賣空了其他股票，所以才建議他將石油製品脫手，而當時股市的大勢仍然向上。他認為，我建議他賣出石油製品的目的是要造成股票下跌，進而影響其他股票的下跌，令我其他的賣空盤得益。

　　普蘭提斯的想法簡直荒唐。我並不是因為手頭有賣空盤才看空股市；我看空股市是因為我已經對市場做過研究，我只在看空股市後才賣空股票。在股市，你有時操作錯了也會賺到錢，但做錯了卻賺到錢的所得只會是小錢，大錢不是這麼賺的 [186]！我提出私募賣出股票的建議完全基於我二十多年的經驗，這些經驗告訴我什麼是可行的、什麼是理智的。普蘭提斯應該有足夠的交易智慧明白我的苦心，可惜事後諸葛太遲了。

　　我假設普蘭提斯有種不切實際的想像，這種想像也存在於數以千計的散戶腦海中，那就是認為一位操縱者能夠隨心所欲地做任何事情。沒這回事！基恩投機了一輩子，一生最偉大的傑作就是一九

---

185 意思是哀嚎得相當大聲。
186 在股市，大錢永遠是順大勢賺來的。

〇一年春季的美國鋼鐵操縱案。他成功了！他的成功不完全是因為他聰明、有資源、有一批全美國最有錢的大亨做他的後盾，這當然是因素之一；他成功的最主要原因是他操縱的方向是順勢而行，捧他場的還有千千萬萬的普通股民 [187]。

和經驗及常識作對，從來不是件理智的事。但華爾街的傻瓜並不局限於外行的散戶。普蘭提斯對我的抱怨就是一例。他挑剔我沒有按照他的要求操縱，不滿我居然有自己的想法。

股市永遠需要新偶像

如果操縱的目的是將股票以更高的價錢推向市場，只要過程沒有蓄意誤導，那就沒有任何可非議之處。股票操縱並不神祕，也沒什麼見不得人，股票操縱也必須基於嚴格的交易原則。人們非議早年的一些手法不道地，比如對沖交易。我要強調，這些小手段只是細枝末節。股票市場的操縱、場外市場的股票交易或債券交易看起來不一樣，其差別在於參與者的組成不同。J. P. 摩根向公眾賣債券，這些公眾都是投資者。操縱者向股民賣股票，這些股民是投機者。投資者尋求穩定的回報，投機者期待短期的利潤，他們的分別僅此而已。[188]

操縱者的主要工作對象是投機者，他們願意承擔更大的風險，以博取更大的回報。我自己從來不盲目賭博。我有時下大注，有時只買 100 股，無論哪種情況，我都有自己的理由。

我清楚記得自己是如何進入股票操縱這個遊戲；股票操縱就是把股價拱高後賣出。回憶往事讓我感到很快樂，這是相當專業的行

當，你必須有專業的態度。我的操作始於一九一五年伯利恆鋼鐵的交易，其後我的財務狀態一步步不斷改觀。

我交易穩健，運氣也好。我從未有意在報紙尋求曝光，也沒有特意避開媒體。你知道，華爾街就是喜歡誇大玩家的成功和失敗，不管這人是誰，只要玩得大，都是關注的對象。報紙對這些八卦也特別感興趣，因為有讀者需求。他們炒作我破產過多次，也做過多次百萬富翁，都是來自同一個媒體。我對這些炒作的唯一好奇就是：炒作消息都是哪裡來的？這些炒作怎麼愈傳愈離譜？不斷有經紀人朋友將這些八卦新聞傳給我，每次都大同小異，只是變換了人物和環境。

這些故事是起始，告訴你我如何開始替別人操縱股票。當然，報紙上津津樂道我如何償還了超過百萬的負債，也給了我好名聲。我的出手必重和贏錢時的驚人數目常常遭報紙誇大，成為華爾街的談論話題。今天時代變了，那種手握 20 萬股股票就能控制股價走向的時代已經過去，但股民需要偶像，老一代的走了，他們會尋求新的。基恩作為華爾街操縱玩家的佼佼者，一直是投資銀行需要推銷大批股票時尋求幫助的對象，他有技藝超群的名聲，確實從華爾街賺到數百萬美元，他以前成功的操作讓他的服務成為被人期盼的追求。

---

187 在股市，投資人總是時不時地期待奇蹟，但股市的奇蹟永遠發生在經驗的後面。
188 大多數的散戶都應歸類為投機者，因為是在交易中追求短期利潤。

但基恩死了！他曾經說過，如果天堂沒有賽桑比[189]在那裡等他，他一分鐘也不肯停留。他去了天堂。還有兩三個人曾在股市創造歷史，但也只是熱鬧了幾個月，現在都靜默無聲。我說的這幾位是一九〇一年從西部跑到華爾街，在鋼鐵股上豪賭賺了幾百萬美元之後還沒有離開的人士。這幾位其實是超級推銷員，並不像基恩一樣操作能力高超。但他們同樣極其能幹，極其富有，在操控他們控制的公司股票上極其成功。他們不像基恩或佛勞爾州長是偉大的操縱家，但華爾街的專專業賭徒仍對他們的事情津津樂道。現在他們沉默了，華爾街突然發現缺少了報導對象，無法在報紙上再讀到他們的消息。[190]

股民的交易心理

　　你或許還記得一九一五年股市重新開啟後的大牛市[191]，牛市的興盛是全面的，協約國向美國採購了數十億物資，整個國家繁榮起來。至於操縱，那根本沒必要。戰爭新娘的需求近乎無限，採購合約一轉手就有錢賺。股市的操縱者變成了推銷員，自己公司的股票要麼請銀行家幫忙賣，要麼把股票放在場外交易市場賣，只要有那麼小小的賣點都不愁變現。

　　一旦狂歡終結，還想這麼容易賣股就沒門了，這些推銷員發現，出售股票還是需要專家幫忙。股民在狂熱時期什麼都買，很多買在高價，想在此時脫手那些垃圾股沒那麼容易，於是他們的心態變成什麼都不會漲。不是他們買股時變得更小心，而是盲目買股的時期過去了，心態已經改變。此刻股價用不著下跌，只要一段時間

不動且沒什麼交易，就會引起悲觀情緒。

　　每次經濟繁榮，都會看到許多公司上市賣股，無非是為了滿足大眾對股票的需求。還有很多慢半拍的上市。那些慢半拍的上市推銷商之所以會犯下遲到的錯誤，不外乎人性的弱點，他們不願意承認繁榮已經結束。當然，賭一賭也是想法之一，特別是當可能的報酬夠豐厚時，願意賭的人還是很多。當你被希望蒙蔽了雙眼，就看不到股價的登頂。就普通股民看來，原先默默無人理睬的股票，其股價從 12 或 14 美元突然漲到 30 美元，會認為那就是頂了，很可能股價又漲到 50 美元，這下子一定是頂了？隨即股價又漲到 60 美元、70 美元，然後是 75 美元，這下子絕對到頂了？幾個星期前股價 15 美元都沒人要，哪有可能再漲上去？但現實是，股價有可能走向 80 美元，走向 85 美元。一般股民通常留意的只是股價，他們不考慮價值，控制他們交易的不是公司的基本面，而是內心的恐懼。他們忘了股價上漲也有限度。那些足夠聰明、不肯在高處買股的人往往又不肯賣股，直到帳面利潤消失不見。每次股市大繁榮的最早受益者通常是散戶，但他們的利潤常常只是帳面上的，而且這些利潤一直會留在帳面上。[192]

---

189 賽桑比（Sysonby, 1902-1906）是基恩擁有的一匹賽馬的名字，牠是二十世紀初非常活躍的競賽馬，獲選「二十世紀美國百大名馬」第三十名。

190 這些股市大亨當年在華爾街呼風喚雨，遠勝今天的股神巴菲特（Warren Buffett）、金融巨鱷索羅斯（George Soros），只可惜今日他們已經淹沒在時間的長河中。

191 紐約證券交易所因第一次世界大戰而關閉了近一年。

192 偶爾在股市賺點小錢很容易，但要留下來並不容易，需要知識和經驗。

　　這一章講述了具體操縱的實例，雖然是一百年前的故事，不過和今天的股市其實沒什麼兩樣。如果一家大基金有大量的股票要出手，你認為他們會怎麼做？出手的過程就是這樣，只是大家都不說出口。現在知道了這個過程，如何跟進賺點小錢就看悟性了。同樣的故事在華爾街不斷重複，一百年前重複，今天重複，一百年後還在重複，而且重複的方式大同小異。

第 22 章

小道消息大都不是真的

每種生意都有產業訣竅，專業知識常常比普通常識更重要。
我從不散播小道消息。

　　一天，吉姆・巴恩斯（Jim Barnes）來訪，他不僅是我的主要經紀人，也是我的好朋友。他說想請我幫個很大的忙。他從未用這種口氣跟我說話，便問他到底是什麼事，我希望能幫他。他告訴我，他的證券行正在操作一檔股票，他們一直是這檔股票的主要推銷商，也已經幫公司賣出了很多股票。但現在出了狀況，他們需要出手一大筆股票，巴恩斯希望我能幫他做這件事，股票的名稱是聯合爐具公司（Consolidated Stove）。

　　我並不想與這件事扯上關係，理由很多。但巴恩斯是好朋友，我曾欠他不少人情，他堅持請我幫忙，還強調是幫他個人的忙，這讓我沒法說出「不」這個字。他是個好人，是位朋友，我猜想他的公司又陷入很深，遲疑再三，最後我答應盡力而為。

新股上市計畫

　　不同的大環境會帶來不同的繁榮，就我的觀察，戰爭帶來的繁榮和其他繁榮的最大區別，在於股市的玩家起了變化，那些新的小銀行突然變得活躍。

　　繁榮景象舉目皆是，這次繁榮的根源大家都知道。大銀行和信託公司十分繁忙，他們全力幫助各種不同背景的人士和彈藥製造商，使他們成為百萬富翁。後來只要有人說他的朋友認識協約國管理委員會的人，他就可能從銀行或信託公司貸到錢，去執行還沒簽署的合約。我常常聽到令人不可置信的故事，說某某公司祕書突然變成某某公司的董事長，從信託公司借來數百萬美元做生意，一份合約讓所有相關的上上下下都賺得盆滿缽盈。黃金像洪水一樣從歐洲湧進美國，銀行必須找方法讓黃金留下來。

　　老一輩或許會對現代人做生意的手法嘖有煩言，但真正發聲反對的人似乎也不多。在和平時期，那些頭髮灰白的老銀行家當然是生意柱石；但在動盪時期，年輕則成為做生意的通行證。總之，銀行賺到很多錢。

　　巴恩斯和其同事合夥馬歇爾國民銀行（Marshall National Bank）的年輕總裁，打算將三家著名的爐具廠合併成一家公司，再以高價出售這家新公司的股票。當時股市很好，好幾個月來股民只要看到燙金的股票憑證都搶著買。

　　有個麻煩是，當時的爐具生意很好，三家爐具廠有史以來第一次有了盈餘。公司的主要持股人都不想放棄對公司的控股權。公司的股票也很容易在場外交易市場銷售，他們自己想賣多少就能賣多

少，可以說對現況很滿意。由於每家公司單獨來看規模都太小，難以在市場形成大的影響，這就是為什麼巴恩斯的公司想從中扮演角色。他們特別指出，合併後的公司就有足夠的規模在證券交易所上市，新股票會比舊股票更有價值。這是華爾街的老把戲，換換股票憑證的紙張顏色以賣出更高的價錢。還有個遊戲是這樣的，假設一檔股票開始的時候很難以每股 100 美元的票面價錢出手，如果將股票一分為四，新的股票每股就可能賣 30 到 35 美元，等同於舊股價的 120 至 140 美元。如果不分股，就絕對賣不到這個價錢。[193]

巴恩斯和他的朋友成功地說服了格雷爐具公司（Gray Stove Company）的幾位大股東參加股權合併，每一股格雷爐具的股票可以換到 4 股新公司的股票。另外，米德蘭爐具（Midland Stove）和威斯登爐具（Western Stove）兩家公司的每一股則能換一股新公司股票。這兩家爐具廠的股票在場外交易市場的交易價在 25 到 30 美元之間，格雷爐具最出名，還支付紅利，場外的交易價在 125 美元左右。

部分持股人堅持不要股份而要現金，為了滿足他們的要求，加上一些推廣和改進的費用，新公司需要數百萬現金。巴恩斯找到馬歇爾國民銀行總裁，他同意出借 350 萬美元給予支持。借款的擔保是 10 萬股新公司股票。以巴恩斯為首的財團承諾，新股的股價不會跌破 50 美元。這筆交易對大家都有利可圖。

---

193 現在的股票分股也是類似的做法。當然，倘若股價太高，透過分股可以擴大參與的股民數。

炒作股票最忌貪

　　巴恩斯等人的第一個錯誤，是時機判斷不對。當時股市對新股的接受度已達到飽和點，但在這樣的市場狀況下若正常操作，他們也能賺到錢。問題是他們太貪！他們犯了所有股票操縱者在牛市頂點都會犯的錯誤：不知適可而止 [194]。

　　請不要假設巴恩斯和他朋友是股市菜鳥或傻瓜。他們都是精明的生意人，非常熟悉華爾街的遊戲，有幾位本身就是很成功的股票玩家。他們對市場的購買力預測太過樂觀，而市場的購買力只能透過測試才能確定。他們犯的更大錯誤是對牛市太過樂觀，認為多頭市場會不斷持續。我的觀察是，他們以前太成功了，而且是快速成功；他們認為自己這次也能很快地把事情辦妥，在牛市結束前完成整個操作。他們都是華爾街的名人，有不少專業作手和證券行為他們捧場。

　　交易廣為宣傳，報紙也很幫忙。新公司被當成百年老店的繼承人，產品舉世皆知。公司合併是愛國的舉動，合併後的公司更能征服世界。亞洲、非洲、南美洲的市場將馬上被新公司掌控。

　　新公司的董事都是名人，他們的名字常常登上報紙財經版。宣傳策畫做得非常好，不具名的內部人士對新創公司未來股價的分析預測令人信服，市場對新公司股票的需求相當強勁。當招標結束的時候，雖然新股的發行價達到每股 50 美元，但股票還是被超額認購 25%。

　　在這種情況下，最理想的是把股票全部快速出手。他們已經工作了很長時間，甚至在場外交易時將股價推到 75 美元，目的就是

要在正式發行時能將發行價訂到 50 美元這個數字。如此一來，新股的價錢差不多是三家舊股票的翻倍。可惜預售股數不足，他們應該將預售股數提高到滿足需求的數量。每種生意都有產業訣竅，專業知識常常比普通常識更重要。股票的銷售商一看到超額認購就很興奮，覺得市場可能願意為股票付出更高的價錢、購買更多的數量。而原先的預售規模小了，很愚蠢！他們有了貪念，可惜他們不知道怎麼聰明地貪。[195]

正確的做法是將股票發行數增加 25%，那麼多出來的 25% 就等同多出一筆錢，如果有任何市場變動，這筆錢就可以派上用場，不需要再從口袋裡掏。如果事情由我操控，我就會這麼做。這筆錢在日後可能需要股價支撐時會用得上，新股的價錢穩定，會增強市場對新公司的信心。他們要記得，股票上市後事情並未完全結束，股票上市只是工作的一部分。

他們自認事情做得很成功，但很快就發現先前說的兩個錯誤開始反噬。民眾對於新股突然興趣缺缺，當時整個股市都失去對新股的胃口。內部人士也能躲就躲，不願支持聯合爐具公司的股價。當股價下跌時，內部人士都不願支持，通常被認為是賣出訊號。

沒必要進行具體的數字分析，反正聯合爐具的股價隨著大盤起伏，最高價從來沒有超過發行價 50 美元。巴恩斯和他的朋友最後不得不自己進場撐市，將股價維持在 40 美元之上。沒有一開始就

194「適可而止」的概念很哲學，不容易掌握。把買賣股票當成普通生意，有一定的利潤就可以了。順著這樣的思路，就不會跌入「太貪」的陷阱。

195 適可而止需要相當的素養，容易說，不容易做！

對股票護盤是個錯誤，而起先沒有按照認購的全額發行股票更是一大錯誤。

總之，股票成功地在紐約證券交易所掛牌上市，然而股價就是沒什麼生氣，一路往下跌，直到 37 美元才站穩。之所以能夠站在這個價位，還是因為巴恩斯等人將股價頂住。他們向銀行貸款，擔保是以 10 萬股的股票作價 35 美元。如果銀行不得不因擔保不足而賣股，股價會跌到什麼程度就沒人知道了。一開始股民急於以每股 50 美元買股票，現在 37 美元都乏人問津，很可能跌到 27 美元也沒人要。

時間一天天過去，人們對銀行隨便借貸開始警惕。那些莽撞銀行家的光輝日子結束了，銀行經營突然又恢復保守。銀行總裁的好朋友們突然被催促還貸，似乎他們花了那麼多時間陪總裁打高爾夫的交情都不算數。

用不著強調債權人的威逼或債務人的哀求，反正雙方的日子都不好過。巴恩斯往來的銀行還算客氣，不過大家都心照不宣：「請盡快將貸款結清了吧，大家的日子都很難過。」

三大股東的算計

情況很混亂，結果可能很糟糕，巴恩斯不得不找上我，希望我能幫他賣掉 10 萬股的股票，還清 350 萬美元的銀行貸款。他現在沒有想在股票上賺錢了，若能小虧清掉麻煩就謝天謝地。

這似乎是項不可能的任務。大市靜寂且疲軟，雖然有時也來個小反彈，給人牛市會繼續的幻覺。

我告訴巴恩斯，我要了解一下情況再給他答覆。我花了點時間。我並沒有分析公司的最新財報，我將自己的調查注重於股票交易的情況。我需要做的不是宣傳公司的獲利或前景來拱高股價，而是研究如何在股市找到買家接盤那一大筆股票。我考慮的是什麼情況下、該怎麼做來完成那個目標，以及會有什麼阻礙。

我發現這家公司有個特別情況，有相當多的股票集中在少數幾人手中。一間名為克里夫頓‧凱恩（Clifton P. Kane & Co.）的證券行擁有 7 萬股的股票，它不僅有銀行業務，也是紐約證券交易所的會員。公司老闆和巴恩斯是相當熟識的朋友，對於促成聯合爐具的合併居功至偉，而他們也是爐具類股票多年的交易商。他們替客戶賺過不少錢。一位名叫山謬爾‧戈登（Samuel Gordon）的退休參議員也擁有 7 萬股的股票，他還是戈登兄弟（Gordon Bros）證券行的大股東，他的姪兒是這家公司的老闆。另一位股市大戶約書亞‧沃夫（Joshua Wolff）持有 6 萬股。20 萬股聯合爐具的股票被這些華爾街老手握在手中，他們根本用不著任何人提示股票買賣的時機。如果我努力操作引誘散戶買股，那意謂著我必須讓股票交易活躍，並使股價上漲；凱恩、戈登、沃夫等就會趁機賣股，而且會狠狠地賣。想像 20 萬股的股票像大瀑布般傾瀉而下，相當令人恐怖。別忘了，當時牛市的大行情已經過去，無論我怎麼操作，能夠喚起的買盤很有限，這已經和個人技巧無關。巴恩斯自己並沒有幻想，他知道牛市已近尾聲，也知道他給我的股票已被灌水。當然，報紙上沒人談論牛市的終結，但我知道，巴恩斯知道，毫無疑問，銀行也知道。

不過，我已經答應巴恩斯願意試試看。我首先聯繫凱恩、戈登

和沃夫，他們手中的 20 萬股股票就像達摩克利斯劍（sword of Damocles）一樣懸在頭頂，我想試試有無可能將繫劍的髮絲換成鋼絲。最理想的情況當然是達成某種互惠協議，如果他們在我試圖賣出銀行的 10 萬股股票時，不私下賣股來增加我操作上的困難，我可以事後再嘗試將市場搗鼓起來，讓大家都有機會出脫手中股票。就現在的情況來看，他們自己連十分之一的持股都賣不掉，勉強的話，賣不了幾股，股價就會全面崩跌。他們也知道這種情況，所以連嘗試的想法都沒有。我說服他們的方法不外乎請他們注意賣股的時機，提醒他們明智的自覺比不明智的自私更能讓自己得益。無論在華爾街或任何其他地方，不找對自己的位置不會得益。我試著說服他們：不成熟、非計畫下的賣股將阻礙整體工作的進展，導致最後失敗[196]。時機的把握最重要。

我希望我的建議能夠說服他們，因為他們都是有經驗的華爾街老手，知道聯合爐具的股票並不好賣。克里夫頓・凱恩證券行機構龐大，有多家分行散布在十一個城市，擁有數以千計的客戶。這家證券行過去曾操作過多家私募。

擁有 7 萬股的參議員戈登相當富有。喜歡讀報的人對他的名字應該相當熟悉。他曾被一位十六歲大的修指甲女孩指控違背諾言，這個女孩擁有價值 5,000 美元的貂皮大衣和一百三十二封參議員寫給她的信。他把姪兒培養成經紀人，自己則做幕後合夥人。他參與過幾十家私募，擁有米德蘭爐具公司大量的股票，合併成聯合爐具後，他的持股數是 10 萬股。他覺得手上的 10 萬股實在太多，所以不管巴恩斯怎麼反對，事前已經賣掉了 3 萬股，還剩下 7 萬股。他後來告訴一位朋友，要不是其他持股人求他不要再賣，而這些人恰

好是老朋友，否則他會賣更多。當然，現在股市沒了買家，想賣都不成。

　　第三位是約書亞‧沃夫。他可能是最出名的華爾街老手。二十年來，他在交易廳贏得「大賭徒」的名號。他大手筆操縱股價，買賣一兩萬股面不改色，就像一般人買賣兩三百股一樣。我還沒來紐約之前就聽說過他的大手筆，那時他在操縱賭馬。無論是賭馬或賭股，他都出手驚人。

　　大家嘲笑他是位賭徒，其實他對投機遊戲有特殊的敏銳度，他的天賦加上豪賭的性格，讓他在華爾街成了傳奇。有個廣泛流傳的故事是這樣的：有一天他參加一場宴席，女主人不巧沒對他多加關注，他就自己悶著頭狂吃。同桌有幾個人沒完沒了地在談論文學，一個女孩看他只顧著吃，想聽聽這位金融大亨的評論，便問：「沃夫先生，您怎麼看巴爾札克[197]？」沃夫很禮貌地停止吞嚥，回答她：「巴爾札克？我從來沒買賣過這檔股票！」

　　以上就是三位聯合爐具的最大股東。當他們過來和我商量細節時，我說如果他們願意成立個私募，再放點錢在裡面，同時給出願意出手的股價，可以比現今市價稍高，我願意試試幫助他們。他們立即問我需要多少錢。

　　我回答：「你們持股很久了，現在無法脫手。你們三人共有20萬股，大家都知道除非股票交易活躍起來，否則是不可能賣股的。

---

196 說服他人最有力的方式，就是告訴對方為何這樣對你有利。
197 巴爾札克（Honoré de Balzac, 1799-1850）是法國著名文學家。

想把交易炒熱總要有個開始，這就需要錢。如果錢不夠，炒作可能會半途而廢。所以我建議你們成立個私募，籌資 600 萬美元，再將大家的 20 萬股股票加以託管，並訂出一個可以出手的期權價，例如 40 美元，讓我來操作。如果事情順利，或許大家都能順利將股票出手，私募還能賺點錢。」

內部人士都在買股的背後因素

以前我怎麼賺錢的傳聞廣泛流傳，這讓我說的話很有分量，沒有什麼比成功經驗更具說服力。總之，我很容易就說服了他們。他們也知道如果自己操作根本沒把握，就同意了我的計畫。離開時他們答應我，會立即成立私募。

他們毫無困難就找到一群朋友加入私募，我猜他們推薦私募會獲利的口才比我更強。就我聽到的回饋，他們真的相信私募會賺錢，沒有欺騙的成分。幾天後，私募成立了，凱恩、戈登、沃夫等人也將他們的 20 萬股加以信託，給了 40 美元的期權。我親自監督他們將股票交給信託。如此一來，一旦我撐起了股價，這部分股票就不會和我作對。我需要自保。私募的操作也需要監督，不少私募就是因為成員間互相欺騙而失敗。在華爾街，狗咬狗是常事，常常連藉口都懶得找。美國鋼鐵與線纜公司（American Steel and Wire Company）第二次上市時，雖然事先有君子協議，但內部人士還是互相指責對方違反協議，試圖背著對方偷偷多賣股。事情搞到很難看。相關內部人士都是華爾街大亨，主要是約翰・蓋茲和他的朋友對上以薩里格曼（Seligmans）為首的銀行財團。我在證券行聽過

有人朗誦一首四行詩，據說是約翰・蓋茲寫的：

大蜘蛛跳上了蜈蚣背，
面露殘忍的微笑。
我得毒殺這隻嗜殺的蟲，
否則牠會毒死我！

別誤會，我並不是隱喻那些華爾街朋友會有意地在股票交易上背叛我，但小心駛得萬年船，先小人後君子是做生意的原則 [198]。

沃夫、凱恩、戈登告訴我說他們已經成立好私募，正在籌措 600 萬美元現金。我在旁邊等著，敦促他們最好盡快辦妥。錢是一筆筆匯集進來的，我記得總共匯了四次還是五次。我不知道為什麼錢來得這麼慢，只記得我曾像喊救命一樣要他們快點籌錢。

那天下午，我終於收到幾張大數目支票，我手上有了近 400 萬美元，他們答應我其餘的會在一兩天內給齊。看來私募終於可能在牛市完全結束前開始運作。一旦沒了金錢約束，我這裡愈早開始動作愈有利。一檔老是沒什麼動靜的股票不容易引起股民的關注，突然來個小活躍並不至於帶起足夠的好奇心。400 萬現金不是小數目，它足夠做相當的對沖交易，讓股票活躍到引起股民的注意，也足夠應付可能的賣盤。時間緊迫，再等那 200 萬美元沒什麼意義，我愈早把股價拱到 50 美元愈好。

198「先小人後君子」不只是生意上的原則，其他亦然。

第二天股市開市時，我驚訝地發現聯合爐具的交易量突然大增。告訴過你，這檔股票被灌了水，好幾個月都沒動靜。巴恩斯將股價撐在 37 美元，不讓它跌破 35 美元，否則銀行擔保會出問題。至於股價上漲，你就算相信直布羅陀巨岩會在海上跳舞，也沒理由相信聯合爐具的股價會上漲。

好傢伙，早上買盤洶湧，一下子就把股價頂到 39 美元。開市後僅僅一個小時的交易量，就超過了股票前半年的全部交易量。這是當天交易所最亮眼的股票，抬升了整個股市的多頭氣勢。事後有人告訴我，所有證券行的客戶整天都圍著這檔股票打轉。

我也搞不清楚到底發生什麼事，但看到聯合爐具的股價上漲，心情十分愉快。我沒有四處打探訊息的習慣，通常替我下單的經紀人或朋友會把市場消息轉告我，他們都認為我喜歡知道這些訊息，一有什麼就會打電話給我。一整天，傳出的消息是公司的內部人士不斷在買股，而且是真正的買股，沒有對沖，沒有倒賣。買方將從 37 美元到 39 美元的賣盤一掃而空，當有人詢問原因，他們都閉口不言。這讓場外狡猾的作手立即得出一個結論：有大好事情要發生了。當公司內部人士在買股卻不告訴你原因、也不鼓勵你跟盤時，很自然地，下一步就是公司將有好消息公布。

我什麼事情都沒做。我坐著看盤，內心好奇到底發生了什麼。我留意每一筆交易。第二天，買盤居然更多，而且更強。那些在 37 美元上方盤桓了幾個月的賣單一下子被掃乾淨，新進的賣盤頂不住洶湧的買盤，股價朝上飆升。股價越過 40 美元，現在來到了 42 美元。

股價一碰到那個數字，我就覺得那些抵押在銀行的股票可以賣

了。當然，我一賣則股價會跌，但我的平均底價是 37 美元，這個操作不會有問題。我知道股票的價值，我觀察了幾個月，對這檔股票的接受度有一定的認知。我小心賣股，差不多出手了 3 萬股，股價的升勢沒有受到影響。

流言蜚語造就股價

當天下午，終於有人告訴我那令人驚喜也令人困惑的股票上漲的原因。似乎是前一天晚上和今天上午開市之前，有人放出消息說我十分看好聯合爐具，正準備直接拱高股價 15 到 20 點，不間斷的那種直拱。傳言說這是我的操作習慣，放出這種傳言的人當然從未看過我操作。傳言的主要散布者正是約書亞・沃夫，他和同伴是前一天股票上漲的買主，他的同伴沒理由不相信他，他可是真正的內部人士，沒人相信他會刻意誤導。

當時市面上其實沒什麼賣盤。我自己就持有 30 萬股，還在市面流通的就很有限了。我事先要求 20 萬股加以信託實在有先見之明，現在要拱高股價的困難度比我當時預期的少多了。佛勞爾州長說得好，當年有人指責他的證券行操縱股價，被操縱的公司包括芝加哥瓦斯（Chicago Gas）、聯邦鋼鐵（Federal Steel）或布魯克林捷運等，他的回答總是：「我只知道抬高股價的唯一方法是花錢買股。」這唯一的方法可以推廣到所有人，包括交易廳的交易員。股價只會跟隨著買賣漲落。

第二天早餐之前，我開始讀早報，有個訊息是賴瑞・李文斯頓將做多操作聯合爐具，抬高股價。這些早報的讀者數以千計，毫無

疑問，消息也將透過電報發送至千百間遠方的各證券分行。不同早報的細節報導不同，有一份說我已經成立一個私募，操作的目的是要懲罰那些賣空者；另一份說公司很快就會分發紅利；還有一份向股民提醒我的操作習慣，我看好某檔股票時通常會怎麼做，我出手必重；另一份指責公司為了給內部人士低價吸股的機會而隱瞞資產。所有的說法只有一點相同，都認為股價的上漲行情才剛開始。

我一到辦公室，還沒來得及看郵件，這時股市還沒開盤，我留意到整個華爾街都是快快買進聯合爐具的談論。我的電話響個不停，接線生接到數百通電話，問題都差不多，即聯合爐具的股價是否要漲了？我不得不表揚一下沃夫、凱恩和戈登，或許還有巴恩斯，他們的幕後工作做得實在出色。

我都不知道原來自己這麼出名，有這麼多追隨者。這天早上，鋪天蓋地的買單從全國各地湧進華爾街，求購數以千計的股票，而這檔股票三天前還無論什麼價錢都乏人問津。別忘了，民眾買股的唯一依據是我作為成功作手的信譽，我真該謝謝那些充滿想像力的報社記者。

一切都很順當，股價起漲的第三天我開始賣股，第四天也賣，第五天繼續。我賣掉了 10 萬股被巴恩斯抵押給馬歇爾國民銀行用於貸款 350 萬美元的聯合爐具股票。巴恩斯需要這筆錢償還貸款。如果股票操縱的成功標準是以最小代價完成目標，那麼這次操縱是我投機生涯中最成功的一次。我這次根本沒有買股票，根本沒有先買再賣。我不需要將股價拉抬到高點後再出脫股票，這次我是在股價往上漲的過程中逐步賣股。這就像天堂夢想一樣，有人為你創造購買力，讓你順利賣股。在任務緊迫的情況下，這真是太棒了。佛

勞爾州長的一位朋友告訴我，當年布魯克林捷運私募賣了 5 萬股的股票，佛勞爾州長的證券行入帳了 25 萬股股票的交易佣金。漢密爾頓[199]說過，為了賣出 22 萬股聯合銅礦公司的股票，基恩至少在操縱過程中買賣了 75 萬股股票，交易佣金相當驚人。而我在這個操作中付出的佣金，只是賣出 10 萬股股票的錢，在佣金上就省了一大筆。

現在完成了我答應巴恩斯的賣股任務，私募的錢還沒有完全匯入。我也不想買股，就決定外出度個短假。現在記不清當時的具體情況了，只記得我暫時沒有理會那檔股票，一段時間後股價就開始下跌。有一天，股市疲軟，一些看漲聯合爐具的股民失去耐心，決心賣掉股票，這下子股價跌到 40 美元以下。似乎這個價位也沒有什麼買家。我以前說過，我並不看好大市，這使得我對突發的奇蹟深懷感激之情，那個奇蹟讓我不需要入市操縱，在一週內把股價拱高 20 或 30 點，以賣掉那 10 萬股聯合爐具的股票。說我會拱高股價是當時股市人人都相信的傳言。

聯合爐具的股價沒了支撐，股價一天天往下跌。終於有一天來個大跌，一直跌到 32 美元。這是歷史新低，你可能還記得，早先巴恩斯領頭的私募曾將股價頂在 37 美元，阻止銀行會因違規把 10 萬股股票抵押售賣。

有一天，我在辦公室裡研讀股市，沃夫前來拜訪。我剛說完

---

199 漢密爾頓（W. P. Hamilton, 1867-1929）是《華爾街日報》（*Wall Street Journal*）的編輯。

「請」，他就急忙忙進來。他不是個子高大的男人，但我可以看到他全身充滿憤怒。

我正站在股價帶旁，他衝到我身邊，對我喊道：「嘿，到底是什麼回事？」

「請坐，沃夫先生，」我客氣地對他說，自己先坐下，希望他冷靜地坐下來。

「我不要椅子！我要知道你在幹嘛！」他扯著嗓門大叫。

「你是什麼意思？」

「你對它做了什麼？」

「對什麼做了什麼？」

「那檔股票，我在說股票！」

「什麼股票？」

他一下脹紅了臉。「聯合爐具！你對這檔股票做了什麼？」

「我什麼都沒做，絕對什麼都沒做。出了什麼問題？」我問。

他整整盯了我五秒鐘才發作。「看看股價，你看看股價！」

他真的在生氣。我起身看了看股價帶說：「現在股價是31¼ 美元。」

「沒錯，31 又 ¼，我被套牢了一大筆。」

「我知道你有 6 萬股，已經持有很長時間，你開始買的是格雷爐具……」

他沒讓我說完話就插嘴說：「但我又買了一大筆，一部分的買價高達 40 美元，都被套牢了！」

他盯著我的眼神充滿敵意。我說：「但我沒有要你買股啊！」

「沒有什麼？」

「我並沒有建議你買進這檔股票。」

「我不是說你建議我買股，但你不是要把股價炒高嗎？」

「我為什麼要那樣做？」

他看著我，氣得說不出話來。回過神後，他說：「你打算將股價炒高，你手邊有這個錢。」

「我有這個錢，但我連一股都沒買。」我坦率地告訴他。

這句話是擊倒他的最後一根稻草。

「你一股都沒買？你手頭有超過 400 萬現金，但你連一股都沒買？」

「一股都沒買！」我重複說。

他氣到連話都講不清楚。終於他迸出一句：「你到底是在搞什麼鬼？」

他隱晦地譴責我在背地裡搞鬼，他的懷疑從眼神就顯露無疑。我忍不住了，回答他：「沃夫，你在問我為什麼沒用 50 美元以上的價錢，從你手中買入 40 美元以下收進的股票，對吧？」

「不，這不是我的意思。但你手中握有價位 40 美元的期權，而且有 400 萬現金可以推高股價，沒錯吧？」

「是沒錯，但我沒有動用私募的錢，我的操作沒讓私募損失一分錢。」

「聽我說，李利文斯頓——」他又開始說。

我真受不了，沒有讓他繼續。

「你聽我說，沃夫，你知道你和戈登、凱恩共同持有的 20 萬股股票被信託不能動，市面上的流通股已經不多。我炒高股價並不難，而我這麼做有兩個理由，一是增加股票的流動性，二是從 40

美元的期權賺點錢。但你對自己的 6 萬股在 40 美元出手不滿意，你已經持有這些股票很長時間，而且對私募可能賺的錢也覺得不夠。你決定在 40 美元以下買進股票，待我用私募的錢推高股價，你再以高價賣給我。你相信我一定會那麼操作。你在我開始買之前買入，預備在我賣出之前賣出，無論如何，我會是你操作的下家。我懷疑你認為我會將股價拉抬到 60 美元。很明顯，你可能買進了不止 1 萬股來短線炒作，為了防止我若沒有動靜，會有其他人接盤，你在美國、加拿大、墨西哥到處散布消息，都不想想這會增加多少我操作的困難。你讓所有朋友都知道我將怎麼操作，在我和你那些朋友的買盤中，你將是最終得益者。好了，等你的好朋友買夠之後，再把消息轉給他們的好朋友，然後買夠之後又有計畫地把消息傳給第四層、第五層，可能還有第六層。結果是，當我終於需要賣股時，市面上將有數以千計的投機者和我作對。沃夫，你的盤算真是夠朋友。我開始相當驚奇，怎麼我一股都還沒買，聯合爐具的股價就漲了？我對那些以 40 美元左右從私募接手了 10 萬股的人深懷感激，我不在乎他們原先打算以 50 或 60 美元的價錢再賣回給我。我沒有動用 400 萬現金替別人賺錢，很蠢對吧？但別把我當傻瓜！那些現金確實是用來買股票的，但我只會在覺得有必要時才那麼做，很遺憾，我沒有看到那個必要。」

沃夫是華爾街老手，他知道不該讓情緒左右生意上的合作。聽完我的話，他馬上冷靜下來，隨即用非常友善的語調對我說：「賴瑞，老朋友了，請指示下一步該怎麼辦？」

「你想怎麼辦就怎麼辦。」

「哦，幫個忙，如果你在我的位置上會怎麼做？」

「如果我在你的位置，」我嚴肅地說，「你知道我會怎麼做嗎？」

「請指示。」

「我會不計較價錢全賣了。」我告訴他。

他靜靜地看了我一會兒，一語不發，轉身離開我的辦公室，他從此再也沒有踏進我的辦公室。

不久之後，戈登來訪，他也一樣滿臉沮喪，抱怨我給他找了麻煩。後來凱恩也加進來。他們忘了自己的股票在私募成立前根本脫不了手。他們抱怨當股價來到 44 美元時，我手上還有私募的 400 萬現金，卻沒有幫他們賣掉被信託的股票。現在股價只有 30 美元，市場有如一潭死水，根本不可能賣股。依他們的想法，我應該早在高點處替他們出手，這樣他們就能盆滿缽盈。

當然，他們很快就冷靜下來。私募並沒有虧一分錢。但他們自己的問題還沒有解決，股票仍套在手中。兩天後他們又回來請我幫忙，戈登特別著急。我要求他們給個 25½ 美元的期權賣價，我的收費將是超過這個價錢之上收益的一半。當時的股價是 30 美元。

順著股勢操作

就這樣，我攬上了替他們賣股的事。以當時整體市場和聯合爐具的交易狀況，完成任務的唯一方法只能直接往下賣，先將股價撐高再賣的想法沒有實現的可能。如果試圖撐高股價，毫無疑問會在過程中額外多買進一大堆股票。往下賣倒是有可能找到人接手。總有一批人看到股價在短時間跌了 15、20 點，覺得股票便宜了，期

待很快會來個反彈。聯合爐具不久前還在 44 美元的價位交易，現在的 30 美元交易價看來相當有吸引力。

一如預期，找便宜貨的股民從我手中接手了全部股票。但你認為戈登、沃夫或凱恩會對我心懷感激嗎？沒這回事！他們的朋友告訴我，這幾位一直對我很生氣，他們常對人說我黑了他們。他們無法原諒我居然沒有炒高股價給他們機會賣股，他們一直期待我會這麼做。

坦白說，如果不是沃夫等人編出多頭消息到處散播，我不可能如此順利出手在銀行抵押的那 10 萬股。按照一般情況，我只能順勢操作，那成交價就不一樣了。我告訴過你，由於當時的大勢向下，賣股只能往低賣，得到什麼價錢就是什麼價錢，沒有其他辦法。但我想他們不相信我，期待我可以拉抬股價在高處出手。他們還在生氣，但我無能為力。生氣解決不了任何問題。我的人生經驗是：一個無法控制自己脾氣的投機者注定會失敗。就這個案例，沒有任何可以抱怨的地方。我還有個故事，有一天，我太太到朋友推薦的一間裁縫店，女老闆和藹能幹，來往三、四次後大家就熟了。有一天她對我太太說：「我希望李文斯頓先生會很快推高聯合爐具的股價，我們買了一些，因為有傳言說他將炒高股價，我們一直聽說李文斯頓先生想做什麼都能做到。」

聽到一位無辜的百姓因為聽信傳言而虧錢，實在令人不愉快。這就是我從不散播小道消息的原因。這位裁縫師的故事讓我對沃夫充滿怨氣。

本章重點&給投資人的提醒

　　這一章再次講述了股市操縱的故事。從故事中應該能夠感覺到,「專業操縱」是很「專業」的工作。這些故事對一般人就是「故事」,但倘若你也是股票投資者,應該能夠感受到文中描述進出場的技巧,以及面對股價變動時的應對之道。股市是往來金錢數目很大的地方,一定充滿陷阱,每位投資人都得很小心,不要輕易相信任何消息。今天的股市和一百年前的股市並無太大差別。想想你若是市場的一員,會怎麼操作?這些故事提供了參考。你最需要記住的是:會被你聽到的訊息大都不是真的。

第 23 章

知道賺錢，還要知道如何不虧錢

在華爾街，你不只思考怎麼賺錢，還要知道如何不虧錢；知道該做什麼、知道不該做什麼有同等重要性。

股票投機永遠不會消失。消失了並不見得是好事。投機的風險也無法透過事先警告的方式來避免。一個人無論多麼聰明、經驗多麼豐富，都無法避免在投機中犯錯。計畫周詳的行動可能被無法預測的事件擾亂。災難可能來自天災、來自天氣，也可能肇因於人的貪婪和虛榮，當然還可能來自恐懼和希望。這些或許可以稱之為自然的詛咒！除此之外，股票投機者還可能必須漠視一些在道德和商業上有爭議的行為。[200]

---

200 投機是人生的一部分，只要結果無法保證的行為都是投機，如何爭取好的結果同時為失敗做準備，是投機所需的智慧。科技發展也是投機的結果之一，可以說現代文明建立在投機之上。我們往往看到成功的投機，千千萬萬失敗的投機卻沒被留意，但它們是成功之母。

股票投機向來不簡單

回首往事，按照今天的標準，二十五年前我剛到華爾街的一些行業習慣或有非議之處，我必須承認這幾年已有相當的改進。早年的股票賭館被取締了，但和客戶對賭的證券行仍存在，還在收割那些期望快速發財的賭客。證券交易所的功能愈來愈完善，不僅對交易所外的騙子防範有力，也對證券所內的會員嚴加監督。條例和規矩雖然永遠有改善空間，但已嚴格執行。在華爾街，人們喜歡將問題歸咎於根深柢固的保守思維，對道德上的欠缺卻常常視而不見。

想從股市投機賺錢一如既往地困難，或許今天比以往更困難了。不久之前，專業的作手有可能了解在交易所掛牌的所有股票。一九○一年，J. P. 摩根買下了美國鋼鐵，這家公司由數家小公司組成，而小公司大多成立不到兩年。當時證券交易所共有兩百七十五檔正式掛牌的股票，還有大約一百檔列在「未掛牌部門」，通常是小公司股票或抵押股票，一般人不需要了解，也吸引不了投機的眼光。事實上，不管是否掛牌，大多數的股票可能幾年都沒有一單交易。今天，光是掛牌的就有九百檔，其中六百檔交易活躍。此外，將以前的股票分類也容易許多，它們不僅數量少，市值也較小，作手們需要關注的新聞也就少了。今天，作手們什麼都交易，任何存在的行業幾乎都有公司在交易所掛牌，對這麼多公司進行了解需要更多的時間和精力。面對這種情況，想要理智地選擇交易無疑困難許多。

成千上萬的股民在股市投機，成功賺錢的只是少數，原因之一是散戶有相當一部分永遠「手中有股」，只要有股在手，股勢不對

的時候就會虧錢。無知、貪婪、恐懼和希望是投機者致命的敵人，全世界的法律規章加上全球所有交易所的監督條例，都無法從人類個體中消滅這些敵人，它們是人性的一部分。意外可能摧毀周詳的計畫，而意外是所有冷血的經濟學家或熱血的慈善家都無可奈何的事。還有一種損失來自於欺騙，有人會刻意散播不實消息。由於欺騙往往透過偽裝出現在股票交易人面前，它往往更隱密也更危險。

　　一般的散戶喜歡根據傳言或推薦來交易股票，這些傳言或推薦可能是口頭的或紙面的，可以是直接的或間接的，真實性常常難以確定。還有一種是好意，例如老朋友誠心想幫你賺點錢，給你一些他自己買賣股票的消息，他完全出自好心，但若虧錢了該怎麼辦？對於一般的詐騙或許還有防範措施，但華爾街發財訊息往往無影無蹤，一般的投機股民通常不可能獲得保護，虧錢了連申訴的地方都找不到。那些股票推銷員、股價的操縱者、私募以及不同背景的人，都在嘗試用各種方法將手中股票以最好的價格推銷出去。最惡劣的是報上刊登的內線消息，股價帶也常同時作惡[201]。

　　隨便找個報紙財經版，你會驚訝地發現，怎麼會有這麼多貌似「權威」的消息，比如「重要內部人士」、「知名董事」、「公司高層」等的發言。這些「權威人士」的頭銜讓人覺得不會胡說八道。我從今天報紙隨便挑了一則，內容是這樣的：「一位權威銀行家斷言，現在預測股市可能下跌為時過早。」

---

201 面對大眾的籌資項目都有值得懷疑的地方，怎麼定價、如何鼓動買家等都存在許多灰色地帶，但這也是產業特性。參與者需要做足功課，對一些真正虛假的專案要具備鑑別能力。

真有權威銀行家說過這句話嗎？他斷言的背景是什麼？為什麼不署名？他是不是害怕如果署了名會有礙名譽？

同份報紙裡還有一則和公司有關的消息，這家公司的股票本週的交易很活躍。這次發布的聲明來自「知名董事」。到底是公司幾十位董事中的哪一位發言？顯然匿名就可以逃避責任，沒人需要為聲明出錯負責。

和研究其他投機不同，股票投機不僅需要考慮事實，還要將事實和華爾街的運作結合分析。在華爾街，你不只思考怎麼賺錢，還要知道如何不虧錢；知道該做什麼、知道不該做什麼有同等重要性。請牢記：任何股價上漲都有相當的操縱成分；操縱通常始於內部人士，唯一的目的是以最高的股價出手股票。一般的證券行客戶通常想知道一檔股票上漲的原因，很自然地，操縱者的「解釋」會最有利於出售股票。我堅信如果報紙不允許刊登匿名的股票推薦，大眾在股市的損失將會大幅減少，我在這裡特別是指那些試圖鼓勵大眾買股或持股不賣的聲明[202]。

絕大多數匿名的買入推薦存心誤導讀者！他們借用公司董事、內線知情人士等名詞讓文章看起來可信。這些看似「官方」的聲明讓大眾輕信，令他們每年虧掉數百萬的金錢。

永遠有人炒作「好」消息

舉個例子，假設某家公司的產銷經歷了一段時間的低迷，股票也不活躍。股價代表公司的實際價值，如果這個股價太低，就會有人知道這種情況開始買股，股價就會上漲。反之，如果股價太高，

知道公司價值的人就會賣股，股價就會下跌。這個過程自然進行，不需刻意為之。[203]

如果公司的經營狀況變好，民眾會先知道，還是公司內部先知道？當然是公司內部。如果經營改善，則獲利就會增加，公司就有可能恢復紅利發放或增加派發，股票變得更有價值。

假設公司的營運不斷改善，公司的管理階層是否會急忙忙地對外公布這種消息？公司總裁是否會急忙忙地告訴外界持股人？仁慈的董事們是否會急忙忙地在報紙財經版廣為宣傳？那些謙虛、喜歡匿名的內部人士是否會急不可耐地發出匿名聲明，說公司未來空前光明？答案是「不」。你會發現沒人說一個字，也沒有任何這類好消息出現在報紙財經版。

這種真正有價值的消息被小心地隱藏了，那些現在變得沉默寡言的「內部人士」親自入場，買進便宜的股票。這種靜悄悄的買股會不斷進行，股價不斷上漲。財經記者看到行情，會向公司提問，他們知道公司的內部人士有股價為何上漲的答案。此時內部人士會齊心協力，告訴記者無可奉告。他們會說不知道股價為何會漲，有時甚至聲稱自己對股市的變幻莫測和投機者的股價操縱沒興趣。[204]

股價不斷上漲，直到有一天，那些知道好消息的人都買足了。

---

202 不要太相信媒體的資訊，它們很有可能誤導。
203 價值分析在這種時候就起了作用，雖然股價比較難估值，但離譜的高價或低價還是可以判定，起碼內部人士知道。
204 這時技術分析就很有用，可透過讀盤能力來識別這種情況。雖然媒體沒有消息，但「有人買股票」的事實，意謂著股價很有可能會進一步上漲。

此時，華爾街又會出現公司的好消息，股價走勢亦會給出公司營運走上正軌的指示。謙虛的董事們以前不肯讓自己的名字見報，對股價的上漲推託不知情，現在公然表示大眾應該對公司前景表示樂觀。當然，通常還是匿名[205]。

民眾不斷地被好消息轟炸，終於忍不住入市。這個買盤讓股價又上了一階。一段時間後，公司財報會證實董事們「前景樂觀」的宣示不假，隨後公司甚至會看情況開始支付紅利或增加紅利。好消息一個接一個，一個比一個更讓人興奮。此時會有「知名董事」在公開場合說「公司前景空前樂觀」；「重要內部人士」會在媒體的要求下，做出諸如「獲利將是奇蹟」的告白；至於與公司業務有關的「著名銀行家」，會出面說明公司的產品銷售處於歷史最高水準，現在的訂單足夠公司日以繼夜加班好長時間；若大眾對股價上升幅度表示震驚，「財務人士」會對此震驚表達震驚，認為公司營運好、股價上升不是應該的嗎？任何人有時間研究即將發表的年報，都可以很容易計算出公司股票的價錢和帳面價值的差異。不過，上面說出好消息的人通常不肯具名。

股價持續下跌是因為大勢

只要公司獲利情況持續很好，而且沒有變壞跡象，那些低價買了股票的內部人士會持股不動。沒有任何讓股價下跌的因素，當然也就沒有賣股的必要。但若公司的經營狀況變差，下一步會發生什麼事？你認為公司會發出聲明說公司營業有問題？沒這回事。一旦情況向下轉變，如同他們買股時靜悄悄，現在也會靜悄悄地賣股。

內部人士都賣股了，股價自然下跌。大眾需要知道原因，熟悉的聲音又開始了：公司的「主管人士」稱一切正常，而且股價下跌主要是做空者試圖操縱市場。股票繼續下跌，直到有一天股市正常，公司股價卻大崩跌，市場上會出現強大的聲音要求公司做出解釋，除非有適當解釋，否則將引發大恐慌。此時新聞版面會看到這樣的報導：「當我們請教公司的主管董事有關近來股價下跌的問題，他回答今天的下跌完全是因空頭操縱者的操作所引起，公司的營運情況並未改變。公司經營處於有史以來最好時期，如果沒有意外，會在下一個紅利會議上討論增加紅利的給付。看跌股票的空頭者氣勢洶洶，股價下跌是他們要將持股弱手震盪出局的嘗試。」這些新聞的發布者希望讀者們相信他們，但不會強調他們的資訊來源絕對可靠，甚至會隱晦地表示那天下跌的賣盤大多被公司的內部人士所吸收，賣股者會發現自己上當受騙，日後後悔。

　　散戶的損失一方面是被煽動在高點買股，另一方面則是被人說服沒有及時賣股。那些「內部人士」最希望散戶接手自己想賣的股票。阻止散戶在自己賣光之前賣股，是鼓勵買股之外的第二好手段。散戶聽到「主管董事」的聲明後會有什麼想法？他們應該相信什麼？當然，他們會認為股價不該下跌，現在的下跌是暫時的，是被做空者打壓。一旦打壓停止，公司內部人士就會反攻，軋盤空方，令股價來個大反彈，空方只能在高處平倉。大眾會相信這一

---

205 這種情形很普遍，很難說是內部人士操縱。現今法規要求公司主管買賣股票需要揭露，就是為了管控這種情形。

點，因為如果股價下跌真是空頭操作所為，那麼下一步可能的情況就是那樣。

遺憾的是，通常的情況是股價不斷下跌。雖然一直有軋空的傳聞，但只聽到樓梯響。股價一天低過一天，沒有反彈，因為太多內部人士的股票砸向市場，接手的傻瓜不夠多。

這些「知名董事」和「內部人士」出手的股票，就像橄欖球在專業作手之間互傳，隨著股價下跌，一位作手停損出局，換手到另一位作手，一個個往下傳，看不到盡頭。內部人士知道公司的營運狀況，根本不會接手。這種情況會延續到下一個週期，直到公司的情況有了起色。新的週期開始了，你又看到內部人士的沉默和買股。

我自己交易經驗豐富，多年來從未離開股市，我記不得有任何一次所謂的空頭攻擊造成廣泛和長久的股價低迷。傳言的空頭攻擊根本就是公司經營惡化所引發的賣股，只是大家都不願說股價下跌是因為內部人士賣股，或是他們不買股。當人人都急著賣股，市場沒有買家，無論股價多便宜都沒人接盤。

大家必須牢記：當股價螺旋式地不斷下跌，原因從來不是空頭攻擊。當股價持續下跌，一定是出問題了；問題可能是大勢不行，也可能是公司經營狀況不對。如果下跌的理由不充足，股價一旦跌破它的價值，馬上就會有買家入市買股承托。事實是，唯一一種賣空交易可能賺大錢的情況，是股價被過度高估。當然，沒有任何內部人士會說自己公司的股價太高了。[206]

知情者往往只有少數幾人

　　一個典型的案例是紐哈芬鐵路。今天大家都知道狀況，但當時知道的人不多。一九〇二年，股價最高曾到 255 美元，是新英格蘭區頂級的鐵路投資。當年當地居民以擁有紐哈芬鐵路的股票數量來決定自己在社區的地位，如果有人說紐哈芬鐵路會破產，雖不至於被送進監牢，但毫無疑問會被扭送神經病院。不幸的是，摩根先生決定壟斷新英格蘭地區的運輸業，以紐哈芬鐵路為首，開始收購周邊的其他運輸企業，並以此為目的更換了公司總裁，厄運就此降臨。從一開始，大家就不清楚聯合鐵路的目的為何，隨著一項又一項資產以高價注入公司，頭腦清楚的人士開始懷疑併購的合理性。例如電車公司買價 200 萬美元、但作價 1,000 萬美元併入紐哈芬鐵路。一兩位勇敢者懷疑公司管理層行事魯莽被指控冒犯，懷疑紐哈芬鐵路過度透支就如同懷疑直布羅陀巨岩的堅實。

　　當然，首先看到情況不對的是公司的內部人士。他們知道公司的真實情況，採取的策略是減少持股。他們的賣股引起股價下跌。現在他們當然不會去買股來支撐股價。股價下跌自然引發詢問，解釋一如既往：「公司內幕知情者宣稱一切如常，股價下跌完全是因為一小撮賣空者操縱股價。」紐哈芬鐵路的投資人持股不動，他們沒有賣的理由；內部人士不是說了，公司營運沒問題，只是空方的

206「順勢而行」的股票交易原則在此時發揮作用。你並不清楚股價下跌的原因，但知道股價跌破了你的停損價位，這就足夠讓你下決心停損出場。至於原因，以後慢慢找也不遲。

蠢動。公司不是還在正常支付紅利嗎？

傳言的軋空就是不出現，股價不見上漲，而是低價紀錄不斷被刷新。內部人士以前賣股還扭扭捏捏，現在幾乎不加掩飾。但他們指責波士頓某位著名炒股人[207]是賣空的執行者和煽動者，必須為新英格蘭地區那些保守投資者損失的巨額資金給個說法。這些可憐的老百姓只是尋求保守投資、期待定期的紅利而已，他們不應受到損害。

股價從 255 美元跌到 12 美元，這史詩般的大崩盤不可能只是因為看空者打壓，下跌不是由空頭操縱所引起，持續下跌也不是因為沒完沒了的賣空者持續打擊。了解內情的內部人士一路賣股，他們總是賣在高價。如果他們將知道的訊息同時傳遞給大眾，自己就不可能賣到那個價錢。對這檔股票而言，無論股價是 250、200、150、100、50 或 25 美元，股價都太高。內部人士知道內情，可惜民眾不知道。大眾在買賣股票的時候，應該明白自己處於劣勢，知道公司真正內幕只有少數幾人，自己其實是局外人，做決定時應該更加謹慎。[208]

這是過往二十年跌到最慘不忍睹的股票，下跌原因不是因為空方的打擊，但用空頭打擊導致股價下跌的解釋最容易被人接受。民眾為此多付出千百萬美元的額外損失。由於輕信空頭打擊的存在，民眾在該停損的時候遲疑不決，他們期待空頭打擊會停止，股價會隨即反彈。大眾喜歡將賣空者當成代罪羔羊，基恩曾是主要的被責難者，在他之前，民眾常常譴責的人是查理・伍利雪佛（Charley Woerishoffer）或阿迪森・康馬克，而我是近來主要的攻擊對象。

我還記得英特威爾石油（Intervale Oil）的例子。有一家私募

在操縱拉抬股價，在股價上漲期間，發現有買家跟盤，操縱者將股價拉抬到 50 美元後決定賣股。私募的賣股行為使得股價暴跌，這一跌就有人問為什麼。當詢問的人多了，報社就開始介入。他們找到知道英特威爾內情的證券行。這家證券行知道股價上漲的原因，當然也清楚下跌的原因。當新聞機構告訴證券行將發行一份特別報導，將他們提供的資訊傳播到全國，你知道證券行是怎麼回答的？他們說股價下跌是因為賴瑞‧李文斯頓在賣空操縱，打壓股價；不僅如此，他們還說正打算軋空讓李文斯頓虧點錢。當然，英特威爾的私募持續不斷在賣股。股價一路跌到 12 美元時才停下來，私募其實可以把股價賣到 10 美元還有利可圖，他們的平均成本在 10 美元以下。

　　對於那些內部人士，在股價下跌過程中賣股是聰明的，他們還有錢賺。但對那些付了 35 美元或 40 美元的散戶，情況就不同了，他們應該停損，而不是讀著打印出來的股價一天比一天低卻還持有股票，期待那些憤怒的內部人士會對李文斯頓來個軋空反擊[209]。這實在愚不可及！

　　在牛市的時候，特別是長時間的牛市，民眾一開始通常能賺到錢，但後來這些錢都還給股市了，因為他們在牛市結束後還不肯離場。這些所謂「空方攻擊」的傳言給了他們不賣的藉口，認為下跌

---

207 即指賴瑞‧李文斯頓（李佛摩書中化名），以賣空著名。
208 如果你是小人物，請提醒自己，好消息通常輪不到你，聽到的消息常常是假的。你
　　若能從這個市場賺到錢，那是因為「讀盤」的能力和能夠「順勢而行」的毅力。
209 在股市，永遠不要讓「希望」取代「行動」。

只是暫時的。民眾必須對那些不肯具名的內部人士所提供的資訊抱持懷疑態度，他們很有可能是蓄意誤導。

本章重點&給投資人的提醒

　　這一章詳細地描寫了股票漲跌的過程，一百年前的情況和今天大同小異。股價漲，是因為買的人多。首先內部人士入股，此時他們靜悄悄的。等到他們買夠了、想賣了，你會在各種媒體上讀到好消息。了解這個過程，再想想自己應該怎麼做。同樣的故事每天都在股市重複，知道這個過程，找準自己的位置，你就有可能成為勝利者。

第 24 章

沒有 100% 的投機遊戲

股價反映的是六到九個月後的公司營運狀況。

一個人可能操作某些股票在某些場合賺錢，但要長期且連續地操控股市漲跌來獲利是不可能的。

散戶總是希望有人幫忙決定買賣什麼以及何時買賣，這種思維使得「訊息給予」和「訊息接受」的行為廣為流行。經紀人當然可以給客戶一些建議，無論透過書面或口頭都成，但他的建議不應過於著重現在的情況，因為股價反映的是六到九個月後的公司營運狀況。經紀人不該對客戶過於強調以今天的盈利作為買入的推薦，除非有信心能預測六到九個月後的盈利情況，或者能看清下一步公司經營碰到的問題，否則所給出股價便宜的結論可能不成立。交易人必須預測未來，對股票的未來下注，經紀人的工作是賺取今天的佣金，兩者目的不一樣，所以一般經紀人給出的買賣推薦和交易人的交易目的有本質上的衝突。經紀人靠客戶交易的佣金為生，他們常常在接到內部人士或操縱者賣單的情況下，用文字或口頭推薦方式引誘散戶接盤。[210]

可憐散戶成韭菜

常發生這樣的情況：一位公司的內部人士找到經紀行的老闆：「我想賣 5 萬股股票，想請你幫忙找下家。」

於是經紀行會詢問進一步的細節。假設股票現價 50 美元，內部人士告訴他：「我可以給你買入和賣出兩個期權，買入期權是在 45 美元認購 5,000 股，其後每多 1 美元就多給 5,000 股，總數是 5 萬股。我也同時給你以現價賣出 5 萬股的賣出期權。」

對經紀人來說，這錢很容易賺，條件當然是手邊有足夠的客戶。一個在全國有眾多分行的證券行，通常能為這類交易找到足夠的客戶做下家。由於有賣出期權，所以證券行保證在這個交易上不會虧損。當客戶數足夠時，證券行可能在一般的佣金之外，再透過做莊低買高賣賺上一筆。

華爾街有位著名「內部人士」的故事讓我記憶深刻。他喜歡拜訪大證券行的客戶經理，有時甚至會找證券行的合夥人，對他們說：「嘿，老兄，為了答謝你以前的幫忙，我準備給個機會讓你賺幾塊錢。我們正在成立新公司，目的是接手我手邊現有一家公司的資產，新公司接手資產後會同時接手股票名稱。我們會把新公司的股價撐高，比公司現有股價高上一大截。我打算以 65 美元的價錢出讓 500 股班塔姆零售店（Bantam Shops）的股票給你，這檔股票今天的交易價是 72 美元。」

這位充滿感激的內部人士會將這件事同時告訴十多家不同證券行的頭頭。他們收到股票後會怎麼做？這些證券行人員都是華爾街的玩家，幾乎沒有例外，他們會將訊息傳遞給周圍的朋友，並建議

朋友買進股票。內部人士給了一家證券行一點小便宜，證券商為了能以高價賣出手頭股票，就會想辦法拉抬股價，找一批可憐的散戶做下家，此時內部人士想高價賣股，就有了接盤的下家。[211]

還有其他類似的手法也應該禁止。例如證券交易所不該允許掛牌的股票在交易所之外以分期付款方式交易。交易所公布的現場交易價應該是唯一的股票價格，官方提供的價格將維護公平的交易環境。

另一種合法但不見得適當的做法，就是讓公司以市場需求的藉口增發股票。這種賣股操作從容易受騙的散戶手中搜刮了千百萬美元。這種擴股融資的做法類似詐欺。[212]

將股票 1 股分成 2 股、4 股甚至 10 股的操作，目的也無非是想讓股票更容易銷售。在商店，每包 1 磅 1 美元的包裝可能不好賣，將包裝改成 0.25 磅賣 25 美分可能就好賣多了，甚至可以嘗試 27 美分或 30 美分的價錢。

這種讓股票看似更便宜以利於銷售的伎倆，是華爾街的賣股花招，有經驗的作手當然不會被蒙蔽。但大眾通常不留意，因此每年虧損數百萬美元。

---

210 進行價值分析時，最常用的指標就是「本益比」，只不過我們所能查到的本益比都是過去的獲利狀況，而股價反映的是六到九個月後公司營運，因此在做價值分析時必須將這個時間差充分列入考慮。

211 這類行為在今天已不被允許。

212 這種情形至今還很流行，只要股價漲了些，公司就想著要增發股票，投資人碰到這類公司必須謹慎面對。

股票漲跌，順勢操作即可

根據現行法律，如果有人刻意造謠以貶低個人或企業的信用和營運，試圖以此貶低企業的資產以引起公眾恐慌，他將受到法律制裁。制定這條法律旨在防止因謠言引發銀行擠兌，在經濟困難時期製造恐慌。這條法律在股市上有效阻止了以製造謠言帶來股票恐慌性下跌的嘗試。總之，現行法律會懲罰那些捏造負面消息的行為。

但要怎麼保護大眾免於以超出實際價值的高價買進股票？那些散播虛假但多頭謠言的人由誰來制裁？答案是「沒人管」。令人遺憾，總有人先聽信匿名人士的多頭推薦而高價買股，後來又聽信空頭警告以低價賣股，這些虧損的金額加起來是更大的數字。[213]

如果有法律同時懲罰多頭謊言和空頭謊言，我相信大眾每年可以省下數以百萬計的美元。

很自然地，股票推銷者、操縱者以及可能從匿名好消息中獲益的人，會對受騙的民眾說：「誰叫你聽信謠言和匿名推薦，自己做了傻瓜怪不得別人！」也有人可能會說，如果你自己傻到吸毒上癮，難道可以怪責別人？

但證券交易所應該介入，應該保護大眾免受不公平操作的損害。如果某人身處高位，想代表企業做某些宣示，那就具名以示負責。具名公布好消息不見得表示消息就一定正確，但會令「內部人士」或「公司董事」更加小心謹慎。

公眾應該牢記股票交易的一些基本知識。股價上漲，用不著什麼冗長的解釋，原因是有人買股；不斷上漲一定是有人不斷在買。只要升勢延續，期間只有小幅震盪，順著升勢交易將相對安全。一

段長而穩定的升勢之後，股勢反轉，開始穩定下降，期間只有小幅反彈，說明股價的最小阻力線方向已從上升轉為下降。如果股價變動的情況如此，那麼根本不需要解釋。[214] 股價下跌有其原因，知道真正原因的要麼不說，有些甚至會說股票便宜了。現今的股票遊戲性質決定了那些知道內幕的人士不會告訴你的真話，這點要謹記在心。

很多所謂的內部人士聲明根本就沒有根據，有時甚至是他人所捏造，連他自己都不知道。聲明的內容其實是股市操縱者杜撰。在股價上升階段，內部人士並不反對專業作手加入競價。內部人士雖然會鼓勵專業作手參與買股，通常他們不會建議何時賣股。這時候，專業作手就處在一般股民同等的尷尬地位，大家都不知道什麼時候才是賣股的最佳時機。專業作手的持股量大，必須有足夠的下家接盤，此時你發現有假消息從莫名其妙的地方冒出來。當然，有些內部人士任何時候都假話連篇。大企業的管理人通常會依據經營狀況決定自己是否買賣股票。他們一般不說謊，只是不說話，他們知道何時沉默是金。

以下感悟我重複說過多次，但值得再重複一次。這麼多年的炒股生涯，我得到以下結論：一個人可能操作某些股票在某些場合賺錢，但要長期且連續地操控股市漲跌來獲利是不可能的。無論一位作手多麼經驗豐富，犯錯不可避免，因為投機遊戲沒有百分之百這

---

213 消息真真假假，很多時候除了自己多留心，沒有其他防範手段。
214 技術分析的看圖能力在這時找到用途，股價上漲或下跌在圖上清清楚楚，順勢操作就可以了。

回事。華爾街的專家們都明白，若依「內線消息」買賣股票，破產的速度會快過遭受比如飢荒、瘟疫、作物歉收，或政治動亂等變故。無論在華爾街或其他地方，成功的道路不會一路平順，需砥礪而行。[215]

本章重點&給投資人的提醒

　　本章簡短地總結了投機市場的運作。大道至簡，訣竅就這些，該說的都說了。你的努力、韌性加上悟性，將決定你是否成為最後的勝利者。

---

215 這段話在重複忠告幾件事：一、不要認為自己有可能長久操控市場，也不要嘗試這麼做，這個忠告的對象是那些和本書主人翁同等級的股市大亨；二、不要追求完美，投機犯錯很正常，知錯就改；三、不要去找內線訊息，要按自己的分析操作；四、這世界沒什麼是容易的，只有鍥而不捨，才有成功的希望。

實戰智慧館 **529**

股票作手回憶錄
《炒股的智慧》陳江挺精心譯註，華爾街巨擘傑西・李佛摩實戰傳奇

原書書名——Reminiscences of a Stock Operator
作　　者——埃德溫・勒菲弗（Edwin Lefèvre）
譯／註者——陳江挺

主　　編——陳懿文
封面設計——謝佳穎
行銷企劃——舒意雯
出版一部總編輯暨總監——王明雪

發 行 人——王榮文
出版發行——遠流出版事業股份有限公司
　　　　　　104005 台北市中山北路一段 11 號 13 樓
　　　　　　郵撥：0189456-1
　　　　　　電話：（02）2571-0297　傳真：（02）2571-0197
著作權顧問——蕭雄淋律師

2024 年 3 月 1 日 初版一刷
定價——新台幣 520 元（缺頁或破損的書，請寄回更換）
有著作權・侵害必究（Printed in Taiwan）
ISBN 978-626-361-446-8

ylib-遠流博識網 http://www.ylib.com　E-mail: ylib@ylib.com
遠流粉絲團 http://www.facebook.com/ylibfans

國家圖書館出版品預行編目（CIP）資料

股票作手回憶錄：《炒股的智慧》陳江挺精心譯註，華爾街巨擘傑
西‧李佛摩實戰傳奇／埃德溫‧勒菲弗（Edwin Lefèvre）著；陳江
挺譯‧註. -- 初版. -- 臺北市：遠流出版事業股份有限公司, 2024.03
　　面；　公分
譯自：Reminiscences of a stock operator.
ISBN 978-626-361-446-8（平裝）

1. CST：李佛摩（Livermore, Jesse）　2. CST：股票投資
3. CST：投資技術　4. CST：投資分析

563.53　　　　　　　　　　　　　　　　　　　　112022293